Kohlhammer
Urban-
Taschenbücher



Band 364

Walter Hussy

# Denkpsychologie

## Ein Lehrbuch

### Band 2:
### Schlußfolgern, Urteilen, Kreativität, Sprache, Entwicklung, Aufmerksamkeit

Verlag W. Kohlhammer
Stuttgart Berlin Köln Mainz

Für

meinen Sohn Alexander,
der meinem Leben einen weiteren Inhalt gibt

**CIP-Kurztitelaunfahme der Deutschen Bibliothek**

**Hussy, Walter:**
Denkpsychologie : e. Lehrbuch / Walter Hussy. –
Stuttgart ; Berlin ; Köln ; Mainz : Kohlhammer
ISBN 3-17-008368-6
Bd. 2. Schlußfolgern, Urteilen, Kreativität, Sprache, Entwicklung,
Aufmerksamkeit. – 1986.
(Urban-Taschenbücher ; Bd. 364)
ISBN 3-17-008367-8
NE: GT


Stuttgart Berlin Köln Mainz
Verlagsort: Stuttgart
Umschlag: hace
Gesamtherstellung:
W. Kohlhammer Druckerei GmbH + Co. Stuttgart
Printed in Germany

Inhalt

# Vorwort

Band 1 legt die Grundlagen, Band 2 soll vertiefen. Diese Elaborationen beziehen sich zum einen auf spezifische Formen des Problemlösens, speziell auf schlußfolgernde, urteilende und kreative Prozesse, zum anderen auf Beziehungen der Denkpsychologie zu anderen psychologischen Konzepten, speziell zu Sprache, Entwicklung und Aufmerksamkeit. Das anfänglich geplante Kapitel zu Anwendungsmöglichkeiten denkpsychologischer Forschung mußte aus Platzgründen gestrichen werden. Es ist beabsichtigt, in einem eigenen Band diesem wichtigen und interessanten Thema den ihm gebührenden Platz einzuräumen.

Auch in diesem Band sind wir gezwungen, sehr stark zu selektieren. Die Inhalte jedes einzelnen Kapitels oder Unterkapitels könnten Bände füllen. Die angelegten Auswahlkriterien entsprechen weitgehend denen aus Band 1. Dabei wurde der Aspekt der Integrierbarkeit eines Beitrags in das Gesamtkonzept des Lehrbuchs besonders gewichtet.

Dieser stark betonte Integrationsaspekt bringt für den Leser leider auch einige Mühen mit sich. Zwar wurde versucht, die Darstellung der Inhalte so zu gestalten, daß sie für sich verständlich bleiben, allerdings bereichert die Lektüre des vorliegenden Bandes vor allem dann, wenn die Inhalte des Bandes 1 bekannt sind bzw. wenn dieser mit zur Lektüre herangezogen wird. Zahlreiche Querverweise sollten das gezielte Nachlesen erleichtern.

Gerne bedanke ich mich auch an dieser Stelle wieder bei Frau M. Rumpke, die bei der mühevollen Erstellung der zahlreichen Abbildungen, sowie der Korrektur des Manuskripts und der Druckfahnen erneut geduldig und kompetent zur Hand ging. Herrn Dipl. Psych. W. Schramer gilt mein Dank für die sorgfältige und sachgerechte Mitarbeit bei der Erstellung der Register.

Gusterath, im Oktober 1985 *Walter Hussy*

# 1 Schlußfolgernde, urteilende und kreative Prozesse

Wenn den Konzepten »Schlußfolgern«, »Urteilen« und »Kreativität« ein eigenständiges Kapitel zugeordnet wird, so mag leicht der Eindruck entstehen, als handele es sich dabei um Sachverhalte, die von den im Band 1 besprochenen Inhalten (Begriffs- und Problemlöseforschung, Kapitel 3 und 4) unabhängig sind. Aber wie schon bei der Abgrenzung von Begriffs- und Problemlöseforschung muß auch hier betont werden, daß es sich bei den genannten Prozessen bzw. Fähigkeiten um *Teilaspekte* bzw. *spezifische Ausgestaltungen* von *»Problemlösen«* handelt. Da sie aber besondere und andauernde Aufmerksamkeit in der Forschung gefunden haben, sollen sie in einem eigenen Abschnitt abgehandelt werden. Die Bedeutsamkeit dieser Prozesse unterstreichen bsw. auch Schönpflug & Schönpflug, wenn sie feststellen:

»Wenn der Mensch an Weltverständnis, an Naturbeherrschung und an gesellschaftlicher Organisation alle anderen Gattungen übertrifft, so verdankt er das seiner herausragenden Fähigkeit, sein Wissen zu vermehren. Dies tut er nicht nur durch Beobachtung. Aus seinen Beobachtungen und Vorstellungen kann er vielmehr Schlußfolgerungen ziehen und dadurch neue Erkenntnisse ableiten. Die kognitiven Vorgänge, in deren Verlauf aus vorhandener Erfahrung neue Erkenntnis geschöpft wird, faßt man unter dem Begriff des Denkens zusammen. Die ... Formen des schlußfolgernden Denkens bilden eine Auswahl aus der Vielfalt vorfindbarer Denkprozesse. Sie gehören wohl zu denjenigen, die sich in der psychologischen Forschung stärkerer Aufmerksamkeit erfreuen, da sich ihr Ablauf in der formalen Sprache der mathematischen Logik darstellen läßt.« (1983, S. 150).

Bei aller Bedeutsamkeit und Eigenständigkeit diesbezüglicher Forschungsbemühungen wollen wir uns dennoch bemühen, den Bezug zu den Abhandlungen von Kapitel 4 (Band 1) nicht verloren gehen zu lassen.

## 1.1 Schlußfolgernde Prozesse

Von dem Prozeß des Schlußfolgerns (im Englischen »reasoning«) spricht man dann, wenn aus vorliegenden Informationen gesuchte Informationen abzuleiten sind. Das bereits mehrfach besprochene Beispiel des »Zahlenreihenfortsetzens« (Band 1, Punkt 4.1.2) veranschaulicht diesen Vorgang. Lautet das Problem: »Welche Zahl setzt

| | |
|---|---|
| (a) **syllogistisches Schlußfolgern** | |
| *Prämisse 1:* Alle Bernhardiner sind Hunde | Alle A sind B |
| *Prämisse 2:* Alle Hunde sind Tiere | Alle B sind C |
| *Konklusion:* Alle Bernhardiner sind Tiere (?) | Alle A sind C (?) |
| (b) **propositionales Schlußfolgern** | |
| *Aussage:* Wenn Hans sich auf die Prüfung vorbereitet, besteht er sie. | wenn p, dann q |
| *Annahme:* Hans bereitet sich auf die Prüfung vor. | p |
| *Konklusion:* Hans besteht die Prüfung (?) | q (?) |
| (c) **analoges Schlußfolgern** | |
| *Aussage 1:* Hand verhält sich zu Fuß wie | a : b |
| *Aussage 2:* Finger zu Zehe | c : d |
| *Konklusion:* richtig (?) | r, f (?) |

*Abb. 1.1:* Beispiele für (a) syllogistisches, (b) propositionales und (c) analoges Schlußfolgern, je einmal in spezifischer und allgemeiner Form.

die Reihe 1, 3, 6, 2, 7, 13, 6, 14 ... fort?«, so erschließen wir die Lösung (23) aus den vorhandenen Informationen. Wir hatten bei dieser Gelegenheit gesehen, daß es sich dabei um ein geschlossenes Problem handelt und der (Makro-)Operator »Schlußfolgern« sich aus einer Reihe von elementaren Operatoren zusammensetzt. Im folgenden Abschnitt wollen wir uns mit verschiedenen Formen des Schlußfolgerns beschäftigen (syllogistisches, propositionales und analoges Schlußfolgern, vgl. Abbildung 1.1) und schwerpunktmäßig *typische Fehler* im Vergleich zur formal-logischen Vorgehensweise sowie Beschreibungs- und Erklärungsmodelle herausstellen.

### 1.1.1 Syllogistisches Schlußfolgern

Aus Abbildung 1.1a geht hervor, welche Form der *syllogistische Schluß* hat: es gibt *zwei Prämissen* und eine *Folgerung* (Konklusion). Von den Prämissen wird angenommen, daß sie zutreffen; ihr Wahrheitsgehalt wird also vorausgesetzt. Die Konklusion ist entweder Gegenstand der Überprüfung (wenn vorgegeben) oder selbst zu finden. Wichtig dabei ist, daß sie logisch (aber nicht unbedingt semantisch) korrekt ausfällt. Die Prämissen etablieren *Relationen* (alle) zwischen *Subjekt* (A, Bernhardiner) und *Prädikat* (B, Hunde), wobei in der zweiten Prämisse für das Subjekt B (Hunde) und das Prädikat C (Tiere) steht. Die Konklusion trifft Aussagen zur Relation zwischen A (Bernhardiner) und C (Tiere). Bevor wir uns einige Untersuchungen zu den Leistungen menschlicher Individuen beim Umgang mit Syllogismen ansehen, zunächst noch ein paar Gedanken zu unterschiedlichen Formen syllogistischen Schließens.

### *1.1.1.1 Systematik*

Die Relationen zwischen Subjekt und Prädikat der drei Aussagen eines Syllogismus können vier Formen annehmen: (a) alle, (b) kein, (c) einige und (d) einige nicht. In Abbildung 1.2 sind sie veranschaulicht.

Die Diskrepanz zwischen ihrer alltäglichen und streng logischen Bedeutungen wird daraus augenfällig. Schon die *»Alle-Relation«* weist eine *Doppeldeutigkeit* auf (A als Teilmenge von B), die nicht für

| *Relation* | *Typ* | *Beispiel* | *Venn-Diagramme* |
|---|---|---|---|
| Alle (A) | generell bejahend | Alle A sind B | 1: (A = B) 2: (Ⓐ B) |
| Kein (K) | generell verneinend | Kein A ist B | 1: Ⓐ Ⓑ |
| Einige (E) | partiell bejahend | Einige A sind B | 1: ⒶⒷ (überlappend) 2: (A Ⓑ) 3: (A = B) 4: (Ⓐ B) |
| Einige nicht (EN) | partiell verneinend | Einige A sind nicht B | 1: ⒶⒷ (überlappend) 2: (A Ⓑ) 3: Ⓐ Ⓑ |

*Abb. 1.2:* Die möglichen Relationen in Syllogismen mit Beispielen und mengentheoretischen Veranschaulichungen (Venn-Diagramme) ihrer logischen Bedeutungen.

jedes »unvoreingenommene« Individuum auf der Hand liegt. Viele Personen folgern aus der Aussage »Alle A sind B« fälschlicherweise, daß »Alle B sind A«. Die Bedeutung von »Alle« bezieht sich in der Umgangssprache häufig also nur auf den Fall der Identität der Mengen A und B und nicht auf das Teilmengenkonzept in der Logik. Eindeutig – auch im streng logischen Sinne – ist nur die *»Kein-Relation«:* die Mengen von A und B sind unabhängig, die Umkehrung der Aussage ist möglich. Sehr schwierig gestaltet sich für viele Personen der Umgang mit der *»Einige-Relation«*, die – laut Abbildung 1.2 – vier mengentheoretische Interpretationen zuläßt, wobei die beiden letzten sich nicht in Übereinstimmung mit dem Alltagsverständnis befinden. Ähnlich verhält es sich mit der *»Einige-nicht-Relation«:* auch hier widerspricht die dritte Interpretationsmöglichkeit der umgangssprachlichen Bedeutung. Allerdings sind es weniger diese Diskrepanzen bzw. darauf beruhende Fehler im syllogistischen Schließen, deren Analyse in der Forschung dominiert. Vielmehr treten jene Fehler in den Mittelpunkt des Interesses, die gemacht werden, wenn die formal-logische Bedeutung der Relationen den Probanden (Pbn) vertraut ist. Aus diesem Grund geht den meisten neueren Experimenten in diesem Gebiet eine entsprechende Trainingsphase voraus.

Da ein Syllogismus aus drei Aussagen besteht und jede dieser drei Aussagen vier verschiedene Relationen beinhalten kann, folgt, daß es insgesamt 64 verschiedene Typen von Syllogismen geben kann. Allerdings besteht die Möglichkeit, diese Zahl dadurch zu vervierfachen (= 256), daß die Reihenfolge von Subjekt und Prädikat der beiden Prämissen permutiert wird: Abbildung 1.3 zeigt die vier resultierenden Anordnungsmuster.

Greifen wir das Beispiel aus Abbildung 1.1 auf, so ergibt sich daraus bsw. für Muster 2:

PRÄMISSE 1: »Hunde« sind »alle Bernhardiner«
PRÄMISSE 2: Alle Hunde sind Tiere

---

KONKLUSION: Alle Bernhardiner sind Tiere

Schließlich kann man die mögliche Anzahl von Syllogismen noch einmal dadurch verdoppeln, daß man die beiden Prämissen vertauscht (Prämisse 1 wird zu 2 und umgekehrt) und gelangt so zu einer Gesamtzahl von 512 Präsentationsformen von Syllogismen. Wir können uns im Rahmen dieses Bandes nicht mit diesem Gesamtspektrum beschäftigen; eine Theorie des syllogistischen Schlußfolgerns dagegen muß möglichst viele (alle) Aspekte der Systematik erfassen.

| Muster 1 | Muster 2 | Muster 3 | Muster 4 |
|---|---|---|---|
| A – B<br>B – C<br>———<br>A – C | B – A<br>B – C<br>———<br>A – C | A – B<br>C – B<br>———<br>A – C | B – A<br>C – B<br>———<br>A – C |

*Abb. 1.3:* Die vier Anordnungsmuster eines Syllogismus durch Permutation der Anordnung von Subjekt und Prädikat der beiden Prämissen.

### *1.1.1.2 Kognitive Prozesse*

Welche kognitiven Prozesse laufen nun bei der Bearbeitung von Syllogismen eigentlich ab? Bezogen auf das Beispiel aus Abbildung 1.1 gibt Abbildung 1.4a die entsprechenden Informationen.

Die beiden Prämissen besitzen jeweils zwei mengentheoretische Bedeutungen. Um daraus eine Konklusion ableiten zu können, bedarf es ihrer Kombination (in diesem Fall vier Möglichkeiten). Diese Kombinationen bieten dann die Grundlage für die gesuchte Folgerung: »Welche Relation zwischen A und C existiert, die sich in Übereinstimmung mit allen Kombinationen befindet?«. Unterscheidbar sind somit *drei Phasen* des kognitiven Geschehens: in der ersten Phase werden die beiden Prämissen *im logischen Sinne interpretiert*, in der zweiten Phase sind die *Kombinationen* der logischen Bedeutungen der Prämissen zu bilden und in der abschließenden dritten Phase ist die *Relation* zu finden, die sich in Übereinstimmung mit den gebildeten Kombinationen befindet.

Allerdings können sich diese drei Phasen bezüglich verschiedener Syllogismen erheblich unterscheiden, und zwar hinsichtlich des notwendigen kognitiven Aufwands bzw. ihres Umfangs, um einen Begriff zum Konzept der *»Problemschwierigkeit«* (Band 1, Punkt 4.3) aufzugreifen. Sehen wir uns dazu das Beispiel aus Abbildung 1.4b an, so ist zu erkennen, daß die beiden ersten Phasen nicht differieren, wohingegen die dritte Phase zu der Konklusion führt, daß eine Aussage bezüglich der Relation zwischen A und C nicht möglich ist. »Schuld« daran ist die Kombination der jeweils zweiten Bedeutung der »Alle-Relation«, die dazu führt, daß A und C in B enthalten sind, daß aber keine Aussage über die Beziehung zwischen A und C getroffen wird, so daß sich A und C von »deckungsgleich« bis hin zu »unabhängig voneinander« verhalten können. Solche Syllogismen nennt man *invalide*, da sie keine gültigen Konklusionen zulassen.

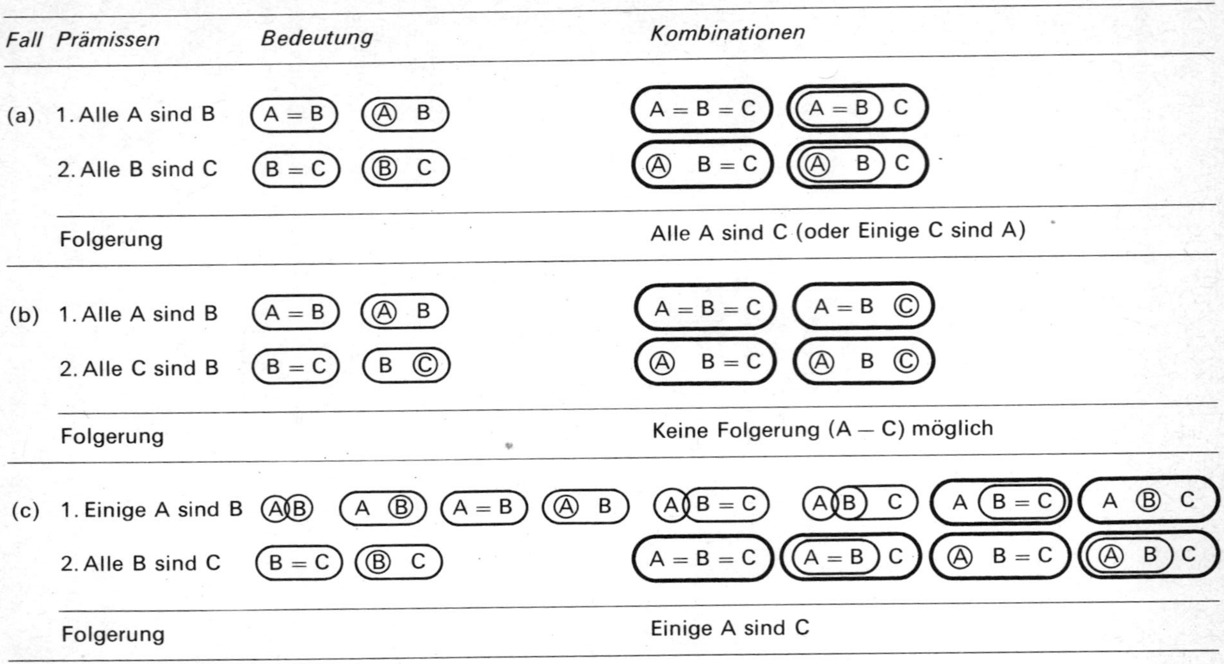


Abb. 1.4: Folgerungen aus drei Syllogismen auf der Grundlage der Kombination ihrer logischen Bedeutung.

Im Beispiel der Abbildung 1.4c dagegen sind alle drei Phasen betroffen. Erstens besitzt Prämisse 1 vier Interpretationsmöglichkeiten. Daraus folgt für Phase 2, daß anstelle von vier hier acht Kombinationen zu bilden sind und für die Phase 3 – entsprechend – die Konklusion aus acht Kombinationen gefunden werden muß. Dadurch steigt nicht nur die Schwierigkeit, sondern es ergeben sich auch mehr Ansatzpunkte für fehlerbehaftetes Verhalten. Ein entsprechendes »Phasenmodell«, speziell konzipiert für die Analyse des *»Atmosphäreneffekts«*, entwickelte Erickson (1974). Die wenigen empirischen Befunde, die bisher dazu vorliegen, sprechen dafür, daß der Prozeß des syllogistischen Schlußfolgerns tatsächlich diesen phasischen Ablauf zeigt.
Wenn wir an dieser Stelle kurz zurückgreifen auf die Überlegungen zur Systematik von Syllogismen, so kann man nun erkennen, daß sich diese insgesamt 512 Möglichkeiten hinsichtlich der Gestaltung der drei Phasen zum Teil erheblich unterscheiden. Greifen wir z. B. folgenden Syllogismus auf:

1: Einige B sind A
2: Einige C sind B

---

Folgerung?

Daran wird sehr deutlich, daß bereits bei der Interpretation der Prämissen insgesamt acht Möglichkeiten zu etablieren sind, daraus sechzehn Kombinationen entstehen, die schließlich für die Konklusion hinsichtlich möglicher Relationen zu durchforsten sind. Anordnungsvarianten sowohl innerhalb (Subjekt–Prädikat) als auch zwischen den Prämissen (Abfolge) können dabei die Bildung von spezifischen Kombinationen und vor allem das Erstellen der Konklusion noch zusätzlich erleichtern oder auch erschweren. Abbildung 1.5 illustriert abschließend noch einmal das Phasenkonzept, wobei die dritte Phase besonders differenziert dargestellt ist, um *Effekte von Anordnungsvarianten* zu illustrieren.

### *1.1.1.3 Fehleranalysen*

Wenn man sich vor Augen hält, daß – je nach der Form des Syllogismus – der kognitive Verarbeitungsaufwand recht beachtlich ist, so verwundert es nicht, daß es den Versuchspersonen (Vpn) in den meisten Experimenten gestattet war, Papier und Bleistift zur Entlastung des Gedächtnisses zu verwenden. Dennoch zeigen sich überraschend viele inkorrekte Konklusionen bzw. Beurteilungen vorgegebener Folgerungen. Eine Zeitlang war man daher geneigt, menschlichen Individuen die Fähigkeit zum logischen Denken

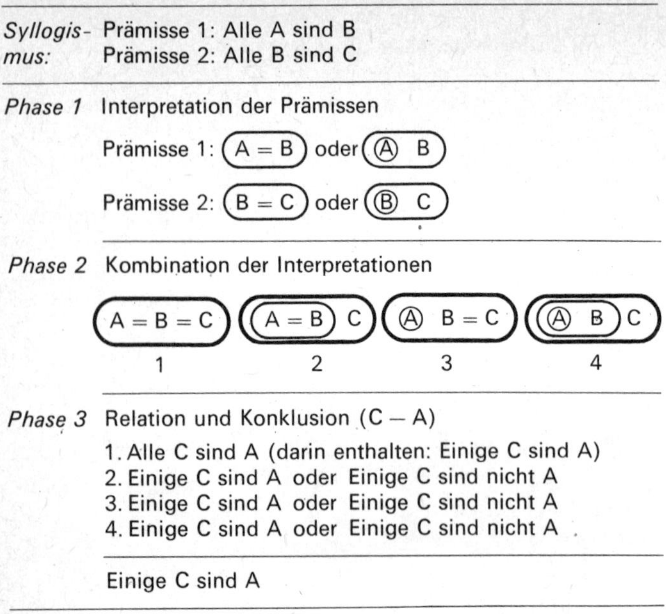


*Abb. 1.5:* Die Aufteilung der kognitiven Anforderungen bei der Bearbeitung eines Syllogismus in drei Phasen (vgl. auch Erickson 1974).

*abzusprechen* und postulierte, daß das Schlußfolgern nicht den beschriebenen, notwendigen kognitiven Analysen, sondern eher einem *Gesamteindruck*, der sich aus der Art der Formulierung der Prämissen ergibt, folgt. Man nennt diese Vermutung die *»Atmosphärenhypothese«*.

Bereits Woodworth & Sells (1935) sowie Chapman & Chapman (1959) beschäftigten sich mit diesen Gedanken, wenn sie das Phänomen zu erklären versuchten, daß der invalide Syllogismus (vgl. Abbildung 1.4b)

1: Alle A sind B
2: Alle C sind B

Konklusion: Alle A sind C

häufig – fälschlicherweise – als korrekt beurteilt wird. Sie interpretieren dieses Fehlverhalten in der Weise, daß die beiden »Alle-Relationen« in den Prämissen eine Atmosphäre (Einstellung,

Neigung) schaffen, die gleiche Relation auch für die Konklusion anzunehmen. Begg & Denny (1969) griffen dieses Thema wieder auf und formulieren zwei Annahmen zum atmosphärischen Effekt:

a) Wenn die Relation mindestens einer Prämisse negativ ist (Kein-Relation), dann besteht eine Tendenz, auch für die Konklusion eine negative Relation zu akzeptieren;
b) Wenn die Relation mindestens einer Prämisse partiell ist (Einige-Relation), dann besteht die Tendenz, diese auch für die Konklusion zu akzeptieren; wenn keine partielle Prämisse formuliert ist, so besteht die Tendenz zu einer universellen Formulierung (Alle-, Kein-Relation) der Schlußfolgerung.

Begg und Denny überprüften ihre Hypothesen, indem sie ihren Pbn invalide Syllogismen (keine Aussage möglich) zu vierzehn der sechzehn möglichen Relationsvarianten in den beiden Prämissen vorlegten (zu den Varianten »1: Kein, 2: Alle« und »1: Kein, 2: Einige« existieren keine invaliden Syllogismen). In Tabelle 1.1 sind ihre Hypothesen und die Ergebnisse zusammengestellt.
Sie interpretieren ihre Befunde als Beleg für ihre Annahmen, wenngleich nicht alle Prämissenpaare *eindeutige* Ergebnisse liefern. So zeigt EN/K zwar tatsächlich die größte Häufigkeit (hypothesen-

*Tab. 1.1:* Die Hypothesen und Fehlerhäufigkeiten zu vierzehn Klassen invalider Syllogismen (modifiziert nach Begg & Denny 1969).

| *Prämissen-paar* | *Hypothese* | *inkorrekte Konklusionsrelationen* | | | |
|---|---|---|---|---|---|
| | | *A* | *K* | *E* | *EN* |
| A/A* | A | 22 | 1 | 3 | 1 |
| A/K | K | 1 | 51 | 3 | 4 |
| A/E | E | 1 | 2 | 50 | 7 |
| A/EN | EN | 1 | 3 | 15 | 76 |
| K/K | K | 15 | 47 | 15 | 15 |
| K/EN | EN | 4 | 22 | 35 | 56 |
| E/A | E | 5 | 0 | 41 | 12 |
| E/K | EN | 3 | 34 | 15 | 72 |
| E/E | E | 2 | 4 | 89 | 40 |
| E/EN | EN | 1 | 5 | 32 | 83 |
| EN/A | EN | 2 | 3 | 19 | 71 |
| EN/K | EN | 4 | 22 | 41 | 42 |
| EN/E | EN | 0 | 4 | 31 | 82 |
| EN/EN | EN | 0 | 8 | 37 | 63 |

* Die Abkürzungen sind in Abbildung 1.2 definiert.

konform) bei der EN-Konklusion, aber auf die E-Konklusion entfielen auch 41 Antworten und insgesamt nehmen die EN-Konklusionen nur rund 38% aller Antworten ein. Ähnliches gilt für die Klassen K/EN oder auch E/A. Dennoch gehen die Autoren davon aus, daß die Daten dafür sprechen, daß Menschen *nicht* gemäß formal-logischer Richtlinien, sondern gemäß *vordergründiger, bestimmte Tendenzen verursachender Hinweise* schlußfolgern.

Daß diese Position nicht unwidersprochen blieb, versteht sich fast von selbst. Schon Chapman & Chapman (1959) hatten festgestellt, daß man einige Effekte, die mit der Atmosphärenhypothese erläutert wurden, auch alternativ interpretieren kann. Sie gingen von der auch heute noch präferierten Überlegung aus, daß die im formal-logischen Denken untrainierten Vpn die Mehrdeutigkeit der Relationen (Ausnahme ist nur die K-Relation) nicht kennen und von daher inkorrekte Umformungen der Prämissen vornehmen, die zu *falschen Schlüssen führen müssen.* So tendieren viele Personen – wie bereits gezeigt – dazu, die Prämisse

Alle A sind B

auch in der umgekehrten Anordnung (Alle B sind A) zu akzeptieren, ein Phänomen, welches heute mit *Prämissenkonversion* bezeichnet wird. Ein Auszug aus ihrem Datenmaterial, dargestellt in Tabelle 1.2, soll diesen Sachverhalt verdeutlichen.

Für die ersten drei Syllogismen gilt, daß sowohl die Atmosphären- als auch die Prämissenkonversionshypothese zu den gleichen Aussagen kommen, die sich dann auch empirisch bestätigen.

*Tab. 1.2:* Die prozentualen Häufigkeiten zu sechs Klassen invalider Syllogismen (modifiziert nach Chapman & Chapman 1959)

| *Prämissenpaar* | *inkorrekte Konklusionen* | | | | *keine Aussage möglich* |
|---|---|---|---|---|---|
| | *A* | *K* | *E* | *EN* | |
| (1) A/A | 81*+ | 5 | 4 | 1 | 9 |
| (2) A/K | 2 | 82*+ | 3 | 5 | 8 |
| (3) A/E | 6 | 2 | 77*+ | 6 | 7 |
| (4) E/K | 1 | 62+ | 6 | 13* | 18 |
| (5) EN/K | 3 | 41+ | 7 | 19* | 30 |

* = Atmosphärenhypothese
\+ = Prämissenkonversionshypothese

Dagegen folgen aus den beiden Hypothesen für die restlichen Syllogismen (Beispiele 4 und 5) unterschiedliche Prädiktionen, wobei die Daten eindeutig für die Konversionshypothese sprechen. Anhand von Abbildung 1.6 wollen wir uns die Konsequenzen eines Konversionsfehlers für die Beispiele (1) und (4) aus Tabelle 1.2 noch klarer machen.

| *Prämissenpaar* | *Prämissenkonversion* | *Kombination* |
|---|---|---|
| Alle A sind B | (A = B) | |
| Alle C sind B | (B = C) | (A = B = C) |
| | Folgerung | Alle A sind C |
| Einige A sind B | ⒷⒶ | |
| Kein B ist C | ⒷⒸ | ⒶⒷ Ⓒ |
| | Folgerung | Kein A ist C |

*Abb. 1.6:* Zwei Beispiele zu typischen, fehlerhaften Folgerungen, die aus Prämissenkonversionen folgen.

Wir sehen, daß die *Ambiguität* der A- und E-Relationen durch die Konversion wegfällt (Fehler in Phase 1). Die beiden nächsten Phasen, nämlich die Kombination der verbleibenden Bedeutungen und die Schlußfolgerungen laufen logisch korrekt ab. Allerdings führen sie zu einer falschen, für die Konversion typischen Konklusion. Etwas systematischer kann man vorgehen, wenn man erkennt, daß die Bedeutungen der verschiedenen Relationen, so wie sie in Abbildung 1.2 mittels Venn-Diagramme dargestellt sind, durch die Prämissenkonversion auf die jeweils *erste Bedeutung* reduziert sind; lediglich die K-Relation behält ihre volle logische Bedeutung, da sie per se eindeutig – und damit umkehrbar – ist.
Verfechter der Konversionshypothese streichen also heraus – sozusagen zur Ehrenrettung der kognitiven Fähigkeiten des menschlichen Individuums –, daß Personen *sehr wohl logisch denken* können, daß ihnen aber die Kenntnis der logischen Bedeutungen der vier Relationen, die die Prämissen eines Syllogismus bestimmen, fehlt. Eine Reihe weiterer Untersuchungen scheint diese Interpretation zu unterstützen. So fanden Ceraso & Provitera (1971), daß ihre Vpn mit validen Syllogismen weniger Schwierigkeiten hatten als mit

invaliden und Revlis (1973) berichtet, daß die Pbn in Fällen, in denen logische Schlüsse und konversionsfehlerbehaftete Schlüsse identische Aussagen liefern, bessere Leistungen zeigen als im gegenteiligen Fall. Beide Befunde werden von den Autoren als Evidenz gegen die Atmosphärenhypothese interpretiert.
Nun ist es auch denkbar, daß der Fehler nicht in der ersten, sondern in der zweiten Phase der Bearbeitung von Syllogismen, also bei der Kombination der logischen Bedeutung der Prämissen, auftritt. Daß diese Vermutung nicht aus der Luft gegriffen ist, folgt allein daraus, daß das logische Schließen durchaus nicht perfekt wird, wenn die Vpn vorab ein Training bezüglich der möglichen Bedeutungen der vier Relationen erhalten. In Anlehnung an die Prämissenkonversionshypothese könnte man vermuten, daß nur ein Teil der notwendigen Bedeutungskombinationen erstellt wird und von daher Fehlschlüsse zu erwarten sind. Dieser *»Partialkombinationshypothese«* könnte man eine *»Partialkonklusionshypothese«* an die Seite stellen, die besagt, daß die beiden ersten Phasen korrekt ablaufen, daß aber beim abschließenden Vorgang, eine gültige Schlußfolgerung zu ziehen (Phase 3, vgl. Abbildung 1.5), Fehler gemacht werden, z.B. in der Form, daß die Konklusion nur mit einem Teil der Kombinationen verträglich ist. Auch zu diesen beiden Hypothesen liegen bestätigende Befunde vor, auf die hier aber nicht im Einzelnen eingegangen wird.

#### *1.1.1.4 Kognitive Modelle zum syllogistischen Schlußfolgern*

All diese Einzelhypothesen lassen die Frage unbeantwortet, weshalb und wann welche Arten von Fehlern gemacht werden. Es handelt sich bei dieser Frage um die Forderung nach einer Theorie oder einem *Modell zum syllogistischen Schlußfolgern* mit dem bereits erwähnten Anspruch, die gesamte Pallette potentieller, syllogistischer Formen zu umfassen. Einen Schritt in diese Richtung unternehmen Johnson-Laird & Steedman (1978). Sie berichten zunächst von einer Untersuchung, die sich mit *Effekten der Prämissenrelationen und -anordnungen* beschäftigt. In Tabelle 1.3 sind zwei Syllogismen präsentiert, die die gleichen Konklusionen zulassen, sich aber in ihrer Darbietungsform unterscheiden.
Als Folge davon erkennt man, daß in beiden Fällen 17 von 20 Vpn eine logisch korrekte Folgerung ableiten, die *Verteilung* auf die beiden Konklusionen sich jedoch *drastisch unterscheidet.*
Weiterhin sahen sich die Autoren das *Zusammenwirken* von Präsentationsform und Prämissenrelation an. Tabelle 1.4 stellt einige Ergebnisse zusammen. Zu beachten ist dabei, daß die Beispiele 1 und 3 die identische Präsentationsform darstellen, ebenso wie 2 und 4,

*Tab. 1.3:* Einfluß der Prämissenform auf die Häufigkeit valider Konklusionen

| *Prämissenform* | *valide Konklusionen* | *Antworthäufigkeiten (von 20 Vpn)* |
|---|---|---|
| (1) Einige Musiker sind Erfinder | (1) Einige Musiker sind Professoren | 15 |
| (2) Alle Erfinder sind Professoren | (2) Einige Professoren sind Musiker | 2 |
| (1) Alle Erfinder sind Musiker | (1) Einige Musiker sind Professoren | 1 |
| (2) Einige Professoren sind Erfinder | (2) Einige Professoren sind Musiker | 16 |

während 1 und 4 sowie 2 und 3 sich hinsichtlich der Relationen entsprechen. Man erkennt an den Antworthäufigkeiten, daß die beiden Einflußgrößen – isoliert betrachtet – die Unterschiede in den Häufigkeiten korrekter Folgerungen nicht erklären können. Vielmehr scheint die jeweils *spezifische Kombination* die eigentlich bedingende Größe zu sein, und zwar insofern, als sie die zu findenden Konklusionen mehr oder weniger begünstigt. Die

*Tab. 1.4:* Einfluß von Prämissenpräsentation und -relation auf die Häufigkeit valider Konklusionen (vgl. auch Dodd & White 1980)

| *Fall* | *Syllogismus* | *Konklusion* | *Antworthäufigkeit (20 Vpn)* |
|---|---|---|---|
| (1) | 1: Einige A sind B<br>2: Kein B ist C | Einige A sind Nicht C | 17 |
| (2) | 1: Kein B ist A<br>2: Einige C sind B | Einige C sind nicht A | 14 |
| (3) | 1: Kein A ist B<br>2: Einige B sind C | Einige C sind nicht A | 8 |
| (4) | 1: Einige B sind A<br>2: Kein C ist B | Einige A sind nicht C | 5 |

Beispiele 1 und 2 stellen günstige, die von 3 und 4 weniger günstige Kombinationen dar, denn in 1 und 2 sind die Prämissenbestandteile so angeordnet, daß sie der Abfolge von A und C in der jeweils gültigen Konklusion entsprechen, ganz im Gegensatz zu 3 und 4.
Losgelöst von ihren konkreten empirischen Befunden beschäftigen sich Johnson-Laird und Steedman auf der Modellebene mit der Art und Weise, wie Personen die Prämissen eines Syllogismus intern abbilden. Ihre Grundannahme besagt, daß intern ein *vorstellungsmäßiges Abbild* geschaffen wird. Abbildung 1.7 enthält die symbolische Darstellungsweise der vier Relationen (vgl. Abbildung 1.2) gemäß der vermuteten Art der internen Repräsentationsform.
Der Pfeil (z.B. in der Alle-Relation) bedeutet, daß eine Beziehung besteht; allerdings existieren B, die mit A auf diese Weise nicht verbunden sind. Dieser Aspekt wird durch die Klammern dargestellt. Der blockierte Pfeil (z.B. in der Kein-Relation) stellt den umgekehrten Sachverhalt dar: es gibt keine Beziehung. Die Vieldeutigkeit der partiellen Relationen (E, EN) geht aus der konsequenten Anwendung dieser Darstellungsform deutlich hervor. Die *Hauptfehlerquelle* liegt nun in der notwendigen Kombination der Informationen, die in der ersten und zweiten Prämisse

| *Relation* | *Beispiel* | *Symbolisierung der internen Repräsentation nach Johnson-Laird & Steedman* | | |
|---|---|---|---|---|
| Alle | Alle A sind B | A<br>↓<br>B | A<br>↓<br>B | (B) |
| Kein | Kein A ist B | A<br>⤓<br>B | A<br>⤓<br>B | |
| Einige | Einige A sind B | A<br>↓<br>B | (A)<br><br>(B) | |
| Einige nicht | Einige A sind nicht B | A<br>⤓<br>B | (A)<br>↓<br>(B) | |

*Abb. 1.7:* Die Symbolisierung der internen Repräsentationsform der vier Relationen nach Johnson-Laird und Steedman.

geboten werden. Greifen wir auf das erste und vierte Beispiel aus Tabelle 1.4 zurück, so ergeben sich folgende Interpretationsmöglichkeiten:

```
(1)  A   (A)              (4)  B   (B)   oder   C
     ↓                         ↓                ↓
     B   (B)                   A   (A)          B   (B)
     ↓                         ↓                ↓
     C                         C                A   (A)
_____________________     ________________________________
 Einige A sind nicht C     Einige A sind nicht C
```

Man sieht, daß im ersten Beispiel die Integration von A über B nach C direkt erfolgen kann, während im letzten Beispiel zunächst eine fehlerträchtige interne Umorganisation vorzunehmen ist; der beobachtete Schwierigkeitsunterschied der beiden Syllogismen mit identischen Relationen geht also auf die Präsentationsform, die ihrerseits eine unterschiedliche interne Abbildung verursacht, zurück. Ähnlich erklären Johnson-Laird und Steedman Schwierigkeitsunterschiede infolge verschiedener Prämissenrelationen. Der Leser sei ermuntert, die Beispiele 2 und 3 aus Tabelle 1.4 unter Verwendung der Symbolisierung aus Abbildung 1.7 nachzuvollziehen.

Die Autoren nehmen noch eine dritte Einflußquelle an, die fehlerhafte Konklusionen begünstigen bzw. hemmen: den sog. *»Falsifikationstest«*. Sie vermuten, daß ein solcher Test, der vor der entgültigen Folgerung stattfinden müßte, darin besteht zu überprüfen, ob eine andere Form der Abbildung der Implikationen der Prämissen möglich wäre. Folgendes Beispiel zur Illustration:

```
1: Einige A sind B     (1)  A   (A)              (2)  A   (A)
2: Alle C sind B            ↓                         ↓
                            B   (B)  (B)              B   (B)  (B)
                            ↑   ↑                         ↑    ↑
                            C   C                         C    C
```

Die erste Repräsentation (1) legt zwei invalide Schlüsse nahe: (a) Einige A sind C und (b) Einige C sind A. Dagegen macht der Falsifikationstest gemäß der alternativen Repräsentation (2) unmittelbar deutlich, daß *keine* Aussage möglich ist.

Die Theorie von Johnson-Laird und Steedman kann aber nicht allein die Effekte zu den Prämissenrelationen und -anordnungen erklären. Abschließend soll noch der *Konversionseffekt mit Hilfe dieser Abbildungstheorie* beschrieben werden. Dazu wieder ein Beispiel:

1: Alle B sind A
2: Kein B ist C

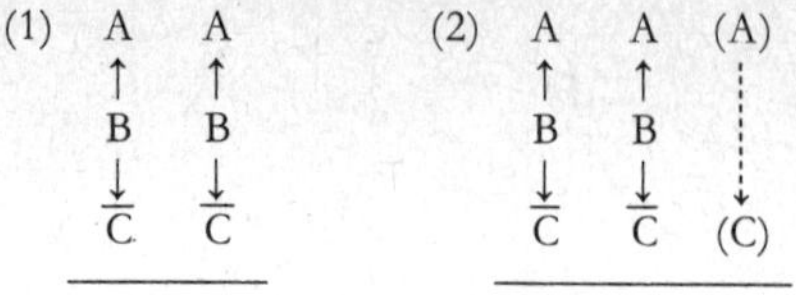

Bei der lückenhaften internen Repräsentation (1), die die Mehrdeutigkeit der A-Relation ignoriert, gelangt man zu dem Schluß »Kein A ist C«, der auch von der Prämissenkonversionshypothese (übrigens auch von der Atmosphärenhypothese) prädiziert wird. Der Falsifikationstest (2) dagegen erklärt, weshalb Personen auch zu anderen Ergebnissen gelangen können. Die entscheidende Größe dabei ist der *gestrichelte* Pfeil zwischen (A) und (C), der bedeutet, daß A und C verknüpft oder auch nicht verknüpft sein können. Dabei handelt es sich ersichtlich um jene »Exemplare« von A und C, die nicht mit B in Verbindung stehen. Die logisch konsequente Konklusion, zu der auch ein Teil der Pbn kommt, heißt dann »Keine Aussage möglich«.
In der Theorie von Johnson-Laird und Steedman liegt die Betonung auf dem Aspekt der internen Repräsentation der Prämissen. Wenngleich es gelingt, damit das gesamte Spektrum möglicher kognitiver Vorgänge und ihrer Resultate zu beschreiben, fehlt dennoch eine konkrete Analyse der Operationen, die beteiligt sind. Gemeint ist damit, daß eine *Einbettung* in umfassende Informationsverarbeitungsmodelle des Problemlösens – z.B. das SPIV-Modell (Hussy 1983, vgl. Band 1, Punkt 4.4.3) – anzustreben ist, um die Forschungsbemühungen zum syllogistischen Schlußfolgern aus ihrem *isolierten* Dasein zu befreien. Ein erster Schritt in Richtung dieses Ziels ist in der Integration der Vorstellungen von Johnson-Laird und Steedman *in ein Phasenmodell* zu sehen, wobei im Vergleich zum Modell von Erickson (1974, vgl. Abbildung 1.5) vor allem die Phase 1 (Übertragung in analoge Repräsentation) von ihren Ausarbeitungen profitiert. Dagegen erfahren die Operationen ihrer Phase 2 (heuristische Kombination der Prämissen) und der Phase 3 (Ziehen von Folgerungen) keine wesentlichen Ergänzungen.

Dies geschieht eher durch das Modell von Revlis (1975), welches auf dem Hintergrund der Atmosphärenhypothese das syllogistische Schließen mit Hilfe des Informationsverarbeitungskonzepts beschreibt. Abbildung 1.8 zeigt die dafür typische *Blockschaltbilddarstellung* des Modells.

Zunächst legt die Vp (immer gemäß der Atmosphärenhypothese) für die beiden Prämissen fest, ob sie *g*enerell oder *p*artikular und *b*ejahend oder *v*erneinend sind (Phase 1). In der folgenden zweiten

Phase bestimmt sie nach den bereits bekannten Regeln die gleichen Merkmale der Kombinationen der Prämissen. Die vorläufige Schlußfolgerung wird in der dritten Phase aufgestellt; außerdem erfolgt die Festlegung ihrer Merkmale. Der *vorläufige* Charakter wird in der vierten Phase beseitigt, wenn anhand der Übereinstimmung oder Abweichung mit/von den Merkmalen der Prämissenkombination die Schlußfolgerung besteht oder nicht. Bei Johnson-Laird und

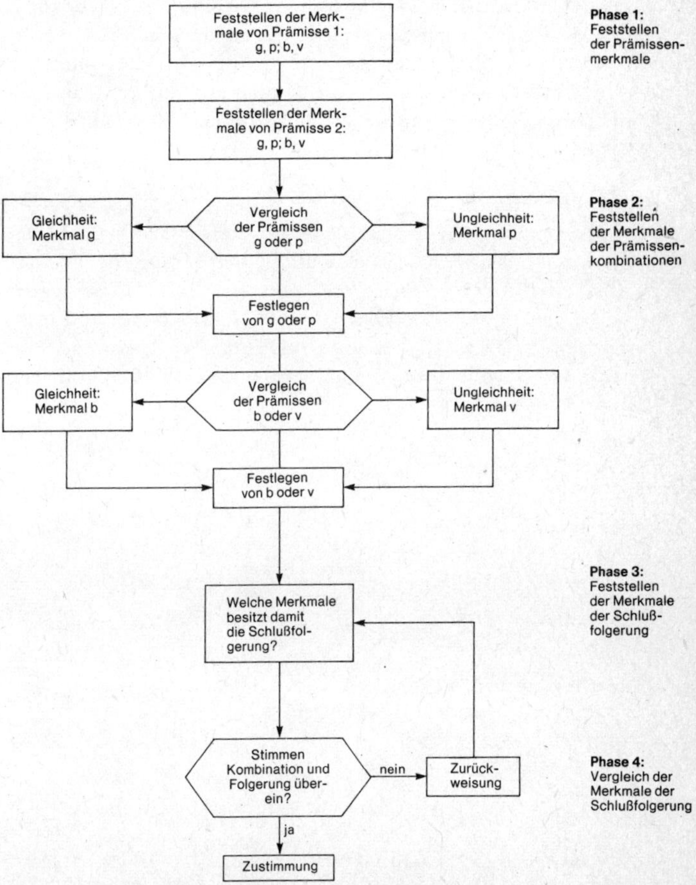


*Abb. 1.8:* Informationsverarbeitungsmodell zum syllogistischen Schlußfolgern (modifiziert nach Revlis 1975).

Steedman wird diese vierte Phase (logisches Testen) dahingehend konkretisiert und erweitert, als sie den Falsifikationstest miteinbeziehen. Inwieweit dieser logisch richtige und wichtige Schritt von menschlichen Individuen tatsächlich vollzogen wird, mag zunächst dahingestellt bleiben. Viele Ergebnisse, von denen wir im nächsten Abschnitt einige kennenlernen, sprechen dafür, daß die *Suche nach widerlegenden Informationen* im menschlichen Denken *eher die Ausnahme* und weniger die Regel darstellt.

Insgesamt kommt man zu dem Eindruck, daß die wissenschaftliche Forschung im Bereich des syllogistischen Schlußfolgerns vor allem *dann fruchtbar* wird, wenn sie sich nicht nur auf die Frage beschränkt, ob menschliche Individuen logisch, teillogisch oder unlogisch denken, sondern wenn nach den beteiligten kognitiven Strukturen und Prozessen gesucht und der Anschluß zur allgemeinen Problemlöseforschung hergestellt wird.

#### *1.1.1.5 Kontexteffekte*

Ein vielversprechender Weg ist die *Einbettung* formaler Syllogismen in *inhaltliche Zusammenhänge* und die Überprüfung der daraus resultierenden Effekte. Diese sogenannten *Kontexteffekte* waren schon bei der Begriffsidentifikation (Band 1, Punkt 3.2) und beim Problemlösen (Band 1, Punkt 4.3) Diskussionsgegenstand. Im jetzigen Gegenstandsbereich nimmt die Fragestellung folgende formale Struktur an:

*Abstrakter Syllogismus*

1. Prämisse: Alle A sind B
2. Prämisse: Alle B sind C

---

Konklusion: Alle A sind C (?)

*Inhaltlicher Syllogismus (1)*

1. Prämisse: Sokrates ist ein Mensch
2. Prämisse: Alle Menschen sind sterblich

---

Konklusion: 3. Sokrates ist sterblich (?)

*Inhaltlicher Syllogismus (2)*

1. Prämisse: Hitler ist ein Mensch
2. Prämisse: Alle Menschen sind moralisch

---

Konklusion: Hitler ist moralisch (?)

Die konkreten Fragen, die mit Hilfe dieses Untersuchungsmaterials beantwortbar sind, lauten:

(a) Wirken sich in die Prämissen eingeflochtene Inhalte auf die Konklusion aus?
(b) Wirken sie fördernd oder behindernd?
(c) Unterscheiden sich die Bearbeitungsergebnisse verschieden inhaltlich angereicherter Syllogismen der gleichen formalen Struktur?

Schon Wilkins (1929) hatte gefunden, daß die Konkretisierung beim logischen Schlußfolgern *positive Effekte* mit sich bringt. Seine Pbn hatten weniger Schwierigkeiten mit der Folgerung

1: Hans ist größer als Klaus
2: Klaus ist größer als Peter

---

Hans ist größer als Peter,

als mit der strukturgleichen Version

1: A ist größer als B
2: B ist größer als C

---

A ist größer als C.

Allerdings gibt es auch *gegenteilige Befunde.* So bringt die obengenannte inhaltliche Version (1) mehr Zustimmung als die strukturgleiche Version (2), auch wenn den Vpn ganz klar ist, daß sie die Prämissen als wahr akzeptieren sollen. Auch in jüngeren Untersuchungen zeigte sich, daß die Konklusionen aus Kontexte erzeugenden Prämissen von den Vpn häufiger *in Richtung ihrer eigenen Überzeugungen* gezogen werden (z.B. Janis & Frick 1943). Eingang in die Modellbildung (Erickson 1974, Revlis 1975, Johnson-Laird & Steedman 1978) haben diese Überlegungen und empirischen Erkenntnisse jedoch noch nicht gefunden.
Angesprochen ist bei solchen Kontexteffekten jenes Wissen, welches im epistemischen *Anteil des Langzeitgedächtnisses* (vgl. Band 1, Punkt 4.4.3.3) *als Resultat der vielfältigen Erfahrungen* im Laufe der Lerngeschichte eines Individuums *in Form von Fakten* aufbewahrt ist. Hält man sich die Informationsverarbeitungsmodelle zum Problemlösen (vgl. Band 1, Punkt 4.4.3) vor Augen, so ist es durchaus nicht überraschend, daß inhaltlich angereicherte Syllogismen *anders* bearbeitet werden – manchmal besser, manchmal schlechter – als abstrakte Versionen, denn das Wissen wirkt sich nicht allein auf die Problemdefinition und Zielkriterienerstellung aus, sondern beeinflußt auch unmittelbar die Phase der Operatorsuche und -anwendung, sowie die der Evaluatorsuche und

-anwendung. Die Beurteilung bzw. Ableitung von Konklusionen profitiert also *dann* vom vorhandenen epistemischen und evaluativen Wissen, wenn sie sich im Einklang befinden und umgekehrt. Diesbezügliche Modellelaborationen stehen aber noch aus.

### 1.1.2 Propositionales Schlußfolgern

Eine andere Form deduktiven Denkens erfaßt das *propositionale Schlußfolgern*, zu dem Abbildung 1.1 b ein Beispiel gibt. Wie schon daran erkennbar, begegnet uns diese Form des Schließens im Alltag recht häufig, wenngleich auch zu beobachten ist, daß die Korrektheit (im logischen Sinne) der gezogenen Schlüsse nicht selten zu wünschen übrig läßt. Diese Form der Ableitung von Informationen wird in der Literatur mitunter auch als konditionales oder konditional-syllogistisches Schlußfolgern bezeichnet. Die damit angedeutete *namentliche Verwandtschaft* zum syllogistischen Schlußfolgern, welches wir in Abschnitt 1.1.1 kennengelernt haben, besteht auch *inhaltlich* zurecht, denn hier haben wir es ebenfalls mit zwei Aussagen (genauer; mit einer AUSSAGE und einer ANNAHME) zu tun, aus denen es gilt, eine Konklusion zu ziehen. Wir verwenden im Folgenden jedoch den Begriff des propositionalen Schlußfolgerns, um die Unterschiedlichkeit beider Formen logischen Denkens zu betonen, die vor allem darin besteht, daß in der ersten Aussage eine Relation in Form einer *»wenn-dann-Beziehung«* zwischen den beiden Teilpropositionen p und q enthalten ist: *wenn* Hans sich auf die Prüfung vorbereitet (p), *dann* besteht er sie auch (q). Der weitere Unterschied ist darin zu sehen, daß in der Annahme (zweite Aussage) eine Festlegung bezüglich p oder q getroffen und in der Konklusion nach der jeweils *nicht festgelegten* Teilproposition gefragt wird.

#### *1.1.2.1 Systematik*

Die beiden Teilpropositionen werden häufig auch als *»Voraussetzung«* (p; *antezedente Bindung*) und als *»Konsequenz«* (q; *folgende Bedingung*) bezeichnet. Die Annahme p oder q wird in zweierlei Weise festgelegt, nämlich entweder bejahend oder verneinend. Danach ergeben sich gemäß Tabelle 1.5 vier Formen von Problemstellungen zum propositionalen Schlußfolgern, die dort auch benannt und veranschaulicht werden.

*Valide* propositionale Schlüsse lassen also nur die Formen *»modus ponens«* und *»modus tollendo tollens«* zu, während das »Bejahen der Konsequenz« bzw. »Verneinen der Voraussetzung« in der Annah-

*Tab. 1.5:* Vier Formen von Problemstellungen zum propositionalen Schlußfolgern: Bezeichnung, Bewertung, konkretes Beispiel (Annahme: wenn Hans sich auf die Prüfung vorbereitet, dann besteht er sie auch), abstrakte Formalisierung

| *Annahme-art* | *Informations-art* | *Teilpropositionen* | |
|---|---|---|---|
| | | *Voraussetzung* | *Konsequenz* |
| Bejahen | Bezeichnung | Bejahen der Voraussetzung (modus ponens) | Bejahen der Konsequenz |
| | Bewertung | valide | invalide |
| | Beispiel | Hans bereitet sich auf die Prüfung vor<br>———<br>Hans besteht die Prüfung (?) | Hans besteht die Prüfung<br>———<br>Hans hat sich auf die Prüfung vorbereitet (?) |
| | Abstraktion | wenn p, dann q<br>p<br>———<br>q (?) | wenn p, dann q<br>q<br>———<br>p (?) |
| Verneinen | Bezeichnung | Verneinen der Voraussetzung | Verneinen der Konsequenz (modus tollendo tollens) |
| | Bewertung | invalide | valide |
| | Beispiel | Hans bereitet sich nicht auf die Prüfung vor<br>———<br>Hans besteht die Prüfung nicht (?) | Hans besteht die Prüfung nicht<br>———<br>Hans hat sich nicht auf die Prüfung vorbereitet (?) |
| | Abstraktion | wenn p, dann q<br>nicht-p<br>———<br>nicht-q (?) | wenn p, dann q<br>nicht-q<br>———<br>nicht-p (?) |

me keine Konklusionen ermöglichen (invalide). Bejahen der Konsequenz und das daraus folgende Bejahen der Voraussetzung in der Konklusion ist deshalb fehlerhaft, weil p »wahr« sein kann, obwohl q »falsch« ist. Umgekehrt verhält es sich mit dem Verneinen der

Voraussetzung und dem resultierenden Verneinen der Konsequenz in der Konklusion, da die Möglichkeit offen bleibt, daß q »wahr« ist, obwohl p »falsch« ist.

### *1.1.2.2 Fehleranalysen*

Nachdem wir uns nun mit der Begrifflichkeit und Logik vertraut gemacht haben, wollen wir uns jetzt mit den Fehlern bei der Bearbeitung dieser propositionaler Problemstellungen beschäftigen, denn ähnlich wie beim syllogistischen Schlußfolgern zeigt sich, daß Personen dabei häufig »unlogisch« vorgehen, also Fehler machen. So fand bsw. Taplin (1971) heraus, daß die Leistungen in den validen Formen am besten (wenngleich nicht perfekt) und in den invaliden Formen am schlechtesten waren. In den beiden letztgenannten Formen hielten die Probanden die Folgerung überwiegend für korrekt (obwohl keine Aussage möglich ist). Auf zwei Interpretationsmöglichkeiten solcher kognitiver Fehlleistungen wollen wir uns in diesem Abschnitt konzentrieren. Es handelt sich dabei um (a) die *unerlaubte Konversion* (illicit conversion) und (b) die *falsche* (lückenhafte) *Strategie.*

(a) Unerlaubte Konversion

Wason & Johnson-Laird (1972) illustrieren diese Interpretation am Beispiel des Verneinens der Voraussetzung. Die unerlaubte Konversion (vgl. die Ähnlichkeit zur Prämissenkonversion beim syllogistischen Folgern, Punkt 1.1.1.3) besteht darin, daß aus der Aussage »wenn p, dann q« die Umkehrung abgeleitet wird, also »wenn q, dann p«.

Inhaltlich angereichert bedeutet diese Konversion, daß aus der Aussage »wenn Hans sich auf die Prüfung vorbereitet, dann besteht er sie auch«, die Aussage »wenn Hans die Prüfung besteht, dann hat er sich auch vorbereitet« entsteht. Mit dieser Aussage wird nun die Annahme »Hans bereitet sich nicht auf die Prüfung vor« kombiniert und es folgt aus dem Modell des Verneinens der Konsequenz der logisch korrekte Schluß, »Hans besteht die Prüfung nicht«. Formal läßt sich dieser Vorgang darstellen als (1) die Umwandlung der Aussage »wenn p, dann q« in »wenn q, dann p« (wie bereits gezeigt), (2) die Beibehaltung der Annahme »nicht-p« und (3) die Konklusion »nicht-q«.

Auch Staudenmeyer (1975, Staudenmeyer & Bourne 1978) und Taplin & Staudenmeyer (1973) fanden in einer Reihe von Untersuchungen, daß die meisten Fehler im propositionalen Schlußfolgern auf die unerlaubte Konversion zurückzuführen sind. Ihre sog. *Bikonditionalhypothese* besagt entsprechend, daß die *einseitige, gerichtete* »wenn, dann«-Relation mißinterpretiert wird als *zweiseitige, ungerichtete Beziehung.* Interessanterweise ergab sich aus ihren Untersuchungen, daß die Pbn konsistent vorgehen: entweder sie verwenden immer die (korrekte) Konditionalinterpretation oder die (inkorrekte) Bikonditionalinterpretation. Tabelle 1.6 zeigt das Material, welches die Experimentatoren verwendeten. Die Aufgabe der Vpn bestand darin, die vorgegebene Konklusion zu bewerten (richtig, manchmal, falsch). Ein Großteil der Vpn bewertete eine Vielzahl solcher propositionaler Schlußfolgerungsprobleme entweder gemäß der Konditional- oder gemäß der Bikonditionalhypothese und nur wenige wechselten zwischen den Bewertungsstrategien.

*Tabelle 1.6:* Antworten auf fünf propositionale Schlußfolgerungsprobleme, einmal nach der Konditional-, einmal nach der Bikonditionalinterpretation (Aussage: Wenn der Schalter betätigt wird, dann geht das Licht an.)

| *Beispiel* | *Konditional* | *Bikonditional* |
|---|---|---|
| 1. – Der Schalter ist betätigt.<br>– Das Licht geht an. | richtig | richtig |
| 2. – Der Schalter ist nicht betätigt.<br>– Das Licht geht an. | manchmal | falsch |
| 3. – Das Licht geht an.<br>– Der Schalter ist betätigt. | manchmal | richtig |
| 4. – Das Licht geht an.<br>– Der Schalter ist nicht betätigt. | manchmal | falsch |
| 5. – Das Licht geht nicht an.<br>– Der Schalter ist nicht betätigt. | richtig | richtig |

(b) Falsche (lückenhafte) Strategie

Eine alternative Interpretation des gleichen Beispiels besteht darin, daß Personen *nicht nach falsifizierenden Möglichkeiten* suchen, also nicht darüber nachdenken, ob Bedingungen dafür existieren, daß q »wahr« ist, obwohl p »falsch« ist (Verneinen der Voraussetzung). Wason (1966, 1968; Wason & Johnson-Laird 1972) illustriert diese lückenhafte Strategie am *Kartenselektionsproblem* (Abbildung 1.9a).

Jede der vier den Vpn vorgelegten Karten trägt auf einer Seite einen Buchstaben und auf der anderen eine Zahl. Die Regel besagt: Wenn eine Karte einen Vokal auf der einen Seite zeigt

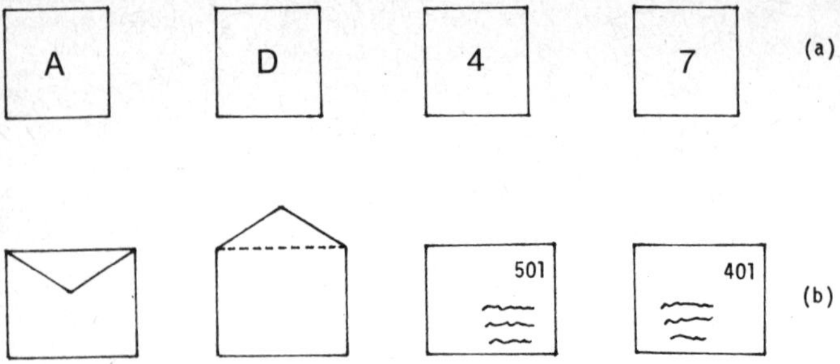


*Abb. 1.9:* Die (a) abstrakte und (b) konkrete Version des Kartenselektionsproblems, modifiziert nach Wason & Johnson-Laird (1972).

(p), dann trägt sie auf der anderen eine gerade Zahl (q). Die Aufgabe für die Vpn besteht darin, *nur jene Karte(n) umzudrehen*, die Aufschluß darüber gibt (geben), ob die Regel richtig oder falsch ist. Tabelle 1.7 präsentiert die Ergebnisse, wonach die meisten Pbn die Karte »A« (p) oder »4« (q) oder die Kombination »A« und »4« (p und q), dagegen nur 4% die korrekte Auswahl von »A« und »7« (p und nicht-q) nennen.

*Tabelle 1.7:* Prozentuale Wahlhäufigkeit von Karten bzw. Kartenkombinationen im Kartenselektionsproblem von Wason (modifiziert nach Wason & Johnson-Laird 1972).

| | *Wahl* | *Häufigkeit* |
|---|---|---|
| (1) | p und q | 46% |
| (2) | p | 33% |
| (3) | p, q und nicht-q | 7% |
| (4) | p und nicht-q | 4% |
| (5) | andere | 10% |

(4) korrekte Auswahl

Die meisten getroffenen Wahlen zielen in erster Linie auf die *Bestätigung* der Regel, nicht aber auf ihre *Widerlegung* ab. Allein die Wahl (4) ermöglicht eine vollständige Widerlegung. Mit der Karte »A« wird nur ein Teil der kritischen Information abgefragt: zeigt sich auf der Rückseite eine gerade Zahl, so ist die Regel korrekt, wenn nicht, dann ist sie unkorrekt. Allerdings kann man die Regel auch widerlegen, wenn man die Karte »7« dreht. Findet man nämlich einen Vokal, so ist die Regel zurückzuweisen. Dagegen gibt die Karte »4« keinen Aufschluß über die Regel, denn diese enthält keine Aussage darüber, was sich auf der Rückseite einer Karte mit einer geraden Zahl zu befinden hat. Die gleichen Überlegungen gelten für die Karte »D«.

Zweierlei läßt sich aus den Ergebnissen zu diesem Experiment ableiten: 1) Potentielle Quellen der Überprüfung von Propositionen werden nicht voll ausgeschöpft; 2) Unerlaubte Konversionen finden sich auch in dieser Art propositionalen Folgerns, denn allein die Annahme »p« (modus ponens) und »nicht-q« (modus tollendo tollens) führen zu validen propositionalen Problemstellungen.

Daß das Verhalten der Vpn in diesem Experiment nicht allein dadurch zu kennzeichnen ist, daß eine unvollständige Strategie vorliegt, sondern daß die Pbn tatsächlich in erster Linie danach trachten, eine Aussage (Hypothese) zu bestätigen, also *nach positiver Information suchen*, reflektiert ein weiteres Experiment von Wason (1968). Er forderte seine Vpn auf, die Regel zu finden, nach der die Zahlenreihe 2, 4, 6 aufgebaut ist. Dazu formulierten sie alternative Reihen und erhielten vom Vl die Rückmeldung, ob diese der zu findenen Regel (drei Zahlen in aufsteigender Reihenfolge) entsprachen oder nicht. Erst wenn sie sich ihrer Sache ganz sicher waren, sollten sie die Regel nennen. Das *typische* Vorgehen bestand darin, Reihen der *gleichen* Form (12, 14, 16; *3*, 5, 7; usw.) vorzutragen (und dafür positive Rückmeldung zu erhalten), nicht aber *widerlegende Alternativen* (1, 2, 3; 6, 4, 2; usw.) zu überprüfen.

Schon an anderer Stelle (vgl. Band 1, Punkt 3.2.1.2) hatten wir die Schwierigkeiten kennengelernt, mit denen menschliche Individuen zu kämpfen haben, wenn es darum geht, negative Information zu suchen und zu verwerten: Bruner, Goodnow & Austin (1956) berichteten im Zusammenhang mit der Identifikation konjunktiver und disjunktiver Begriffe von den größeren Schwierigkeiten mit disjunktiven Begriffen, zu deren *Erschließung das Auffinden negativer Information förderlich* ist (negative Focusstrategie). Eine überzeugende Interpretation dieses Sachverhalts liegt nicht vor. Festzustellen bleibt nur die *offensichtliche Tendenz zur Verifikation* bzw. die *fehlende Bereitschaft zur Falsifikation* von Hypothesen in all jenen Fällen, in denen entsprechende Wahlmöglichkeiten bestehen. Der u. U. überlegene Wert negativer Informationen wird dabei weitgehend übersehen.

### *1.1.2.3 Negationseffekte*

Wenn in einer Aussage zwei Verneinungen enthalten sind, so erhöht dieser Sachverhalt die Schwierigkeit des Verständnisses. Äußert eine Person bsw. die Meinung, daß es ihr wirklich nicht danach ist, jetzt nicht in Urlaub zu fahren, so verstehen wir dieses weniger leicht, als wenn sie die gleiche Meinung in positiver Form – also z. B. mir ist jetzt wirklich danach, in Urlaub zu fahren – abgibt. Diese uns aus dem Alltag bekannte Schwierigkeit haben wir bereits auch in mehreren Bereichen denkpsychologischer Forschung gefunden. So erinnern wir uns daran, daß beim Regellernen (Band 1, Punkt 3.2.2.2) die *Negation zur Erhöhung der Schwierigkeit* beiträgt, ebenso bei Verifikationsproblemen im Bereich des semantischen Gedächtnisses (Band 1, Punkt 3.4.3) und bei Bild-Text-Vergleichen (Band 1, Punkt 4.3.1.2). Gerade für den letzten Fall haben Clark & Chase (1972) gezeigt, daß für die Verarbeitung einer Negation im Text ein *zusätzlicher, zeitkonsumierender, kognitiver Prozeß* notwendig wird, der sich auf die Komplexität eines Problems und somit auf die Problemschwierigkeit auswirkt (zum Konzept der Problemschwierigkeit vgl. Band 1, Punkt 4.3).
So überrascht es nicht, wenn wir ähnliche Effekte auch in den Fällen beobachten können, in denen die Propositionen beim Schlußfolgern eine Verneinung enthalten. Evans (1972) konnte bsw. nachweisen, daß die Pbn mit dem Problem

1: Wenn die Zahl nicht 2 heißt, dann heißt der Buchstabe B.
2: Der Buchstabe heißt nicht B.

---

(?),

wesentlich größere Schwierigkeiten hatten, als mit dem hinsichtlich der Propositionsform identischen Problem (modus tollendo tollens)

1: Wenn die Zahl 2 heißt, dann heißt der Buchstabe B.
2: Der Buchstabe heißt nicht B.

---

(?).

Der direkte Vergleich der beiden Konklusionen zeigt die *zusätzliche kognitive Operation:* im ersten Fall lautet sie »Die Zahl heißt nicht nicht 2« (also »Die Zahl heißt 2«), im zweiten Fall dagegen gelangt man direkt zur Folgerung »Die Zahl heißt nicht 2«. Auch die häufig beobachtete Tatsache, daß »modus ponens« (ohne Verneinung) leichter fällt als »modus tollendo tollens« (mit Verneinung), läßt sich mit dem zusätzlichen kognitiven Aufwand erklären. Daß sechsjährige Kinder bereits »modus ponens« erfolgreich bearbeiten, nicht jedoch »modus tollendo tollens« (Hill 1961, zitiert nach Wason & Johnson-Laird 1972), paßt in dieses Bild. Die *dort* bemühte Erklärung, wonach »modus ponens« die *natürliche Form* des Schließens sei, erscheint auf diesem Hintergrund allerdings *etwas naiv*.

#### *1.1.2.4 Kontexteffekte*

Auch eine zweite Einflußgröße, die im Zusammenhang mit propositionalem Schlußfolgern untersucht wurde, nämlich der *Kontext*, ist uns schon mehrmals begegnet, zuletzt im Zusammenhang mit syllogistischem Schlußfolgern (vgl. Punkt 1.1.1.5). Wir erinnern uns, daß die generellen Überlegungen in Richtung der potentiellen Beeinflussung von kognitiven Operationen (Begriffsidentifikation, Problemlösen usw.) durch ihre Einbettung in begriffliche oder inhaltliche Zusammenhänge gehen.

Im Rahmen der Forschungsbemühungen zum propositionalen Schlußfolgern griffen – einmal mehr – Wason & Johnson-Laird (1972) diese Gedanken auf und fanden, daß Pbn mit abstrakten Versionen wesentlich mehr Probleme hatten als mit strukturgleichen inhaltlichen Versionen (vgl. bsw. Tabelle 1.5). Auch Taplin & Staudenmeyer (1973) und Staudenmeyer & Bourne (1978) fanden in ihren bereits bekannten Untersuchungen, daß die Tendenz, bikonditional zu interpretieren, dann abnimmt, wenn die Aussagen in inhaltlich konkreter Form abgefaßt sind. Allerdings muß man sich fragen, ob nicht auch der gegenteilige Effekt eintreten kann, nämlich dann, wenn die inhaltliche Einbettung »kontrafaktisch« ist, d. h. dem Wissen und den Einstellungen der Pbn widerspricht. Ein Beispiel:

1: Wenn ein Hund ein Tier ist, dann ist auch eine Katze ein Tier.
2: Die Katze ist kein Tier.

---

Der Hund ist kein Tier.

Eine neuere Untersuchung von Johnson-Laird, Legrenzi & Legrenzi (1972, vgl. auch Johnson-Laird & Wason 1977), die wir in der abstrakten Form unter dem Namen des Kartenselektionsproblems schon kennengelernt haben (vgl. Punkt 1.1.2.2 und Abbildung 1.9), soll die Fragestellung weiter beleuchten.

Wie aus Abbildung 1.9 b erkennbar, arbeiten die Pbn in dieser Version – anstelle von Karten – mit Briefumschlägen. Sie mußten sich vorstellen, als Postmitarbeiter Briefe zu sortieren. Ihre Aufgabe bestand darin festzustellen, ob folgende Regel verletzt wurde: Wenn ein Brief verschlossen ist, dann trägt er eine 40-Lire-Briefmarke auf der Vorderseite. Zu diesem Zweck sollten die Vpn nur jenen Brief (jene Briefe) umdrehen, der (die) Aufschluß darüber gibt (geben), ob die Regel richtig oder falsch ist. Die konkrete und abstrakte Version sind also *absolut strukturgleich*. Es zeigte sich ein deutlicher Unterschied in der Güte der Bearbeitung: während in der abstrakten Version nur 4% der Vpn die Lösung fanden (vgl. Tabelle 1.7), stieg diese Zahl in der inhaltlich angereicherten Version auf 87,5%. Der Hauptunterschied bestand darin, daß in der inhaltlichen Version auch »modus tollendo tollens« mit zur Aufgabenbewältigung herangezogen wird. Offensichtlich *erleichtert der Kontext die Einsicht* in die Notwendigkeit, *falsifizierende Informationen* mit einzubeziehen.

Interpretiert man diesen Sachverhalt im Sinne der Informationsverarbeitungstheorien (Band 1, Punkt 4.4.3), so wäre zu postulieren, daß innerhalb bestimmter Realitätsbereiche (epistemische Struktur) Erfahrungen dahingehend gesammelt wurden, daß auch falsifizierende Alternativen informativ sein können, daß diese Erfahrungen jedoch *nicht* im Sinne eines *situationsübergreifenden Vorgehens* (Makrooperator aus der heuristischen Struktur oder genereller Heurismus des zentralen Prozessors oder Falsifikationstest im Sinne von Johnson-Laird & Steedman 1978, vgl. Punkt 1.1.1.4) verfügbar sind. Dieses würde bedeuten, daß wir im täglichen Leben *zu selten* solchen Situationen begegnen, in denen *widerlegende Hypothesen* gefordert sind, und daß vielmehr in den meisten Situationen die Suche nach bestätigenden Informationen das Vorgehen der Wahl darstellt.

### 1.1.3 Analoges Schlußfolgern

Während es zum propositionalen Schlußfolgern zwischenzeitlich durchaus einen großen Bestand an Forschungsergebnissen, aber gleichzeitig einen Mangel an geschlossenen Theorien (Modellen) gibt, sieht die Situation für das *analoge Schlußfolgern* eher umgekehrt aus. Dieses ist vor allem deshalb erstaunlich, da viele Intelligenztests eine Subskala zum »Analogien bilden« enthalten, ja ganze Tests zur Erfassung der intellektuellen Gesamtkapazität auf analogem Schlußfolgern fußen (Miller Analogies Test, MAT, Miller 1960). Dennoch fehlen weitgehend wissenschaftliche Analysen, die sich detailliert mit dem Prozeß des Analogieschlusses beschäftigen. Dagegen gibt es auf Modellebene einige Bemühungen, so bsw. von Rumelhart & Abrahamson (1973) und Sternberg (1977), die wir im übernächsten Abschnitt etwas näher kennenlernen werden.

Im Zusammenhang mit der Modellbildung zum komplexen Problemlösen (Band 1, Punkt 4.6.3.1) sind wir bereits einmal auf den Analogieschluß gestoßen. Dörner et al. (1983) gehen davon aus, daß beim Versuch, komplexe Probleme zu lösen, Teilziele u. a. über den Analogieschluß gebildet werden. So mag es uns unbekannt sein, in welcher Weise die Produktion in einer Uhrenfabrik organisiert ist. Folglich haben wir auch große Schwierigkeiten, wenn von uns gefordert wird, diese zu verbessern. Kennen wir aber andererseits die Produktionsverhältnisse in einer Zigarettenfabrik, so mag es uns gelingen, mittels Analogieschluß – also durch Übertragung sich entsprechender Tatbestände von einer Situation auf die andere – dem gesteckten Ziel einen Schritt näher zu kommen. Das analoge Schlußfolgern wird in diesem Fall – ebenso wie in den meisten vergleichbaren, häufig vorkommenden Alltagssituationen – als Mittel zur Ableitung gesuchter (unbekannter bzw. nicht verfügbarer) Informationen aus dem vorhandenen Wissensbestand verwendet.

### *1.1.3.1 Form*

Abbildung 1.1 c enthält die oft verwendete Präsentationsform eines analogen Schlußfolgerungsproblems. Wir sehen daran, daß es *zwei Aussagen* mit jeweils *zwei Hauptbestandteilen*, nämlich (a) und (b) sowie (c) und (d) enthält. In der Regel ist die *Relation zwischen (c) und (d)* gefragt: bei gegebenem (d) soll sie der *Relation zwischen (a) und (b)* entsprechen. Das Beispiel klärt die Logik: gegeben ist Hand (a) und Fuß (b) sowie Finger (c) und Zehe (d). Gefragt ist, ob Aussage 2 in Bezug auf Aussage 1 korrekt ist. Sowohl »Hand« als auch »Fuß« sind Teile unserer Gliedmaße. Finger ist Teil der Hand; somit ist in Analogie zur Aussage »Hand zu Fuß« die Aussage »Finger zu Zehe« zu wählen, da Zehe ein Teil des Fußes ist. Aussage 2 wäre somit als eine korrekte Analogie zu Aussage 1 zu bewerten.

Eine andere Form der Vorgabe stützt sich weniger auf die Bewertung der komplett vorgegebenen Aussagen, sondern läßt (d) aus den anderen gegebenen Bestandteilen *produzieren*, also:

1: Hand verhält sich zu Fuß, wie
2: Finger zu ?

In unserem Beispiel wäre also »Zehe« zu nennen. Als eine Art Hilfestellung werden manchmal Wahlalternativen angeboten (multiple choice), also z. B.:

1) Fingernagel, 2) Zehe, 3) Ferse, 4) Schuh.

In diesem Fall müßte die Vp die (2) nennen (ankreuzen). Die formalisierte Darstellung dieser Vorgabeart hat folgendes Aussehen:

a : b :: c : ?; oder konkret
Hand : Fuß : : Finger : ?.

Zusammenfassend gilt es festzuhalten, daß beim Analogieschluß inhaltliche Kriterien die Relation in der ersten Aussage definieren. Je nach Präsentationsform ist (1) die Relation in der zweiten Aussage daraufhin vergleichend zu überprüfen oder (2) ist die zweite Aussage gemäß dieser Relation adäquat zu ergänzen.

*1.1.3.2 Theorien zum analogen Schlußfolgern*

Spätestens an dieser Stelle wird klar, daß sich das analoge Schlußfolgern prinzipiell von den bisher besprochenen Formen logischen Denkens unterscheidet. Waren es formal-logische Festlegungen der Prämisseninterpretation, die die Bearbeitung von syllogistischen und propositionalen Problemen sozusagen »objektiv« regelten, so fehlen diese für das analoge Schlußfolgern. Vielmehr bestimmen die *inhaltlichen Merkmale* der beiden Bestandteile der ersten Aussage (a und b), welcher Art die Beziehung ist; anhand der solchermaßen definierten Beziehung ist entweder (d) zu produzieren oder die vorgegebene zweite Aussage zu bewerten.
Recht anschaulich werden diese Überlegungen, wenn wir uns das Modell von Rumelhart & Abrahamson (1973) ansehen. Sie gehen von einer *räumlichen, internen Repräsentation* der vier Items eines Analogieproblems aus. Greifen wir folgendes Beispiel von ihnen auf:

Kaninchen : Giraffe : : Affe : ?.

Wie kommt man hier zu einem Analogieschluß? Nach dem Modell stehen die drei bekannten Bestimmungsstücke der Analogie durch räumliche Dimensionen miteinander in Beziehung. Die Autoren greifen zur Veranschaulichung ihrer Überlegungen auf eine Arbeit von Henley (1969) zurück, die für den Tierbereich mittels geeigneter statistischer Verfahren und auf der Grundlage von *Ähnlichkeitsbeurteilungen* durch Personen einen dreidimensionalen, »psychologischen« Raum erstellte. Abbildung 1.10 zeigt für das gewählte Beispiel diesen psychologischen Raum.
Man kann erkennen, daß die Tiere durch drei inhaltliche Dimensionen (räumlich) miteinander in Beziehung stehen. Auf der Dimension »Größe« nehmen MAUS und ELEFANT ziemlich entfernte Punkte ein; sie sind sich hinsichtlich dieser Dimension unähnlich.

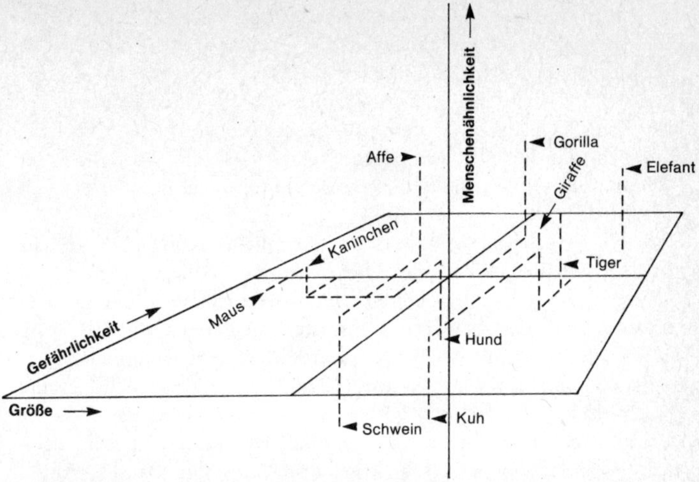


*Abb. 1.10:* Ein Ausschnitt aus dem dreidimensionalen Raum zur Tierwelt (nach Rumelhart & Abrahamson 1973).

»Gefährlichkeit« stellt die zweite ordnungsstiftende Größe dar, mit TIGER an dem einen und SCHWEIN an dem anderen Ende der Skala. Die dritte Dimension schließlich bezieht sich auf die Ähnlichkeit zum Menschen. Ersichtlich ergeben sich hierfür zwischen GORILLA und KUH nur wenige Berührungspunkte. Anhand dieser Dimensionen etabliert man für das gewählte Beispiel die Relation zwischen Kaninchen und Giraffe. Beide Tierarten ähneln sich hinsichtlich ihrer Gefährlichkeit (relativ harmlos) und bezüglich der Ähnlichkeit zum Menschen, unterscheiden sich jedoch erheblich in der Dimension Größe.
Damit ist die *Relation inhaltlich definiert.* Sie ist in einem zweiten Schritt auf das erste Item der zweiten Aussage zu übertragen, also auf »Affe«. Welches Tier paßt auf dem Hintergrund einer solchermaßen definierten Beziehung zu Affe, welches Tier komplettiert die Analogie? Die Wahl fällt auf »Elefant«, da für dieses Paar (Affe – Elefant) die gleichen Relationen gelten wie für das erste Paar (gleich gefährlich, gleich menschenähnlich, aber unterschiedlich groß).
Rumelhart und Abrahamson postulieren – ganz im Einklang mit der gegebenen Illustration – einen dreiphasigen schlußfolgernden Prozeß: (1) Bestimmung der Beziehung zwischen a und b. (2) Suche nach idealem d für c und (3) Auswahl der besten Alternative für d.

In ihrem experimentellen Vorgehen verwenden sie die bereits besprochene Form der Mehrfachwahlmöglichkeit (multiple choice). Dabei war nicht nur die vermeintlich beste Alternative zu finden, sondern alle Alternativen waren auch in eine Rangreihe zu bringen. Tatsächlich fanden sie Bestätigung für ihre Theorie, wonach die Distanz im psychologischen Raum bezüglich der inhaltlichen Dimensionen die *relationsdefinierende* und *analogiebildende* Größe darstellt.

Allerdings scheint gerade dieses räumliche Konzept auch die problematische Größe in der Theorie zu sein. Woher weiß man, daß es gerade ein drei- und nicht ein vier- oder auch zweidimensionaler »Raum« ist, der den fraglichen Realitätsbereich abbildet? Im Zusammenhang mit der Besprechung des Merkmalsvergleichsmodells von Smith, Shoben & Rips (1974, Band 1, Punkt 3.4.3.2) zum semantischen Gedächtnis hatten wir bsw. gesehen, daß Begriffe (dort Vögel) hinsichtlich ihrer Ähnlichkeit durch zwei Dimensionen (Objektgröße und Objektgefährlichkeit, vgl. Band 1, Abbildung 3.22) festgelegt sind. Wenn aber die Anzahl der Dimensionen fast willkürlich wählbar ist, dann hat dieses entscheidende Konsequenzen für die Analogie, denn die fehlende Dimension kann allein relationsdefinierend sein.

Ein anderes, aufgrund der empirischen Belege heute sehr hoch bewertetes Modell, erarbeitete Sternberg (1977). Sein Untersuchungsmaterial war in erster Linie bildhafter Natur, wie in Abbildung 1.11 demonstriert.

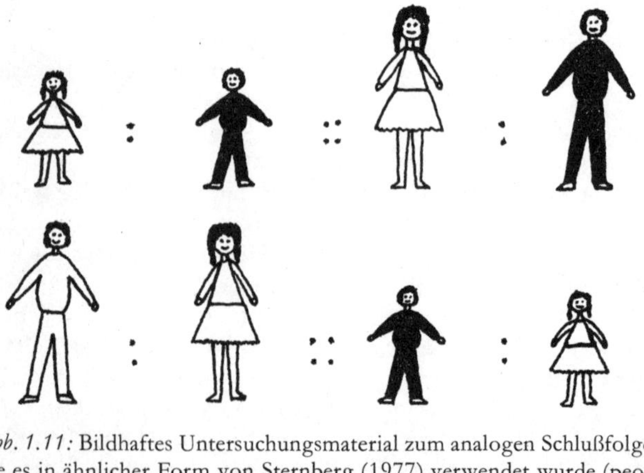

*Abb. 1.11:* Bildhaftes Untersuchungsmaterial zum analogen Schlußfolgern, wie es in ähnlicher Form von Sternberg (1977) verwendet wurde (people-piece problem).

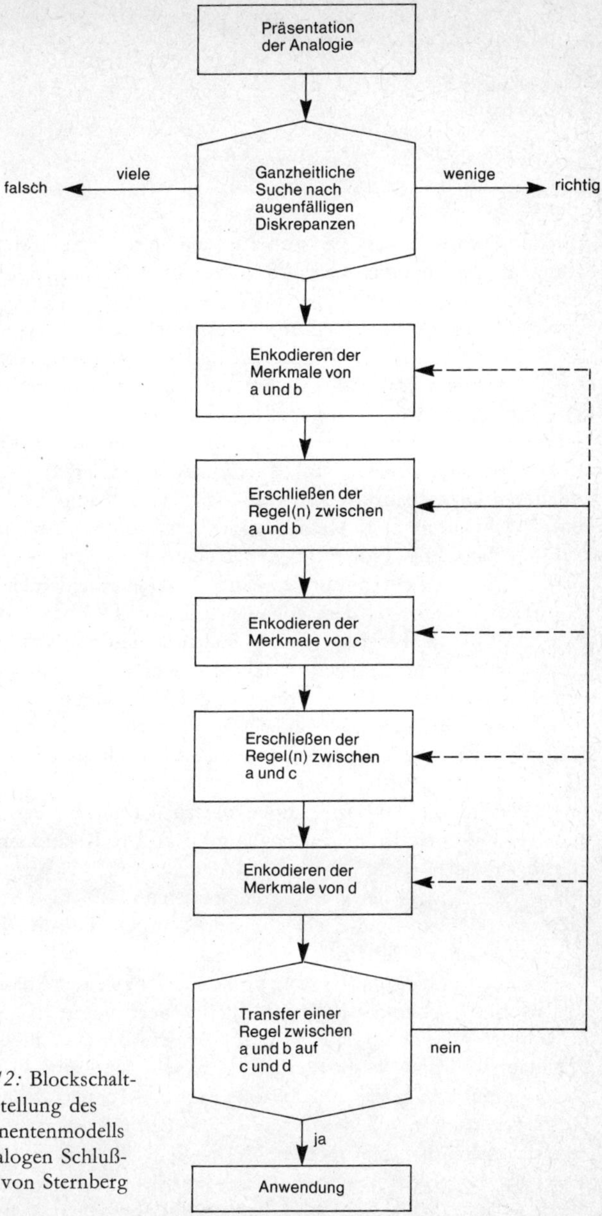


*Abb. 1.12:* Blockschaltbilddarstellung des Komponentenmodells zum analogen Schlußfolgern von Sternberg (1977).

Zusätzlich benutzte er auch das uns bereits bekannte verbale Material, wie z. B.

Ruhe : Dunkelheit : : Klang : Mond, ja/nein?
Wort : Buchstabe : : Absatz : Satz, ja/nein?

oder in der Mehrfachwahlantwortform:

Washington : 1 : : Lincoln : ?, (a) 5, (b) 10.

Aufgrund seiner Befunde postulierte auch Sternberg ein Mehrphasenmodell des analogen Schlußfolgerns. In Abbildung 1.12 ist es schematisch dargestellt.
Bereits der erste Blick zeigt, daß es wesentlich differenzierter ist als das »Raum«-Modell von Rumelhart und Abrahamson. Aufgrund von Verbalprotokollen postuliert er zunächst eine Phase der ganzheitlichen Suche nach auffälligen Diskrepanzen zwischen den beiden Aussagen der Analogie. Die Pbn entscheiden auf der Basis eines ersten Eindrucks, also *eher gefühlsmäßig*, ob »richtig« (keine auffälligen Diskrepanzen) oder »falsch« (viele auffällige Diskrepanzen). Reicht dieser erste Gesamteindruck zu einer Entscheidungsfindung nicht aus, so folgt der eigentlich *analytische Teil des Problemlösens*. Er beginnt mit dem Enkodieren der beiden Hauptbestandteile a und b der ersten Aussage. Für das Beispiel »Washington : 1 : : Lincoln : (5, 10)« bedeutet dieser Schritt, daß der Pb den Begriff im Langzeitgedächtnis sucht und zusammen mit seinen Merkmalen (z. B. (1) Präsident der Vereinigten Staaten, (2) auf einem Geldschein abgebildet, (3) Kriegsheld) im Arbeitsgedächtnis präsent hält. Entsprechendes läuft danach für Bestandteil b ab.
Danach stiftet die Vp Beziehungen zwischen a und b (Washington und 1). Die sich in diesem Fall anbietenden Relationen (von Sternberg auch Regeln genannt: *rule inference)* sind (1) Washington war der 1. Präsident der Vereinigten Staaten und (2) Washington ist auf dem 1-Dollar-Geldschein abgebildet. Auch diese bleiben im Arbeitsgedächtnis des Problemlösers.
Es schließt sich die Enkodierung von c aus der zweiten Aussage an, also bsw. (1) Lincoln war Präsident der Vereinigten Staaten, (2) Lincoln ist auf einem Geldschein abgebildet oder (3) Lincoln war Präsident während des Bürgerkriegs. Erneut folgt eine Phase der Regelfindung *(mapping)*, jetzt bezogen auf a und c, also Washington und Lincoln im gegebenen Beispiel. Aus den enkodierten und im Arbeitsgedächtnis abgelagerten Merkmalen läßt sich im Beispiel leicht die Regel ableiten, daß beides Präsidenten der Vereinigten Staaten waren. Schließlich folgt die Enkodierung von d, woran sich

der Transfer der Regel zwischen a und b auf c und d anschließt *(application)*. Die erste gefundene Regel lautete: Washington war der erste Präsident der Vereinigten Staaten. Übertragen auf c und d würde daraus folgen: Lincoln war der 5. (10.) Präsident der Vereinigten Staaten, eine für beide Fälle falsche Aussage (er war der 16. Präsident). Also muß dieser *Transfer* verworfen und die nächste Regel überprüft (vielleicht auch erst aufgestellt) werden. Der durchgezogene Rückkopplungspfeil in Abbildung 1.12 markiert diesen Vorgang. Andere denkbare Operationen – an dieser Stelle der Analogiebearbeitung – sind durch die gestrichelten Pfeile symbolisiert. Diese nächste Regel lautet: Washington ist auf dem 1-Dollar-Geldschein abgebildet. Der Transfer führt zu der Aussage: Lincoln ist auf dem 5-(10-)Dollar-Geldschein abgebildet. Da diese Übertragung zu einer korrekten Aussagen führt (5), kommt sie abschließend zur Anwendung; die Antwort lautet 5.
Sternberg präzisiert sein Modell durch zwei Zusatzannahmen. Die erste betrifft die *Dauer* des in Komponenten zerlegten Prozesses. Für die Regelfindung zwischen a und b postuliert er einen *potentiell vollständigen Suchvorgang (exhaustiv process)*, d. h. eine Vp schöpft u. U. das Finden von Relationen aus. Dagegen endet der Prozeß des Regeltransfers dann, wenn eine taugliche Regel gefunden wurde; weitere Regeln zwischen a und b bleiben dann unberücksichtigt *(self-terminating process)*. Am Beispiel der Gedächtnissuche hatten wir die Relevanz dieses Problems – gleichfalls anhand von Untersuchungen durch Sternberg (1975) – bereits kennengelernt (Band 1, Punkt 4.3.1.1). Die zweite Annahme ist ebenfalls typisch für Sternbergs Vorgehen beim Modellieren kognitiver Prozesse: sie besagt, daß sich die verschiedenen Teilkomponenten des Gesamtprozesses *additiv* verhalten. Mit diesem sogenannten Faktoradditionsparadigma ist gemeint, daß jede der Teilkomponenten (Faktoren) Zeit konsumiert und daß sich diese Zeiten zur Gesamtbearbeitungszeit aufsummieren. Implizit sind darin die weitergehenden Annahmen enthalten, daß die Komponenten *voneinander unabhängig* sind und *seriell* (nacheinander) abgearbeitet werden (zur Faktoradditionsmethode siehe Clark & Chase 1974, Band 1, Punkt 4.3.1.2; zur Frage der seriellen bzw. parallelen Verarbeitung siehe Newell & Simon 1972, Band 1, Punkt 4.4.3.4).
Gerade diese Zusatzannahmen sind es, die das Gesamtmodell einer exakten empirischen Überprüfung zugänglich machen. Und zwar erreicht Sternberg dieses Ziel – ganz im Sinne seiner Faktoradditionsmethode – durch gezielte *Vorbeeinflussung* von Teilkomponenten des Gesamtprozesses. So führt er bsw. vier Versuchsbedingungen dergestalt ein, daß er seinen Vpn vorweg (vor Präsentation der

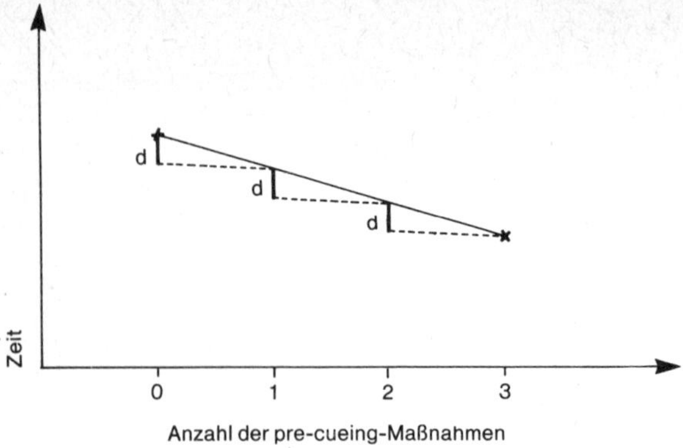


*Abb. 1.13:* Skizzierung der linearen Abnahme der Bearbeitungszeit aufgrund unterschiedlich umfänglicher pre-cueing-Maßnahmen in einem Experiment zum analogen Schlußfolgern (nach Sternberg 1977).

Analogie) in der ersten Bedingung das Item a der Analogie, in der zweiten Bedingung a und b, in der dritten Versuchsbedingung a, b und c und in der vierten Bedingung keine Information präsentiert. Durch diese Maßnahmen *(pre-cueing)* – so vermutet Sternberg – werden die Vorgänge in der (den) Enkodierungsphase(n) vorweggenommen (nicht in Bedingung 4), fallen also bei der Gesamtbearbeitung weg. Die Folge davon müßte eine entsprechend reduzierte Gesamtbearbeitungszeit sein. Tatsächlich ergab eine Analyse der Bearbeitungszeiten die Bestätigung: es zeigte sich eine lineare Abnahme der Gesamtbearbeitungszeit mit der Anzahl vorbereiteter Teilkomponenten (vgl. Abbildung 1.13).

Das gewählte Vorgehen läßt weitergehende Aussagen zu. So erschließt Sternberg die absolute Zeit für das Enkodieren eines Items der Analogie durch *Subtraktion* der Durchschnittszeiten von Bedingung 4 und Bedingung 1. Entsprechend lassen sich Aussagen über die Komponenten der Regelbildung, des Regeltransfers und der Anwendung treffen, wenn die jeweils korrespondierenden Bedingungssubtraktionen vorgenommen werden. Diese Feinanalyse mündet in eine Gleichung für die Bearbeitungszeit des Gesamtprozesses, in welche alle Komponenten des Modells – additiv und mit einem bestimmten Gewicht versehen – eingehen. Die formale Struktur hat somit folgendes Aussehen:

$$BZ = a* \times 1 + b* \times 2 + c* \times 3 + \ldots + n* \times n \text{ (msec)},$$

wobei BZ = Bearbeitungszeit,
a, b, c ... n = Gewicht der Komponenten
$\times 1, \times 2, \ldots \times n$ = Komponenten des Gesamtprozesses.

(Ein detailliertes analoges Beispiel findet der Leser in der Untersuchung von Clark & Chase 1974, Band 1, Punkt 4.3.1.2). Es ergab sich ein hoher Zusammenhang zwischen den vorhergesagten und empirisch gefundenen Bearbeitungszeiten, woraus Sternberg folgert, daß alle im Modell postulierten Komponenten tatsächlich am Lösungsprozeß beteiligt sind.
In seiner jüngsten Modellelaboration (z. B. Sternberg 1983) differenziert er die Phase der Anwendung. Application bedeutet hier nur die Suche nach einem idealen d in Bezug zu den zuvor etablierten Regeln. Der Vergleich der produzierten oder vorgegebenen Alternativen für d mit dem idealen d schließt sich an *(comparison)*. Danach ist zu beurteilen, ob die gewählte Alternative dem idealen d genügend nahe kommt (genügend ähnlich ist), um akzepiert werden zu können, oder ob in den vorausgegangenen Verarbeitungsschritten vielleicht Fehler enthalten sind *(justification)*. In der abschließenden Antwort *(response)* teilt das Individuum seine Entscheidung mit. Ersichtlich ist es nach diesem Modell die Beurteilungskomponente, die mögliche Rücksprünge auf vorausgegangene Komponenten determiniert. Die Ähnlichkeit zur Phase der Evaluatorsuche und -anwendung im SPIV-Modell (Hussy 1983, vgl. Band 1, Punkt 4.4.3) ist unübersehbar.
Vergleicht man die beiden Modelle zum analogen Schlußfolgern, so fällt auf, daß ihre Autoren unterschiedliche Schwerpunktsetzungen vornehmen. Während Rumelhart und Abrahamson sich in erster Linie Gedanken zur internen Repräsentation der Analogiebestandteile machen und den eigentlichen Schlußfolgerungsprozeß auf ein Errechnen der Diskrepanzen (räumlichen Differenzen) reduzieren, verfährt Sternberg genau umgekehrt. Er trifft keine spezifischen Annahmen zur internen Abbildung – wenn man davon absieht, daß er die Informationen als im Langzeitgedächtnis gespeichert betrachtet. Strukturelle Aspekte rücken also gegenüber prozessualen Gesichtspunkten in den Hintergrund. Letztere sind es, denen er seine ganze Aufmerksamkeit widmet und die er in seinem Modell elaboriert.

### 1.1.4 Zusammenfassende Bewertung

Syllogistisches und propositionales Schlußfolgern sind in ihrer Struktur vollständig durch die formal-logische Definition der enthaltenen Relationen bedingt. Fehler beim Umgang mit diesen

Problemen sind primär auf die abweichende Alltagsbedeutung dieser Relationen zurückzuführen. Interessant ist in diesem Zusammenhang die Frage nach der Ursache für diese Bedeutungsdiskrepanz. Eine Vermutung lautet dahingehend, daß bsw. die bikonditionale Interpretation der »wenn-dann«-Beziehung oder die Konversion der »Alle«-Beziehung eine erhebliche Vereinfachung der Schlußfolgerung mit sich bringt (vgl. Abbildung 1.4), der kognitive Vorgang somit ökonomischer abläuft. Nachdem in Alltagssituationen ein Individuum in der überwiegenden Zahl der Fälle mit dieser Vorgehensweise nicht auf Widersprüchlichkeiten stößt, wird es die zugrundeliegende Bedeutung der Relation als tauglich beibehalten. Ganz ähnlich kann man die Tendenz interpretieren, nicht nach falsifizierenden Informationen zu suchen. Auch hier gilt das Argument, daß menschliche Individuen sich offensichtlich mit Wahrscheinlichkeitsaussagen zufrieden geben. Eine ausreichend hohe Wahrscheinlichkeit für ein Ereignis wird quasi mit einer hundertprozentigen Wahrscheinlichkeit gleichgesetzt. Im nächsten Kapitel beschäftigen wir uns intensiver mit diesem Thema. Im Prinzip wäre die Ausgangsfrage zu diesem Forschungsbereich neu zu stellen: »Ob Menschen logisch denken (können) oder nicht?«, wäre zu ersetzen durch Neuformulierungen wie »Ist es notwendig, in Alltagssituationen formal-logisch zu denken?« oder »Aufgrund welcher Erfahrungen erhalten die logischen Relationen ihre umgangssprachliche Bedeutung?«.
Bezüglich der »wenn-dann«-Relation deuten sich in den jüngsten Forschungsbemühungen solche Veränderungen an. So beschäftigt sich Rips (1983) damit, ob sich ihre Bedeutung dann (hin zur formallogischen Definition) ändert, wenn sie *kausal*, also im Sinne eines *Ursache-Wirkungs-Gefüges*, ausgelegt wird. Auch Funke (1984) beschäftigt sich mit solchen Überlegungen, wenn er den Prozeß des komplexen Problemlösens (vgl. Band 1, Punkt 4.6) als das Auffinden von Kausalstrukturen konzipiert.
Als weniger ergiebig müssen die Versuche der Modellbildung zum syllogistischen und propositionalen Schlußfolgern angesehen werden. Solange man nicht allgemeine Problemlösemodelle mitverarbeitet, behalten sie ihren *sehr spezifischen, kaum generalisierbaren Charakter*. Dabei könnte es durchaus fruchtbar sein, eine Modellintegration zu versuchen. Im SPIV-Modell (Hussy 1983, Band 1, Punkt 4.4.3) bsw. wären die logischen Relationen als spezifische, vielleicht auch elementare Operatoren aus der heuristischen Struktur zu interpretieren, bezüglich derer die Prozesse des Auffindens, Abrufens und Anwendens – bei Durchführung der klassischen Schlußfolgerungsexperimente – beobachtbar werden.

Positiver sind die Modellbildungsversuche zum analogen Schlußfolgern zu beurteilen. Sternbergs Ansatz, der in ein *übergreifendes Intelligenzkonzept* eingebettet ist (Sternberg 1981), taugt durchaus auch zur Beschreibung weiterer kognitiver Vorgänge, wenngleich dann die eine oder andere Komponente zu streichen und/oder hinzuzufügen wäre. Überhaupt eignen sich Analogieprobleme besser zur Erforschung von Problemlöseprozessen, wenn damit ein breiterer Geltungsanspruch verbunden ist. Allerdings stößt Sternberg mit seiner Komponententheorie nicht nur auf Gegenliebe. Neisser (1983) hat jüngst versucht aufzuzeigen, daß Sternbergs Komponenten nicht notwendigerweise den ablaufenden Induktionsprozeß repräsentieren. Vielmehr vermutet er, daß es eher Schritte im Problemlöseprozeß sind, die aufgrund der *experimentellen Prozedur* besonders deutlich zutage treten. Er gibt somit zu bedenken, daß der Induktionsprozeß nicht zwingend in dieser schrittweisen Form und unter Beteiligung aller postulierten Komponenten ablaufen muß. Die von Sternberg vorgelegte Evidenz für das Komponentenmodell beeindruckt Neisser insofern nicht, als er argumentiert, daß man sich darüber nicht wundern müsse, weil Sternberg *selbst* – z. B. durch die pre-cueing-Prozedur – dafür gesorgt hat, daß ein Schritt-für-Schritt-Vorgehen sinnvoll erscheint.

### 1.1.5 Weiterführende Literatur

Anderson, B. F. 1980. The complete thinker. Englewood Cliffs, N. J.: Prentice-Hall.

Fuchs, A. 1983. Sprache und logisches Denken. Theoretische und experimentelle Untersuchungen zum transitiven Schließen. Frankfurt: Lang.

Johnson-Laird, N. C. 1983. Mental models: towards a cognitive science of language, inference, and consciousness. Cambridge: Cambridge University Press.

Simon, H. A. 1983. Search and reasoning in problem solving. Artifical Intelligence 21, 7–29.

## 1.2 Urteilsprozesse

Mit einem weiteren Spezialfall von Problemlösen haben wir es bei *Urteils- oder Entscheidungsprozessen* zu tun. Das Hauptkennzeichen jener Situationen, in denen Urteilsprozesse erforderlich sind, ist die *Ungewißheit* oder *Unsicherheit*. Wenn wir bsw. das Ergebnis eines Münzwurfs vorhersagen sollen, so fällt die Entscheidung auf dem Hintergrund einer unsicheren Situation, d. h. es kann (mit gleicher

Wahrscheinlichkeit) das Ereignis »Kopf« oder »Zahl« eintreten; die Vorhersage hat Wahrscheinlichkeitscharakter, sie ist also keineswegs sicher.

Urteilsprozesse haben durchaus Ähnlichkeit mit den schon besprochenen schlußfolgernden Prozessen (Punkt 1.1): hier wie dort wird *Information erschlossen.* Allerdings waren die Aussagen z.B. beim syllogistischen Schlußfolgern *sicher* (»wahr« oder »falsch«), während beim Urteilen gerade der *Umgang mit unsicheren Ereignissen* im Blickpunkt steht. Auch hinsichtlich der Vorgehensweise beim Erforschen solcher Prozesse gibt es Gemeinsamkeiten. Die formale Logik stellte für das syllogistische und propositionale Folgern ein objektives Kriterium dar, während für das Urteilen statistische Modelle wie das *Regressionsmodell* oder das *Bayes-Theorem* objektive Bewertungsmaßstäbe liefern. Bevor wir uns aber um ein ausreichendes Verständnis für diese statistischen Modelle bemühen, vorab noch einige Beispiele für jene Prozesse, die uns in diesem Abschnitt interessieren.

Wir treffen tagtäglich auf Situationen, die die Verarbeitung von Unsicherheit erfordern. So sind jene Personen, die bsw. unter Flugangst leiden, von der Vorstellung geplagt, daß gerade dann, wenn sie mit dem Flugzeug unterwegs sind, ein Unglück passieren könnte, obgleich ihnen bewußt ist, daß die Wahrscheinlichkeit dafür sehr gering ist. Sie verarbeiten diese unsichere Situation in einer angsterzeugenden Weise. Mit anderen Alltagsbeispielen haben wir es zu tun, wenn wir etwa bestrebt sind, das Gewicht eines Menschen aus seiner Größe zu schätzen, oder wenn wir zu beurteilen suchen, ob ein Mensch, den wir mögen, uns die gleichen Gefühle entgegenbringt. Die Reihe der Beispiele ließe sich beliebig fortsetzen. Man kann davon ausgehen, daß der Umgang mit unsicheren Gegebenheiten *die Regel* und *nicht die Ausnahme* darstellt.

Beispiele, wie sie zur wissenschaftlichen Analyse von Urteilsprozessen herangezogen werden, haben meist ein etwas formaleres Aussehen. In vielen Untersuchungen wurden die Pbn bsw. in folgende Situation gebracht:

Sie saßen an einem Tisch und schauten auf einen Schirm, hinter welchem sich zwei Behälter befanden. Einer dieser Behälter (links) enthielt 10 blaue und 20 rote Chips, der rechte – genau umgekehrt – 20 blaue und 10 rote Chips. Der Vl entschied per Münzwurf, aus welchem Behälter er – natürlich unsichtbar für die Vp – drei Chips entnehmen würde. Die Aufgabe der Vp, die diese drei Chips – z.B. zwei blaue Chips und ein roter Chip – gezeigt bekam, bestand darin, die Wahrscheinlichkeit dafür zu nennen, daß der Vl diese Chips aus dem linken Behälter gezogen hat.

Wie wir noch sehen werden, zeigen sich beim menschlichen Urteils- bzw. Entscheidungsverhalten eine Reihe von Fehlern, wenn man als Vergleichsmaßstab statistische Modelle heranzieht. Mit letzteren wollen wir uns im folgenden Abschnitt etwas beschäftigen.

### 1.2.1 Statistische Urteilsmodelle

Entscheidungen fällen, Voraussagen treffen, Urteile abgeben; das also sind die Prozesse im Umgang mit Unsicherheit, für die wir objektive Kriterien benötigen, um die Leistungen menschlicher Pbn vergleichen und bewerten zu können. Wie schon angedeutet, helfen hierbei die Methoden der Statistik, genauer das Regressionsmodell und das Bayes-Theorem.

#### *1.2.1.1 Regressionsmodell*

Eines der eingangs gegebenen Beispiele bezog sich auf die Einschätzung des Körpergewichts einer Person bei gegebener Körpergröße. Die Situation ist mit Unsicherheit verbunden, denn zweifellos gibt es gleichgroße Personen mit unterschiedlichem Körpergewicht. Andererseits handelt es sich aber auch nicht um einen reinen Zufallsprozeß, denn es besteht durchaus ein Zusammenhang zwischen Körpergröße und Körpergewicht. Das Regressionsmodell benutzt solche in der Empirie vorfindbare Zusammenhänge (in der Statistik »Korrelationen« genannt), um aus einer Variable (*Prädiktorvariable*, z. B. Körpergröße) eine andere (*Kriteriumsvariable*,z. B. Körpergewicht) vorherzusagen. Da die Korrelation jedoch nicht perfekt ist, läßt die Genauigkeit der Vorhersage zu wünschen übrig. Im Regressionsmodell erhöht man die Präzision dadurch, daß man weitere Prädiktorvariablen hinzuzieht, so bsw. den Körperumfang. Auch zwischen Körperumfang und Körpergewicht besteht ein Zusammenhang, so daß bei gleichzeitiger Berücksichtigung von Größe und Umfang die Genauigkeit steigt. Man nennt das Regressionsmodell dann *multipel*, da mehrere (im Beispiel 2) Variablen gemeinsam zur Vorhersage herangezogen werden. Gemäß der Höhe der jeweiligen Korrelation mit der Kriteriumsvariablen gehen die Prädiktorvariablen mit unterschiedlichem Gewicht in die Regressionsgleichung ein, d. h. je nachdem, welche der Variablen der bessere Prädiktor (Umfang, Größe) ist, determiniert diese die Vorhersage stärker als die zweite (dritte, vierte ... usw.) Variable.
In einem entsprechenden Experiment wollten Lichtenstein, Earle & Slovic (1975) feststellen, ob menschliche Individuen in dieser

Situation korrekte Vorhersagen treffen und ob sie diese vielleicht sogar nach dem Regressionsmodell »errechnen«. Sie erhielten Ergebnisse, die besagten, daß ein recht enger Zusammenhang zwischen Modellprädiktionen und menschlichen Voraussagen besteht, d. h. daß die Vpn durchaus adäquat mit der Unsicherheit in der experimentellen Situation umgehen konnten. Allerdings konnten die Autoren auch zeigen, daß andere als die multiplen Regressionsprozesse zur Findung der Vorhersage herangezogen wurden, daß das Regressionsmodell somit die im menschlichen Individuum ablaufenden Prozesse nicht abbildet.

#### *1.2.1.2 Bayes-Theorem*

Zur Bewältigung der Unsicherheit in der geschilderten Laborsituation (zwei Gefäße mit roten und blauen Chips) taugt das Regressionsmodell nicht. Vielmehr gibt das sogenannte Bayes-Theorem objektive Auskunft über die zu findenden Wahrscheinlichkeiten. Im Prinzip geht es in dieser Situation darum, *gegebene Wahrscheinlichkeiten aufgrund neu hinzukommender Informationen adaptiv zu verändern.* Im Experiment (z. B. Slovic & Lichtenstein 1971) war die Wahrscheinlichkeit p, daß aus dem linken Gefäß gezogen wird, ursprünglich p = 0,5, anders ausgedrückt 50%. Man spricht hier auch von *»a priori«*-Wahrscheinlichkeiten. Nachdem der Vl aber die spezifische Auswahl (Stichprobe) an Chips gezogen und der Vp gezeigt hat, verändern sich diese Ausgangswahrscheinlichkeiten gemäß der Zusammensetzung der Stichprobe. Das Bayes-Theorem ermöglicht die Errechnung dieser *»a posteriori«*-Wahrscheinlichkeiten. In einer generellen Form lautet es:

$$p(H1/D) = \frac{p(H1) * p(D/H1)}{p(H1) * p(D/H1) + p(H2) * p(D/H2)},$$

wobei p(H1/D) = Wahrscheinleichkeit für Hypothese H1 (aus dem linken Gefäß gezogen?) bei gegebener Information D (a posteriori),
p(H1) = Wahrscheinlichkeit für Hypothese H1 vor Kenntnis der Information D (a priori),
p(D/H1) = Wahrscheinlichkeit des Eintretens von D, vorausgesetzt H1 ist korrekt,
p(H2) = Wahrscheinlichkeit für H2 vor Kenntnis von D,
p(D/H2) = Wahrscheinlichkeit des Eintretens von D unter H2.

Für unser Beispiel gilt, daß p(H1) = p(H2) = 0,5, da der Vl per Münzwurf (also per Zufall) entscheidet, aus welchem Gefäß er ziehen wird. Die isolierten Wahrscheinlichkeiten des Auftretens der Stichprobe (D) für die beiden Gefäße (Hypothesen) p(D/H1) und p(D/H2) berechnen sich in diesem Fall nach der Binomialfunktion, die in der allgemeinen Form lautet:

$$p(N,k) = \binom{N}{k} * p^k * (1-p)^{N-k},$$

$$\text{wobei } \binom{N}{k} = \frac{N!}{k! * (N-k)!},$$

und N = Anzahl der Ziehungen (im Beispiel 3 Chips),
k = Anzahl der Ereignisse k (Anzahl der blauen Chips),
p = Wahrscheinlichkeit von Ereignis k,
! = Fakultät.

Im gegebenen Beispiel folgt daraus für das linke Gefäß:

$$p(D/H1) = \binom{3}{2} * 0{,}333^2 * 0{,}667^1 = 3 * 0{,}111 * 0{,}667 = 0{,}222,$$

und für das rechte Gefäß:

$$p(D/H2) = \binom{3}{2} * 0{,}667^2 * 0{,}333^1 = 0{,}445.$$

Die a posteriori-Wahrscheinlichkeit für das linke Gefäß ergibt sich nun nach dem Bayes-Theroem aus den entsprechend verrechneten Einzelwahrscheinlichkeiten:

$$p(H1/D) = \frac{0{,}5 * 0{,}222}{0{,}5 * 0{,}222 + 0{,}5 * 0{,}445} = 0{,}333.$$

Diese Wahrscheinlichkeit von $p(H1/D) = 0{,}333$ bedeutet, daß nach Bekanntgabe der gezogenen Stichprobe die Wahrscheinlichkeit dafür, daß der Vl diese aus dem linken Gefäß gezogen hat, von 50 auf 33% sinkt. Die a posteriori-Wahrscheinlichkeit für das rechte Gefäß lautet entsprechend:

$$p(H2/D) = \frac{0{,}5 * 0{,}445}{0{,}5 * 0{,}445 + 0{,}5 * 0{,}222} = 0{,}667.$$

Leser, die mit den mathematischen Funktionen und Konzepten weniger vertraut sind, seien auf die weiterführende Literatur zu diesem Kapitel (Punkt 1.2.4) verwiesen.
Viele Untersuchungen zu diesem Paradigma zeigten, daß die Pbn dieses ideale Urteil nicht abgaben, sondern daß ihre Korrektur der a priori-Wahrscheinlichkeit zu gering – im statistischen Sinn also *»konservativ«* – ausfiel. Hieraus und aus den bereits zitierten differenzierteren Untersuchungen von Lichtenstein et al. (1975) folgerte man, daß weder das multiple Regressionsmodell noch das

Bayes-Theorem die kognitiven Vorgänge im menschlichen Individuum beim Urteilen abbilden.

### 1.2.2 Kognitive Prozesse

Es war in erster Linie ein Verdienst von Daniel Kahneman und Amos Tversky zu zeigen, daß das beobachtbare Abweichen von den idealen Urteilen nicht etwa auf *»Rechenfehler«* bei der Bestimmung der Gewichte (Regressionsmodell) oder der Teilwahrscheinlichkeiten (Bayes-Theorem) zurückzuführen ist, sondern daß menschliche Individuen gänzlich andere Vorgehensweisen, sogenannte *Heuristiken*, wählen (Kahneman & Tversky 1972, 1973, Tversky & Kahneman 1971). Einige davon wollen wir uns nun ansehen.

#### *1.2.2.1 Repräsentativitätsheuristik*

Kommen wir auf das anfänglich erwähnte Münzwurfbeispiel zurück und erweitern es etwas, so können wir uns mit der bekanntesten Verarbeitungsweise, nämlich der *Repräsentativitätsheuristik*, vertraut machen. Nehmen wir an, daß drei Personen eine Münze jeweils sechsmal werfen, so erhalten wir bsw. die drei folgenden Kopf-Zahl-Sequenzen:

(1) K K K K K K,
(2) Z Z Z K K K,
(3) K Z K Z Z K.

Fragt man eine Person, welche Sequenz die wahrscheinlichste ist, so bekommt man in aller Regel als Antwort die Alternative (3) genannt. Dabei ist die Wahrscheinlichkeit für alle drei Sequenzen gleich, nämlich 1/64. Was führt dazu, daß (3) so häufig als Antwort gewählt wird? Die meisten Personen betrachten diese Sequenz als typisch für dieses Ereignis (sechs Münzwürfe in Folge): Kopf und Zahl sind gleich häufig vertreten (jedermann weiß, daß eine normale Münze gleich häufig auf die Zahl bzw. den Kopf fällt) und sie folgen in zufälliger Reihenfolge aufeinander. In Alternative (1) ist nur »Kopf« vertreten, weshalb sie als untypisch, also auch unwahrscheinlich, erlebt wird. In (2) sind zwar »Kopf« und »Zahl« gleich häufig vorhanden, aber die Abfolge erscheint sehr geordnet, also ebenfalls untypisch. Dagegen repräsentiert die dritte Sequenz das Ereignis »sechs Münzwürfe in Folge« in typischer Weise. Repräsentativ heißt, daß die fragliche Alternative die Merkmale des generellen Ereignisses beinhaltet, in unserem Fall also *gleiche Häufigkeiten* der beiden beteiligten Möglichkeiten (Kopf/Zahl) und ihre *zufällige Abfolge*.

Aus dem Alltagsleben ist der Begriff der Repräsentativität in jüngerer Zeit ebenfalls vertraut. Meinungsumfragen bemühen in der Regel eine bestimmte Anzahl von Personen (Stichprobe aus der Gesamtpopulation), die der Gesamtbevölkerung hinsichtlich derer Merkmale (Alters-, Geschlechts-, Bildungs-, Religionszugehörigkeitsverteilung usw.) ähnelt. Man spricht dann von einer *repräsentativen Stichprobe* bzw. – verkürzt – von einer repräsentativen Umfrage. Kahneman und Tversky behaupten nun – auf der Grundlage ihrer Untersuchungsergebnisse –, daß menschliche Individuen sich beim Umgang mit Unsicherheit (Wahrscheinlichkeiten) einer solchen Repräsentativitätsheuristik bedienen und weniger die Wahrscheinlichkeiten im mathematisch-statistischen Sinne verrechnen.

Bereits an dieser Stelle soll auf die nahe Verwandtschaft dieser Heuristik mit einem schon bekannten Konzept aus der Begriffsforschung (Band 1, Punkt 3) aufmerksam gemacht werden: es handelt sich um das *Prototypkonzept* von Rosch (z.B. 1973, vgl. Band 1, Punkt 3.3.1) und um den *Prototypvergleich* beim Identifizieren von Begriffsinstanzen (Smith, Shoben & Rips 1974, vgl. Band 1, Punkt 3.4.3). Prototypen sind typische Repräsentanten eines Begriffs. Meise und Sperling bsw. sind prototypische Vertreter des Begriffs Vogel, weniger dagegen Strauß und Pinguin. Prototypische Vertreter besitzen alle oder viele der definierenden Merkmale eines Begriffs (z.B. Meise: ist klein, hat Federn, fliegt, singt, nistet in Bäumen usw.), untypische dagegen wenige, dafür aber charakteristische, d.h. spezifische Merkmale (z.B. Strauß: fliegt nicht, sondern läuft; ist sehr groß usw.). Geht es nun um die Frage, ob ein bestimmtes Objekt (z.B. Strauß) zu einem Konzept (z.B. Vogel) gehört, so findet ein sogenannter Prototypvergleich statt, bei welchem die jeweiligen Merkmale verglichen werden. Für typische Vertreter eines Konzepts ergeben sich sehr schnell hinreichend viele Übereinstimmungen, um zu einer positiven Entscheidung zu kommen; bei atypischen Instanzen dauert dieser *Evidenzsummationsprozeß* entsprechend länger.

Es liegt auf der Hand, die Repräsentativitätsheuristik und die Prototypvergleichsheuristik in einen engen Zusammenhang zu bringen. Bezogen auf das Münzwurfbeispiel besagt dieser Vergleich, daß das Ereignis »sechs Münzwürfe in Folge« im semantischen Gedächtnis als Begriff gespeichert ist, und zwar in prototypischer Repräsentationsform. Diese beinhaltet die beiden Merkmale »gleiche Häufigkeit« und »Zufallsabfolge«. Der Vergleich der drei Alternativsequenzen mit dem Prototyp erbringt somit eine eindeutige Rangreihe hinsichtlich der Typikalität oder Repräsentativität, mit Sequenz (3) als der typischsten Instanz. Der Fehler in der weiteren Verarbeitung besteht eigentlich darin, das *typischste Beispiel* auch als das *wahrscheinlichste Ereignis* zu betrachten. Wie dominant diese Repräsentativitätsheuristik (oder auch Prototypvergleichsheuristik) im Vergleich zu wesentlichen Aspekten des Wahrscheinlichkeitskonzepts ist, wollen wir uns anhand einiger Experimente in den folgenden Abschnitten ansehen.

Ein wesentlicher Aspekt des Wahrscheinlichkeitskonzepts ist die *Stichprobengröße*. Kahneman & Tversky (1972) untersuchten das Urteilsverhalten in Abhängigkeit von dieser Größe mit folgender Problemstellung:

Eine Stadt wird durch zwei Kliniken medizinisch versorgt. In der größeren Klinik werden täglich etwa 45 Babies geboren, in der kleineren etwa 15. Im Durchschnitt sind 50% der Babies Jungens. Allerdings variiert dieser Prozentsatz natürlich täglich; manchmal sind es mehr, manchmal weniger. Für den Zeitraum von einem Jahr registrieren beide Kliniken die Tage, an welchen mehr als 60% der Neugeborenen Jungens waren. Welche Klinik registrierte Ihrer Meinung nach eine größere Anzahl solcher Ereignisse:
(1) die größere Klinik,
(2) die kleinere Klinik,
(3) beide Kliniken etwa gleich viel?

Die Autoren fanden, daß die Mehrzahl ihrer Pbn (Studenten) sich für Alternative (3) entschied, also glaubte, die Anzahl dieser Ereignisse müsse etwa gleich groß sein, unabhängig von der zugrunde liegenden Stichprobe. Tatsächlich ist die Wahrscheinlichkeit, daß in einer Klinik an einem Tag 27 Jungens und 18 Mädchen zur Welt kommen, geringer als die ebenfalls 60% zu 40% repräsentierende Verteilung von 9 Jungens und 6 Mädchen. Noch deutlicher wird dieses Faktum, wenn man ein prozentuales Verhältnis von 80:20 betrachtet. Die Geburt von 12 Jungens und 3 Mädchen ist durchaus kein unwahrscheinliches Ereignis, wohl aber das von 36 Jungens und 9 Mädchen.

Inwiefern spielt bei der Interpretation dieses Ergebnisses die Repräsentativitätsheuristik eine Rolle? Ein repräsentativer Geburtenquotient liegt etwa in der Spanne zwischen 45 und 55% Jungens bzw. Mädchen. Abweichungen davon werden als untypisch und von daher als unwahrscheinlich erlebt, unabhängig von der jeweiligen Stichprobe.

Kahneman und Tversky machten die *Dominanz dieser Vorgehensweise* gegenüber den eigentlich relevanten wahrscheinlichkeitstheoretischen Aspekten noch deutlicher. Ihre Vpn in der geschilderten Untersuchung waren mit Wahrscheinlichkeitstheorie nicht vertraut. Sie wiederholten das Experiment mit einer Stichprobe, die mindestens einen Kurs in Statistik, in welchem die Relevanz der Stichprobengröße erarbeitet wird, erfolgreich absolviert hatten. Die Ergebnisse veränderten sich nicht. Selbst in einer Stichprobe, die aus Berufspsychologen mit mathematischer Orientierung bestand, fanden sie im Prinzip das gleiche Verhalten.

Ein weiteres wesentliches wahrscheinlichkeitstheoretisches Konzept ist die sogenannte *Basisrate*. Im Zusammenhang mit der Erörterung des Bayes-Theorems sind wir schon einmal damit in Berührung gekommen, nämlich bei der zufälligen Auswahl eines der beiden Gefäße durch den Vl. In diesem Beispiel ist die Basisrate 50:50. Was passiert nun, wenn diese Basisrate dahingehend verändert wird, daß der Vl in 80% der Fälle aus dem linken Gefäß (10 blaue und 20 rote Chips) und in 20% der Fälle aus dem rechten Gefäß (20 blaue und 10 rote Chips) zieht, die Basisrate also 80:20 beträgt? Nach dem Bayes-Theorem errechnet sich die Wahrscheinlichkeit, daß unter diesen Umständen die gezogene Stichprobe (2 blaue Chips, 1 roter Chip) aus dem linken Gefäß stammt, als

$$p(H1/D) = \frac{0{,}8 * 0{,}222}{0{,}8 * 0{,}222 + 0{,}2 * 0{,}445} = 0{,}666,$$

also 67%. Dennoch glauben die meisten Probanden, daß diese Wahrscheinlichkeit kleiner als 50% sein müsse. Die gezogene Stichprobe ist in ihren Augen repräsentativ für das rechte Gefäß. Die Basisrate, die allein schon die Ziehung aus dem linken Gefäß recht wahrscheinlich macht, wird weitgehend ignoriert.

Um dem *Kontextargument* Rechnung zu tragen, wiederholten Kahneman & Tversky (1973) dieses Experiment mit folgender Problemstellung:

30 Ingenieure und 70 Juristen, allesamt recht erfolgreich in ihrem Berufsleben, werden psychologisch untersucht. Von jedem wird aufgrund der Ergebnisse eine kurze Beschreibung auf einer Karteikarte angefertigt. Eines der insgesamt 100 Kärtchen wird gezogen und Ihnen als Beispiel einer solchen Kurzbeschreibung vorgelegt. Beurteilen Sie diese hinsichtlich der Wahrscheinlichkeit, daß die Beschreibung eines Ingenieurs gezogen wurde.

> Beispiel: Hans ist 45 Jahre alt, verheiratet und Vater von vier Kindern. er ist konservativ, sorgfältig und ehrgeizig. Er zeigt kein Interesse an politischen und sozialen Problemen und verbringt den größten Teil seiner Freizeit mit seinen vielen Hobbies, zu denen Heimwerken, Segeln und das Lösen mathematischer Rätsel gehören.

Obwohl die Basisrate deutlich dagegen spricht, glauben die meisten Vpn, daß die Karte eines Ingenieurs gezogen wurde. Verantwortlich dafür machen die Autoren die Beschreibung von Hans, die dem (nordamerikanischen) Stereotyp von einem Ingenieur weitgehend entspricht. Damit kommt die Repräsentativität wieder voll zum Tragen. Um noch einmal die Querverbindung zum Prototypvergleich zu verdeutlichen: die gegebene Beschreibung stellt in dieser Terminologie einen Prototyp zum Begriff »Ingenieur« dar. Gefragt, ob diese Beschreibung wahrscheinlich aus der Teilstichprobe der »Ingenieure« oder »Juristen« stammt, kommt es zu einem Prototypvergleich, der im Falle des Begriffs »Ingenieur« durch die sofortige Evidenzsummation zu einer »wahr«-Entscheidung führt.

Interpretationsmöglichkeiten dafür, warum diese zweifellos korrekte Klassifikationsleistung nicht mit der Ausgangswahrscheinlichkeit (Basisrate) »verrechnet« wird, sind vielfältig; zwei davon kommen abschließend kurz zur Sprache. So ist es einmal vorstellbar, daß das Evidenzerlebnis bei der Klassifikation des Beispiels eine Stärke erreicht, die weitergehende – und in diesem Fall notwendige – *kognitive Prozesse unterdrückt*. Die Dominanz der Prototypvergleichsheuristik würde in diesem Fall aus der vorschnellen Gleichsetzung von erfolgter (erfolgreicher) Klassifikationsleistung mit gelungener Problemlösung resultieren. Alternativ oder in Ergänzung zu dieser Interpretation könnte man auch annehmen, daß *Operatoren fehlen*, die die notwendige Gewichtung von Klassifikationsleistung und Wahrscheinlichkeitserwägungen bewerkstelligen. Um mit den gegenwärtigen Informationsverarbeitungsmodellen zum Problemlösen zu sprechen, könnte man feststellen, daß der Teilprozeß der Operatorsuche (heuristische Struktur) und -anwendung übersprungen wird, das Problemlösen sich also auf das Abrufen von Fakten aus dem Gedächtnis (epistemische Struktur, semantisches Gedächtnis) reduziert.

#### *1.2.2.2 Verfügbarkeitsheuristik*

Ganz ähnlich ist eine zweite Strategie interpretierbar, die beim Umgang mit Ungewißheit beobachtbar ist. Wieder sind es Kahneman und Tversky, die erste Untersuchungen dazu berichten: es handelt sich um die sogenannte *Verfügbarkeitsheuristik (availability)*. Die Problemstellung dazu lautet (Tversky & Kahneman 1973): Sie haben sieben Sekunden Zeit, um abzuschätzen, wieviele Beispiele Ihnen innerhalb der nächsten zwei Minuten zum Begriff »Länder« einfallen. Die Autoren stellen fest, daß die diesbezüglichen Vorhersagen recht gut mit den tatsächlich gezeigten Leistungen übereinstimmen und erklären diesen Sachverhalt mit der Verfügbarkeitsheuristik, die besagt, daß die Leichtigkeit, mit welcher Beispiele eines Begriffs anfänglich aus dem Gedächtnis abgerufen werden können, als Basis für die Abschätzung des Reservoires an Instanzen

zum fraglichen Begriff herangezogen wird. Fällt es also einer Person leicht, in den ersten Sekunden Beispiele abzurufen, dann wird auf einen umfangreichen Vorrat geschlossen und umgekehrt.
Dieses Vorgehen führt aber offensichtlich ab und an auch zu Fehleinschätzungen, wie Tversky und Kahneman anhand eines Beispiels demonstrieren konnten. So wird die Frage, ob es mehr Wörter gibt, die mit dem Buchstaben »r« beginnen oder die ein »r« an der dritten Stelle haben (Riese – Kerze), meist falsch beantwortet: obwohl die objektive Häufigkeit (in der englischen Sprache) mit 3:1 für den Buchstaben an der dritten Stelle spricht, glauben die meisten Vpn, daß es mehr Wörter gibt, die mit »r« beginnen. Die Autoren erklären diesen Widerspruch damit, daß es einfacher ist, Wörter, die mit »r« beginnen, aus dem Gedächtnis abzurufen, als Wörter mit dem »r« an dritter Stelle; letztere sind also weniger verfügbar und werden von daher in ihrer Häufigkeit unterschätzt.
Nisbett & Ross (1980) machen für solche fehlerhaften Entscheidungen u.a. auch die *Lebendigkeit* und/oder *Anschaulichkeit (vividness)* der verfügbaren Informationen verantwortlich. Als ein aktuelles Beispiel greifen sie das Problem der Verletzung der Menschenrechte heraus. So fragen sie ihre Pbn, welche Informationen zu diesem Problem wohl verfügbarer wären: einmal eine anschauliche Schilderung der Hinrichtung von sechs politisch verfolgten Personen in Guatemala, oder eine Statistik, die besagt, daß in Indonesien 5000 politische Gefangene einsitzen. Die Autoren glauben, daß auf dem Hintergrund dieser Informationen Guatemala als ein Land, in welchem die Menschenrechte verletzt werden, verfügbarer wäre als Indonesien. Die dieser Annahme zugrunde liegende Gesetzmäßigkeit besagt, daß anschauliche (vorstellbare) Sachverhalte besser behalten und erinnert werden als unanschauliche Informationen. Ohne auf diese kontrovers diskutierte Position einzugehen (siehe Literatur dazu in Punkt 1.2.4), ergibt sich als Konsequenz aus dieser Annahme, daß die Abschätzung von Häufigkeiten stark durch die Lebendigkeit bzw. Anschaulichkeit der abgefragten Informationen bedingt ist.
Aus dem Alltagsleben kennen wir entsprechende Beispiele. Unser Verhalten im Straßenverkehr wird sehr stark von einem Verkehrsunfall, den wir als Zuschauer miterleben, beeinflußt. In der Regel verhalten wir uns im Anschluß an ein solches Ereignis – wenn leider auch nur kurzfristig – viel vorsichtiger als zuvor. Die subjektive Wahrscheinlichkeit für das Beteiligtsein an einem Unfall steigt drastisch. Dagegen erzielen beeindruckende Unfallstatistiken nicht diesen Effekt. Zahlen sind weniger anschaulich; 12000 Verkehrstote im Jahr können wir uns nicht vorstellen.

Bordiga & Nisbett (1977) belegen diese Überlegungen mit folgender Untersuchung: sie gaben Studenten zu Beginn der Veranstaltungen eines bestimmten Semesters die beiden bekannten Arten von Informationen. Eine Gruppe erhielt eine Statistik zur Verfügung gestellt, die die Kursbeurteilung von 30 Besuchern der letzten entsprechenden Veranstaltungen enthielt, die zweite Gruppe wurde durch ein persönliches Gespräch mit einem Besucher der Veranstaltungen informiert. Die Frage nach den Veranstaltungen, die die Studenten im anstehenden Semester belegen würden, beantworteten diese erwartungsgemäß: die direkte Kommunikation (größere Lebendigkeit) mit einem Studenten hatte auf die Entscheidungsfindung einen wesentlich größeren Einfluß, als das in der Statistik abgebildete Urteil einer großen Anzahl von Studenten.
Repräsentativitäts- und Verfügbarkeitsheuristik sind Vorgehensweisen, die sich insofern ähneln, als es sich in beiden Fällen um *Informationsabrufstrategien* aus dem Gedächtnis handelt. Der prinzipielle Unterschied besteht nach Tversky und Kahneman darin, daß im ersten Fall ein *Beispiel (Stichprobe) eines Ereignisses* vorliegt, welches auf eine Population von Ereignissen zu beziehen ist. Die Ähnlichkeit zwischen Stichprobe und Population determiniert das geforderte Wahrscheinlichkeitsurteil. Im zweiten Fall dagegen muß das *Beispiel selbst gefunden werden.* Das darauf aufbauende Urteilsverhalten bezieht sich auf die Leichtigkeit, mit welcher diese Suche abläuft.

### *1.2.2.3 Anker- und-Anpassungseffekte*

Neben der Repräsentativitäts- und Verfügbarkeitsheuristik, die in den letzten 15 Jahren zweifellos die meiste Aufmerksamkeit auf sich gezogen haben, fand man noch eine Reihe weiterer typischer Vorgehensweisen im Umgang mit Situationen, die Unsicherheit beinhalten. So wird die Frage, ob sich Individuen in Situationen, die Alternativen hinsichtlich der Auftretenswahrscheinlichkeit und dem Wert eines Ereignisses aufweisen, rational verhalten, durch die »Erwartungs × Wert«-Theorien motivationspsychologischer Prägung behandelt, weshalb wir diesen Aspekt hier nicht vertiefen wollen. Andere Untersuchungen beleuchten das Phänomen des Festhaltens an einer (aus einer unsicheren Situation resultierenden) Entscheidung, obwohl im Nachhinein dagegensprechende Informationen verfügbar gemacht werden (entrapment, commitment). Wir wollen abschließend zum Gebiet des Urteilsverhaltens die sogenannten *Anker- und Anpassungseffekte bzw. -heuristiken (anchoring, adjusting)* herausgreifen und etwas vertiefen.
Wieder ist es eine Untersuchung von Tversky & Kahneman (1974),

die die Problematik veranschaulicht und erste Ergebnisse liefert. Sie beauftragten ihre Vpn, die Anzahl der afrikanischen Nationen in der UNO zu schätzen. Bevor die Pbn die Antwort gaben, beobachteten sie den Vl, der ein Glücksrad betätigte, welches per Zufall Zahlen zwischen 0 und 100 lieferte. Die Antwort sollte erstens bezogen sein auf die jeweilige Zahl (größer, kleiner) und zweitens eine zahlenmäßige Ausgestaltung erfahren (z.B. 40 Nationen). Wie erwartet fanden die Autoren, daß die Zufallszahl als *Anker* für die Schätzung fungiert: ergab sich bsw. die Zahl 20, so war die Antwort häufig »35 Nationen«, bei der Zahl 70 dagegen lagen die Schätzungen in der Regel bei »50 Nationen«. Die Zufallszahl diente (hier allerdings instruktionsinduziert) als Ausgangsgröße (Anker) für die endgültige Einschätzung. Diese Korrektur des Ankers in Bezug auf die Fragestellung nennt man *Anpassung*, wobei bereits die berichtete Studie zeigt, daß diese Anpassungen häufig zu gering, also *konservativ*, ausfallen. Einmal mit einem Anker ausgestattet, neigen menschliche Individuen offensichtlich dazu, sich nicht mehr allzu weit davon zu entfernen. Dies gilt – wie gezeigt – überraschenderweise auch dann, wenn der Anker von der vorzunehmenden Einschätzung inhaltlich unabhängig ist; ja sogar dann, wenn er eine Zufallszahl ist.
In der Regel stellt der Anker jedoch keine Zufallsgröße dar. Vielmehr ziehen Personen bekannte oder vergleichende Fakten oder auch Überschlagsrechnungen als Startgröße für die Anpassungsprozeduren heran. Tversky & Kahneman (1973) beschäftigten sich auch mit dieser Problematik. Sie zeigten ihren Vpn eine der beiden folgenden Multiplikationsaufgaben:

(a) $1 * 2 * 3 * 4 * 5 * 6 * 7 * 8$,
(b) $8 * 7 * 6 * 5 * 4 * 3 * 2 * 1$.

Die exakte Aufgabe bestand darin, innerhalb von fünf Sekunden das Ergebnis zu nennen. Da nur in Ausnahmefällen in diesem Zeitraum eine Errechnung gelingt, kann man davon ausgehen, daß eine Schätzung vorzunehmen ist. Tversky und Kahneman stellen sich diese Einschätzung als zweistufigen Prozeß vor. Zunächst schafft sich der Pb einen Anker. Dies geschieht durch die Multiplikation der ersten Zahlen bis zum Erreichen des zeitlichen Limits. Darauf aufbauend erfolgt im zweiten Schritt die Ergänzung des unvollständigen Rechenprozesses durch eine *Schätzung*. Die Ergebnisse bestätigen die bereits bekannten Interpretationen von Anker- und Anpassungseffekten. Personen mit Aufgabe (b) antworten übereinstimmend mit einer wesentlich höheren Schätzung als jene mit Aufgabe (a). Tversky und Kahneman gehen davon aus, daß der

Anker in Situation (b) wesentlich höher ausfällt als in Situation (a) weil die ersten Multiplikationen zu einem wesentlich höheren Ergebnis führen und weil durch den bekanntlich konservativen Anpassungsvorgang dieser Unterschied nicht mehr kompensiert, sondern eher vergrößert wird.

Anker- und Anpassungsheuristiken können durchaus auch bei recht komplexen kognitiven Vorgängen eine dominierende Rolle spielen. Bar-Hillel (1973, zitiert nach Tversky & Kahneman 1973) gab den Vpn die Gelegenheit, zwischen zwei Ereignissen das als wahrscheinlicher erachtete auszuwählen. Die insgesamt drei verschiedenen Ereignisse sind in Tabelle 1.8 beschrieben. Die erste, eine Wahrscheinlichkeitsbeurteilung erfordernde Situation, genannt *»einfaches Ereignis«*, ergibt sich aus der Wahrscheinlichkeit, aus einer Urne, die je 50 weiße und rote Kugeln enthält, eine rote Kugel zu ziehen. Das sogenannte *konjunkte Ereignis* unterscheidet sich davon in zweierlei Hinsicht: erstens ist die Basisrate (rot zu weiß) nicht 50 : 50, sondern 90 : 10, und zweitens gilt es abzuschätzen, wie groß die Wahrscheinlichkeit der Ziehung von sieben roten Kugeln in Folge (konjunkt) ist ($p = .90^7 = .48$). Schließlich ist das *disjunkte Ereignis* zu beschreiben über die Basisrate von 10 : 90, wobei sich die Einschätzung auf die Frage bezieht, wie groß die Wahrscheinlichkeit dafür ist, daß eine oder mehrere rote Kugel(n) in insgesamt sieben Ziehungen (disjunkt) getroffen wird (werden; $p = .52$).

*Tab. 1.8:* Beschreibung der drei Ereignisse, die im Experiment von Bar-Hillel verwendet wurden.

| *Bezeichnung* | *Basisrate (rot : weiß)* | *Ziehung (rot)* | *Wahrscheinlichkeit (rot)* |
|---|---|---|---|
| einfach | 50:50 | 1 mal | p = .50 |
| konjunkt | 90:10 | 7 mal (in Folge) | p = .48 |
| disjunkt | 10:90 | 1 mal oder mehr (aus 7) | p = .52 |

Diese drei Ereignisse legte der Autor den Pbn nicht einzeln zur Beurteilung vor, sondern im *Paarvergleich:* eine Gruppe mußte entscheiden, ob das einfache oder das konjunkte Ereignis wahrscheinlicher sei, die zweite Gruppe beurteilte das Vergleichspaar »einfach–disjunkt« hinsichtlich der gleichen Fragestellung. Die Ergebnisse besagen, daß die Vpn das konjunkte Ereignis (im

Vergleich zum einfachen) präferierten, dessen Wahrscheinlichkeit also überschätzten, während die zweite Gruppe in umgekehrter Weise die Wahrscheinlichkeit des disjunkten unterschätzten, wenn sie im direkten Vergleich das einfache Ereignis präferierten. Ähnlich wie bei der Repräsentativitätsheuristik kann man nicht davon ausgehen, daß die Wahrscheinlichkeiten für je zwei Ereignisse errechnet und dann vergleichend beurteilt werden. Man stellt sich vor, daß das einfache Ereignis den Anker (Ausgangsreiz) darstellt, der zum Zentrum des Anpassungsvorgangs, der an die Stelle der exakten Errechnung tritt, avanciert. Die Über- bzw. Unterschätzung resultiert aus der Konservativität des Anpassungsvorgangs. Startpunkt bei der Unterschätzung des disjunkten Ereignisses ist der Wert p = .1, bei der Überschätzung des konjunkten Ereignisses der Wert p = .9. Somit bleibt das Ergebnis der Anpassung im ersten Fall unter p = .5 (Anker), im zweiten Fall dagegen liegt es darüber.

### 1.2.3 Zusammenfassende Bewertung

Im Unterschied zu den verschiedenen Formen des Schlußfolgerns handelt es sich beim Prozeß des Urteilens um die Verarbeitung von Ungewißheit, Unsicherheit oder – formal gesprochen – von Wahrscheinlichkeiten. Statistische Modelle – wie das Regressionsmodell oder das Bayes-Theorem – können zur Errechnung der exakten Wahrscheinlichkeiten herangezogen werden, womit Untersuchungen zum Urteilsverhalten – ähnlich den formal-logischen Regeln beim syllogistischen Schlußfolgern – *normativen Charakter* erhalten. Allerdings zeigte sich schon sehr bald, daß beide Modelle die im menschlichen Individuum ablaufenden kognitiven Vorgänge beim Urteilen nicht abbilden. Weder bestimmen diese Gewichte von Prädiktoren, deren Summe eine Aussage für das zu beurteilende Ereignis ermöglicht, noch werden die Ausgangswahrscheinlichkeiten auf dem Hintergrund neuer Informationen adaptiert. Die Befunde zeigen, daß Wahrscheinlichkeiten in der Regel nicht errechnet, sondern anhand bestimmter Strategien oder Heuristiken abgeleitet werden. Gemäß der Repräsentativitätsheuristik beurteilen Pbn ein Ereignis als wahrscheinlich, wenn es der Population, aus der es stammt, ähnelt. Ist die Häufigkeit eines Ereignisses zu schätzen, so besagt die Verfügbarkeitsheuristik, daß diese Schätzung umso höher ausfällt, je leichter Beispiele zum fraglichen Ereignis ins Gedächtnis gerufen werden können. Schließlich beschreiben die Anker- und Anpassungseffekte ein Vorgehen, bei welchem die Vp eine (beliebige) Zahl zum Startpunkt wählt, von dem aus eine Anpassung an die gefragte Größe (in der Regel eine Zahl) erfolgt. Diese globalen Einschätzungen führen zu Fehlern, häufig als Urteilsfehler bezeichnet, und damit zu dem Eindruck, daß – einmal mehr vergleichbar mit den Befunden zum schlußfolgernden Denken – diese Strategien generell untauglich sind oder menschliche Individuen – wenn überhaupt – nur in begrenztem Maße fähig sind, mit Ungewißheit umzugehen. In jüngerer Zeit mehren sich allerdings die Stimmen, die auf die Nützlichkeit und Tauglichkeit dieser Strategien in Alltagssituationen verweisen. So gibt Wessells (1982) folgendes Beispiel: wenn ein Ladenbesitzer mehrfach abends überfallen und beraubt wurde, so ist es durchaus nicht negativ zu bewerten, wenn er eine Person ähnlichen Aussehens, die abends den Laden betritt, im Verdacht hat, ein Dieb zu sein, wenngleich die objektive Wahrscheinlichkeit für einen Überfall sich nicht geändert bzw. im Sinne konjunkter Ereignisse sich sogar gesenkt hat. Die Angst und daraus entstehende Vorsichtsmaßnahmen des Ladenbesitzers mögen zwar unberechtigt, für ihn selbst im Endeffekt aber nicht negativ zu bewerten sein; ersichtlich kann eigentlich eher die gegenteilige Haltung nachteilhaft sein. Was über dieses Beispiel hinaus gesagt sein will, ist die Tatsache, daß in der großen Mehrzahl der Fälle die Heuristiken zu tauglichen Entscheidungen führen (z.B. Zuordnung eines unbekannten Objekts zu einer Kategorie aufgrund der Prototypheuristik) und die beobachteten Urteilsfehler sich auf jene spezifischen, eingeschränkten Bedingungen beziehen, unter denen die Heuristiken nicht mehr gelten. Nisbett & Ross pointieren diese Auffassung, wenn sie schreiben:

»Perception researchers have shown that in spite of, and largely because of, people's exquisite perceptual capacities, they are subject to certain perceptual illusions. No serious scientist, however, is led by such demonstrations to conclude that the perceptual system under study is inherently faulty. Similarily, we conclude from our own research that we observe not an inherently faulty cognitive apparatus but rather, one that manifests certain explicable flaws. Indeed, in human inference as in perception, we suspect that many of people's failings will prove to be closely related to, or even an unavoidable cost of, their greatest strengths.« (1980, S. 14).

### 1.2.4 Weiterführende Literatur

Cohen, L. J. 1981. Can human irrationality be experimentally demonstrated? The Behavioral and Brain Science 4, 317–370.

Gaensslen, H. & Schubö, W. 1973. Einfache und komplexe statistische Analyse. München: Reinhardt.

Hays, W.L. 1970. Statistics. London: Holt, Rinehart and Winston. 2. Auflage.
Kahneman, D., Slovic, P. & Tversky, A. 1982. Judgment under uncertainty: heuristics and biases. Cambridge: Cambridge University Press.
Jungermann, H. 1980. Speculations about decision-theoretic aids for personal decision making. Acta Psychologica 45, 7–34.
Nisbett, R.E., Krantz, D.H., Jepson, C. & Kunda, Z. 1983. The use of statistical heuristics in everday inductive reasoning. Psychological Review 90, 339–363.
Tversky, A. & Kahneman, D. 1983. Extensional versus intuitive reasoning: the conjunction fallacy in probability judgment. Psychological Review 90, 293–315.
Von Eye, A. & Marx, W. (Hrsg.) 1984. Semantische Dimensionen. Verhaltenstheoretische Konzepte einer psychologischen Semantik. Göttingen: Hogrefe.
Wallsten, T.S. 1983. The theoretical status of judgmental heuristics. In: Scholz, R.W. (Hrsg.). Advances in Psychology. Vol. 16: Decision making under uncertainty. Amsterdam: Elsevier. S. 21–37.

## 1.3 Kreative Prozesse

Versucht man sich Klarheit darüber zu verschaffen, was *Kreativität* eigentlich bedeutet, so findet man in der Literatur häufig das Vorgehen, dieses über Abgrenzungen zu anderen, geläufigeren Konzepten wie Problemlösen und Intelligenz zu erreichen. Vor allem das Problemlösen wird gerne bemüht, wobei im Unterschied zum *»routinemäßigen«* Problemlösen beim *»kreativen«* Problemlösen eher an Versuche gedacht wird, offene (schlecht definierte Probleme; vgl. Band 1, S. 115f.) Probleme zu lösen (z.B. Dodd & White 1980, Matlin 1983). Ob diese Unterscheidung ausreicht, kann bezweifelt werden, denn ganz offensichtlich handelt es sich dabei lediglich um eine spezifische Art von Problemlösen, bei welchem in einem dialektischen Prozeß (vgl. Dörner 1979) die Zielkriterien bestimmt werden. Deshalb nennt man – weitgehend übereinstimmend – zwei weitere Kriterien, die eine eindeutige Unterscheidung zum Problemlösen ermöglichen sollen: (a) die Lösungsvorschläge sind neu und/oder ungewöhnlich, (b) dennoch aber zumindest potentiell nützlich. Dabei sind diese beiden Merkmale immer im Zusammenhang zu sehen: eine Produktion (z.B. ein Denkprodukt) mag zwar ungewöhnlich, aber keineswegs nützlich erscheinen (z.B. einen Ziegelstein als Gießkanne verwenden). Die Nützlichkeit ihrerseits ist sowohl aus der Perspektive der Anwendbarkeit als auch des ökonomischen Nutzens zu definieren. Umgekehrt kann sich ein Produkt als ein Verkaufsschlager erweisen, neu oder ungewöhnlich muß die Idee dazu aber keineswegs sein (z.B. Digitaluhren).

### 1.3.1 Definitionsversuche zur Kreativität

Damit sind wir schon bei den *Definitionsversuchen* zur Kreativität. Die genannten Merkmale zur Beschreibung von Kreativität in dem Sinn, daß es sich dabei um den Versuch der Lösungsfindung handelt, wobei diese sowohl ungewöhnlich als auch nützlich sein muß, wurden zunächst von Barron (1955) und Stein (1974) in die Diskussion gebracht. Vor allem der Bestandteil *»nützlich«* entfachte heftige Debatten. So war die Solarzelle durchaus ein neues, ungewöhnliches Produkt, die Nützlichkeit aber auf die Raumschiffahrt beschränkt und somit die Bewertung als kreatives Produkt durchaus strittig. Heute, vor allem im Zusammenhang mit der Umwelt- und Ressourcenplünderungsdiskussion, hat die Sonnenenergie einen ganz hohen Stellenwert erhalten; die gleiche Leistung erfährt folglich eine gänzlich andere Beurteilung. Wir kommen im Kontext der Besprechung der Meßmethoden zur Kreativität auf diese Auseinandersetzung zurück.
Auch Newell, Shaw & Simon (1962) behalten diese Merkmale zur Definition von Kreativität bei, fügen aber weitere hinzu, nämlich (a) die Zurückweisung bisher akzeptierter Ideen, (b) das motivationale Engagement und (c) die Präzisierung eines vagen Problems beim Prozeß der Lösungsfindung. Ersichtlich betonen sie damit in erster Linie den *Denkprozeß*, der zu einer kreativen Lösungsfindung führt, erweitern also die Betrachtungsebene, die zuvor sehr eng am Ergebnis des Denkprozesses, dem *Produkt*, orientiert war. Vor allem Merkmal (a) bietet einen Ansatzpunkt zur Unterscheidung zwischen »routinemäßigem« und »kreativem« Problemlösen, denn nur für letzteres ist es als definierender Bestandteil nötig. Gefordert ist beim Problemlösen lediglich die neue (ungeläufige) Kombination von Informationen zum Zweck der Lösungsfindung, nicht aber notwendigerweise, daß damit gleichzeitig akzeptierte Ideen aufgegeben (zurückgewiesen) werden. Greifen wir zur Veranschaulichung dieser Gedanken das Solarzellenbeispiel nochmals auf: die Entwicklung eines Minigenerators zur Stromerzeugung mit hoher Leistungsfähigkeit zum Zweck der Energieversorgung eines Raumschiffs hätte man als gelungenes Problemlösen bezeichnen können; die Lösung liegt auf dem gängigen Weg zu denken (Strom aus dem Generator). Der Wechsel zur Solarzelle als Energiequelle ist dagegen ein Beispiel für die Zurückweisung (Überwindung) einer akzeptierten, geläufigen Vorgehensweise, wodurch neue Wege eröffnet werden. Der zweite zusätzliche Punkt (b), also die Merkmale der intensiven Motivation und Persistenz der Aktivität der Lösungsfindung, erlangen in den jüngsten Forschungsbemühun-

gen verstärkte Aufmerksamkeit, wobei hier die Debatte bezüglich der Unterscheidung zwischen »intrinsischer« und »extrinsischer« Motivation geführt wird (Amabile 1983). Wir wollen diesen Punkt an dieser Stelle nicht weiter vertiefen, sondern zunächst nur festhalten, daß die *Zielgerichtetheit* des Verhaltens, ein Kennzeichen des allgemeinen Problemlöseprozesses, auch Definitionsbestandteil kreativen Problemlösens ist, somit aber keinen diskriminativen Wert besitzt. Auch für den schon berührten Punkt der Bestimmung der Zielkriterien bei einem ursprünglich unklar vorgegebenen Problem trifft diese Feststellung zu: man kann dieses Merkmal verwenden zur Klassifikation von Problemarten (vgl. Band 1, Punkt 4.1), es hat aber keine erkennbar unterscheidende Funktion für Begriffe des allgemeinen und kreativen Problemlösens.

Die Liste der Definitionsversuche in der Linie der Prozeßperspektive ließe sich beliebig fortsetzen. Wir wollen lediglich noch eine sehr »junge« Version vorstellen, die Amabile als »konzeptuelle« Definition verstanden wissen will: »A product or response will be judged as creative to the extent that (a) it is both a novel and appropriate, useful, correct or valuable response to the task at hand, and (b) the task is heuristic rather then algorithmic.« (1983, S. 33). Ersichtlich wird hier im Punkt (b) eine andere Form der Problemklassifikation gewählt, die aber aus verschiedenen Überlegungen heraus als untauglich anzusehen ist. Allein die Tatsache, daß ein Problem per se nicht *algorithmisch* bzw. *heuristisch* sein kann, sondern nur die Vorgehensweise eines Problemlösers als algorithmisch (an einem festgelegten, erprobten Lösungsweg orientiert) bzw. heuristisch (an aus der Erfahrung abgeleiteten Hypothesen orientiert) zu kennzeichnen ist (vgl. die diesbezügliche Diskussion Band 1, S. 127), reicht aus, um diesen Definitionsversuch abzuwählen. Die dahinterstehende Idee jedoch, daß nur Lösungen mit *heuristischem Entstehungscharakter* als kreativ zu beurteilen und daß – in Anlehnung an Newell et. al. (1962) – solche Lösungswege eher bei offenen Problemen anzutreffen sind, erfaßt wohl eine spezifische Merkmalskombination, die nicht für alle Arten von Problemlöseprozessen Gültigkeit besitzt. Dennoch kann man sich insgesamt – insbesondere für den Bereich der Prozeßanalysen – nicht von dem Eindruck lösen, daß kreatives Problemlösen als ein *Spezialfall* allgemeinen Problemlösens anzusehen ist, wobei diese Spezifität der weiteren Klärung bedarf.

Neben die produkt- und prozeßorientierte Sichtweise kann man noch die *personorientierte* Analyse stellen. Da sie im weiteren Verlauf der Abhandlungen keine größere Bedeutung erlangt, seien nur Guilfords Impulse, die diesen Forschungszweig begründeten, stellvertretend für diesen auch heute noch aktuellen Ansatz zitiert:

»In its narrow sense, creativity refers to the abilities that are most characteristic for creative people. ... In other words, the psychologists problem is that of creative personality. ... I have often defined an individuals personality as his unique pattern of traits. ... The psychologist is particularily interested in those traits that are manifested in performance; in other words, in behavior traits. ... Creative personality is then a matter of those patterns of traits that are characteristic of creative persons.«

(1950, S. 444). Eigenschaftsmuster, die z. B. Gough (1979) in dieser Tradition mit seinem ACL-Verfahren (Creative Personality Scale for the Adjective Check List) fand, waren für kreative Personen bsw. »fähig, zuversichtlich, unkonventionell, vielfältig interessiert, intelligent, überlegt, selbstsicher, sexy, snobbistisch« usw. und für nichtkreative Personen bsw. »vorsichtig, konservativ, unzufrieden, ernsthaft, ehrlich« usw. Allerdings darf man nicht dem Kurzschluß unterliegen, daß Guilford Kreativität allein als eine typische Konstellation von Persönlichkeitseigenschaften interpretiert hat. Auf seine »kognitionspsychologischen« Modellvorstellungen und die entsprechenden Meßverfahren kommen wir noch ausführlich zu sprechen.
Zusammenfassend bleibt festzustellen, daß für die weiteren Überlegungen der Begriff der Kreativität zu ersetzen ist durch »kreative Prozesse«. Es interessieren in diesem Rahmen weniger Eigenschaftsmodelle oder Produktanalysen – beides legitime und eigenständige Ansätze –, sondern der kognitionspsychologische Ansatz, der den *kreativen Prozeß* selbst zum Untersuchungsgegenstand hat.

### 1.3.2 Der kreative Prozeß

Dem Versuch, den Begriff der Kreativität bzw. des kreativen Prozesses sprachlich zu fassen, ist eine eher phänomenologische Betrachtung als Anreicherung nachzuschicken. Dabei bedienen wir uns der Aussagen von Personen, die als kreativ aufgrund ihrer Produkte (wissenschaftlich, künstlerisch) eingestuft werden. In solchen Berichten tauchen fünf Aspekte immer wieder auf: es handelt sich dabei um die *»Ichferne«*, den *»Ideenfluß«*, die *»Imagination«*, den *»Neuheitseindruck«* und die *»emotionale Erregung«*. Die folgenden Ausführungen illustrieren diese Größen.
Die *Ichferne* bezieht sich auf ein Gefühl der Passivität, des Nichtbeteiligtseins am kreativen Prozeß. Am deutlichsten wird dieses Merkmal in Berichten, die Traumerlebnisse schildern. So erinnert

sich der Autor an eine Erzählung seines Musiklehrers, der ein Violinkonzert für eine Feierlichkeit vorbereitete und dazu eine eigene Kadenz (Solopart mit musikalischer Verarbeitung der Hauptthemen) schreiben und vortragen wollte. Nach seinen Schilderungen war er mit diesem Problem tagelang ohne Erfolg beschäftigt, bis er eines nachts im Traum die Noten der Kadenz buchstäblich vor seinen Augen sah. Er erwachte, »schrieb die Noten ab« und war mit dem »Produkt« sehr zufrieden.

Im wissenschaftlichen Bereich ist ein Beispiel bekannt geworden, das einen ganz ähnlichen Charakter aufweist. Kékulé fand die Benzolringformel unter recht vergleichbaren Umständen, nämlich morgens kurz vor dem Erwachen, also in einem Zustand des Halbschlafs. Die kreative, erlösende Idee scheint nicht immer in der Phase des aktiven Suchens nach der Lösung zu kommen, sondern häufig in einem Zustand der Entspanntheit, der Nichtbeschäftigung mit dem fraglichen Problem. Allerdings muß man dazu vermerken, daß einem solchen Ereignis offensichtlich eine intensive Beschäftigung mit dem Problem vorausgeht. Wenngleich somit im Augenblick des Auftauchens der entscheidenden Idee der Eindruck der Ichferne dominiert, so handelt es sich insgesamt wohl doch überwiegend um einen bewußten, zielgerichteten Suchprozeß.

Das Merkmal des *Ideenflusses* bezieht sich auf die Häufigkeit kreativer Einfälle. Gerade im künstlerischen Bereich findet man Beispiele dafür, daß die Betroffenen ihre Ideen kaum so schnell festhalten können, wie sie auftauchen. Die Leichtigkeit, Ideen zu produzieren, wäre demnach ein weiteres Charakteristikum zur Beschreibung der Denkprozesse von als kreativ eingestuften Personen. Der Vergleich mit den situativen Gegebenheiten des Merkmals der Ichferne legt offen, daß diese Aspekte durchaus nicht alle gleichzeitig auftreten bzw. vorhanden sein müssen; in diesem Fall schließen sie sich sogar weitgehend aus.

Die gewählten Beispiele der Ichferne illustrieren auch das Phänomen der *Imagination.* Die Ideen haben bildhafte, wahrnehmungsnahe Form. Vorstellungen erreichen fast die *Intensität tatsächlicher Wahrnehmungserlebnisse.* Ganz eindeutig überwiegen die visuellen Imaginationen. Akustische oder Geruchsvorstellungen werden seltener berichtet, wenngleich wir ihnen gerade bei pathologischen Denkformen (Wahn) sehr häufig begegnen. Interessant an dieser Parallele ist auch, daß der Realitätseindruck solcher akustischer Imaginationen bei psychotischen Personen perfekt ist, sie also für die Betroffenen nicht mehr von echten Wahrnehmungserlebnissen unterscheidbar sind; man spricht in diesem Fall von *akustischen Halluzinationen.* Sicherlich liegt hier ein Grund für den häufig zitierten ›schmalen Pfad‹ zwischen genialem (kreativem) und psychotischem Denken. Ob es sich nur um vordergründige Berührungspunkte handelt oder ob sich beide Denkformen tatsächlich nur um kleine quantitative Unterschiede voneinander abheben, kann an dieser Stelle nicht zu Ende diskutiert werden.

*Neuheitseindruck* und *emotionale Erregung* lassen sich als Abrundung des Bildes zusammen darstellen, da sie – im Gegensatz zu den anderen Merkmalen – eng aneinander gekoppelt sind. Wir haben schon gesehen, daß das Attribut »neu« oder »ungewöhnlich« Produkten zukommt, die als kreativ zu bewerten sein sollen. Eben dieser Eindruck, etwas Neues, vorher nicht Dagewesenes geschaffen und damit gleichzeitig ein Ziel erreicht zu haben, für welches man viel Engagement eingebracht hat, entspricht auf Erlebnisseite dem Aspekt des Neuheitseindrucks. Dieser Eindruck wird auch dadurch nicht getrübt, daß das Produkt nicht wirklich neu, sondern vielleicht anderen schon bekannt ist: wesentlich ist allein das Gefühl, selbständig etwas erreicht (geschaffen) zu haben, wofür man sich eingesetzt hat und was in der eigenen Beurteilung einen hohen Stellenwert einnimmt. Ergänzt wird dieses Erlebnis oft durch intensive Gefühle der Zufriedenheit, des Stolzes und Glücks. Mit Recht weist z.B. Oerter darauf hin, daß daher kreative Leistungen ähnlich wie soziale und materielle Verstärker wirken können: »Während aber das Individuum bei letzteren von der Umwelt abhängig wird, ist es bei »Verstärkung« durch Kreativität frei und nicht auf die Umwelt angewiesen.« (1971, S. 289).

Persönliche Berichte liegen auch Beschreibungen zugrunde, die den kreativen Prozeß – ebenso wie den allgemeinen Problemlöseprozeß (vgl. Band 1, S. 172f.) – in verschiedene *Phasen* unterteilen. Bekannt wurde vornehmlich die Version von Wallas (1926), der vier Abschnitte unterschied: (a) *Vorbereitung* (preparation), (b) *Inkubation* (incubation), (c) *Erleuchtung* (illumination, inspiration) und (d) *Überprüfung* (verification).

(a): In der Phase der Vorbereitung macht sich das Individuum mit dem Problem vertraut, versucht also das Problem zu verstehen und unternimmt erste gezielte und engagierte Lösungsversuche, die zunächst – per definitionem – allerdings erfolglos bleiben müssen.

(b): Die Phase der Inkubation ist dadurch gekennzeichnet, daß die bewußte, gezielte, angestrengte und systematische Beschäftigung mit dem Problem aufgegeben wird; das Individuum richtet die Aufmerksamkeit für einige Zeit auf andere Dinge. Wallas nimmt jedoch an, daß sich das Individuum unbewußt weiter mit dem ungelösten Problem beschäftigt. Der Eindruck der Ichferne, den wir im Zusammenhang mit der phänomenologischen Beschreibung des kreativen Prozesses bereits kennengelernt haben, mag auf diesen Abschnitt des kreativen Denkvorgangs zurückzuführen sein. Allerdings gibt es auch die Auffassung, daß eine Pause den nachfolgenden Denkprozeß verbessern kann, z.B. in dem Sinne, daß eine Ermüdung abgebaut wird. Wallas selbst gibt einige Hinweise auf eine solchermaßen »optimale Pausengestaltung«, wenn er etwa vorschlägt, daß man sich am besten zwischenzeitlich körperlich leicht betätigen und gedanklich völlig abschalten sollte. Ausgesprochen schlecht dagegen sei es, in jeder freien Minute ein Buch zur Hand zu nehmen und zu lesen.

(c): Die Erleuchtung ist eigentlich kein Abschnitt, sondern nur jener Augenblick (im Anschluß an die beiden vorausgegangenen Phasen), in welchem die gesuchte Idee, der zündende Einfall (die »Einsicht« im gestaltpsychologischen Begriffsinventar) auftritt. Zu einer wirklichen Phase wird sie erst dann, wenn – wie häufig berichtet – die Erleuchtung nicht in der kompletten Lösung besteht, sondern nur in einem Hinweis auf die Richtung der gesuchten Lösung. Dann folgt dem Augenblick einer solchen Erleuchtung die Phase der Ausarbeitung des entscheidenden Denkanstoßes. Von einer Phase der Erleuchtung kann man auch dann sprechen, wenn das Individuum den Eindruck gewinnt, der entscheidenden Idee schon sehr nahe zu sein (intimation), wenn es also darum geht, durch Ausschalten aller Störquellen (z.B. entspannen) sich die Inspiration entfalten zu lassen.

(d): In der Verifikationsphase ist wieder bewußtes, zielgerichtetes Denken gefordert, das entweder noch der Elaboration der Erleuchtung oder ihrer Überprüfung dient.

Patrick (1935, 1937) unternahm den Versuch, das Phasenmodell von Wallas, gewonnen auf einer eher intuitiven Ebene, experimentell zu überprüfen. Dazu legte sie ihren Vpn ein Gedicht vor, zu welchem diese eine Zeichnung anfertigen sollten (ohne Zeitbegrenzung). Außerdem mußten sie ihre dabei ablaufenden gedanklichen Aktivitäten kommentieren (Methode des lauten Denkens). Diese Protokolle wurden in vier gleichlange Abschnitte unterteilt und hinsichtlich der Anzahl (a) der *Gedankenveränderungen*, (b) des erstmaligen Auftauchens von *Gesamtgestaltungen* und (c) der *Revisionen* ausgewertet. Die Gedankenveränderungen als Hinweis für die Phase der Preparation lokalisierte sie zu 75 Prozent im ersten Protokollabschnitt. Das erstmalige Auftauchen von Gesamtgestaltungen, gedacht als Möglichkeit der Erfassung von »Erleuchtung«, registrierte sie zu 66 Prozent im zweiten und dritten Abschnitt, während die der Verifikationsphase zugeordneten Revisionen sich zu 75 Prozent in den dritten und vierten Abschnitten der Protokolle finden.

Diese Ergebnisse sprechen für den postulierten phasischen Verlauf des Denkprozesses, wobei die Inkubationsphase nicht adäquat zu erfassen war, da die Pbn kontinuierlich arbeiteten, also das Problem zwischenzeitlich nicht wirklich zur Seite legen konnten. Einen

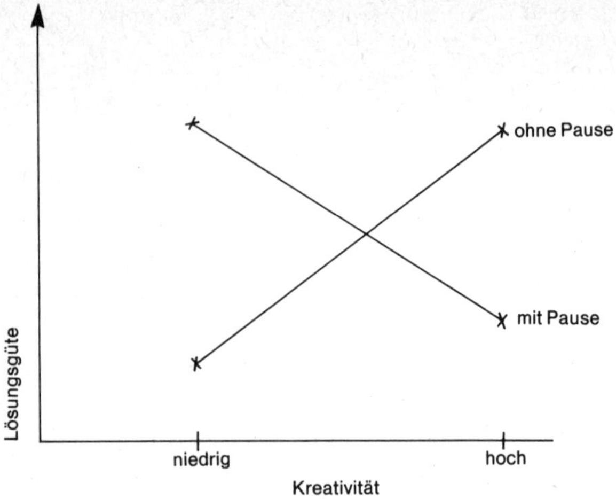


*Abb. 1.14:* Die Wechselwirkung zwischen dem Kreativitäts- und Pausenfaktor in der Untersuchung von Murray & Denny (1969).

interessanten Versuch, Informationen zu dieser Phase zu gewinnen, berichten Murray & Denny (1969). Sie verwenden das bereits bekannte, relativ schwierige Problem von Saugstad & Raaheim (1960, vgl. Band 1, S. 152f.), in dem es darum geht, einen Weg zu finden, um einige Stahlkugeln aus einem Glaszylinder in einen Eimer zu transferieren, wobei eine bestimmte Distanz zu überbrücken war. Die Autoren bildeten zwei Bedingungen: erstens unterschieden sie zwischen Personen mit niedrigen (—) und hohen (+) kreativen Lösungsfähigkeiten (Gestalt Transformation Test) und zweitens führten sie zwei experimentelle Varianten ein; eine Gruppe (Kontrolle) arbeitete 20 Minuten lang kontinuierlich an dem Problem, die zweite (Experimental-) Gruppe unterbrach diese Tätigkeit bereits nach fünf Minuten, um sich anstelle dessen für weitere fünf Minuten mit einer anderen Papier-Bleistift-Aufgabe zu beschäftigen. Danach galt für weitere fünfzehn Minuten die Aufmerksamkeit wieder dem ursprünglichen Problem.
Weder die Ausgangsunterschiede hinsichtlich der kreativen Lösungsfähigkeit, noch die beiden experimentellen Prozeduren bedingten die Anzahl gefundener Lösungen. Vielmehr fanden die Autoren eine *signifikante Wechselwirkung* zwischen diesen beiden Faktoren, wie sie in Abbildung 1.14 skizziert ist. Sie interpretieren

diese Interaktion dahingehend, daß weniger kreative Problemlöser sich schnell auf einen Lösungsweg festlegen (*Fixierung;* vgl. Band 1, S. 148–154) und daher von der Pause profitieren, weil dann die Festlegungen eher aufgebrochen werden können, während die andere Vpn-Gruppe solchen Fixationstendenzen weniger unterlag und die Pause ihre systematischen Lösungsversuche eher störte. Aus diesen Ergebnissen schließen sie, daß es vor allem sehr schwierige Probleme sind, bei deren Bearbeitung die Individuen von einer Phase der Inkubation profitieren.

Ungeklärt bleibt bei diesem experimentellen Vorgehen die Frage nach den *Teilprozessen*, die sich in der Phase der Inkubation »abspielen«. Es ist keine Ergebnisinterpretation zugunsten der weiteren unbewußten Problembearbeitung (z.B. Pioncare 1908) oder in Richtung des zwischenzeitlichen Verfalls fixierender oder fehlleistender Idee (bsw. Woodworth & Schlosberg 1954) möglich. Diesbezügliche Forschungsbemühungen sind auch heute noch zu fordern, beide Erklärungsansätze bleiben weiter offen.

Wenn wir abschließend die zu diesem Kapitel dargestellten Berichte, Überlegungen und Experiment zusammenfassend einordnen, so sprechen nur wenige Informationen für eine Trennung zwischen allgemeinem und kreativem Problemlösen. So findet sich bsw. das Phasenmodell von Wallas in vergleichbarer Weise in neueren Modellen zur Beschreibung des Problemlösens wieder (z.B. SPIV-Modell, Band 1, S. 186–198), wobei lediglich die Phase der Inkubation – etwas entmystifizierend – durch die der Operatorsuche und -anwendung abgelöst wird. Auch die betrachteten experimentellen Befunde zu dieser Phase bewegen sich ganz im Rahmen von Problemlösemodellen. Der einzige erkennbare Unterschied liegt in der anderen Benennung des gleichen Sachverhalts: Inkubation ist in diesem Fall zu ersetzen durch »Determination der Operatorsuche und -anwendung durch Pausenbildung und -gestaltung«. Dennoch scheint hier der einzige fruchtbare Ansatzpunkt zu liegen, wenn man weiterhin bestrebt ist, einen Unterschied zwischen allgemeinem und kreativem Problemlösen zu machen. Zusammen mit dem Definitionsbestandteil der »Zurückweisung bisher akzeptierter Ideen« (Newell et al. 1962, vgl. Punkt 1.3.1) wäre für kreatives Denken ein Merkmal zu isolieren, das – vor allem bei schwierigen Problemen – durch »Neukombination von Informationen unter Überwindung gängiger Denkweisen (Schemata) bei gleichzeitiger Nutzung von Pausen« zu beschreiben ist. Im Zusammenhang mit der Diskussion verschiedener Theorien kreativer Prozesse (Punkt 1.3.4) kommen wir noch einmal auf diesen Gedanken zurück. Vorher jedoch einige Worte zu den Verfahren, mittels derer man versucht, den kreativen Prozeß, aber auch die Kreativität einer Person zu messen.

### 1.3.3 Meßmethoden

Das verwendete Klassifikationskriterium für die zu besprechenden Meßverfahren bezieht sich auf die Sprache: ähnlich wie in Intelligenztests kann man auch hier zwischen *sprachlichen* und *sprachfreien Verfahren* oder Skalen unterscheiden. Wir beginnen zunächst mit einigen ausgewählten Beispielen zu den sprachlichen Verfahren, wobei die Auswahl hinsichtlich ihres Beitrags zur Veranschaulichung der anschließend zu besprechenden Theorien getroffen wurde.

#### *1.3.3.1 Sprachliches Verfahren*

Ein sehr bekanntes Verfahren stellt der sogenannte »Remote-Associates-Test« (RAT; Mednick 1962, Mednick & Mednick 1966) dar. Hierbei geht es nicht nur darum, auf ein Stimuluswort eine Assoziation zu liefern (wie in den geläufigen Assoziationsexperimenten), sondern drei vorgegebene Stimuluswörter, die zudem nur eine geringe Assoziationsstärke zueinander aufweisen, mittels eines Wortes assoziativ zu verbinden, dabei aber keine *kategorialen* oder *klassifikatorischen Lösungen* anzubieten. Ein Beispiel mag den Test und die Problemstellung verdeutlichen; die drei Stimuluswörter heißen:

Ratte, blau, Hütte;

gesucht ist die verbindende Assoziation, in diesem Fall

Käse,

da sowohl Ratte, als auch blau (Blauschimmelkäse), als auch Hütte (Hüttenkäse) Verknüpfungen zum Wort »Käse« aufweisen, Käse also die verbindende Assoziation darstellt. In Tabelle 1.9 sind einige weitere Beispiele gegeben.

*Tab. 1.9:* Einige Beispiele zu »remote associates«-Problemen, die zum Teil unübersetzt bleiben.

| *Beispiel* | *Stimuluswörter* | | | *Lösung* |
|---|---|---|---|---|
| | *1* | *2* | *3* | |
| 1 | bitter | Samt | Mädchen | zart |
| 2 | Humor | Pech | Nacht | schwarz |
| 3 | type | ghost | story | writer |
| 4 | Canadian | golf | sandwich | club |

Gemessen wird die Anzahl richtiger Lösungen. Die dahinterstehende theoretische Konzeption, die wir im nächsten Abschnitt näher kennenlernen, besagt, daß Personen, die Assoziationen zwischen entfernten (fremden) Begriffen (Gegenständen, Fakten, Informationen) stiften können, kreativer sind als andere. Sie sind in der Lage, neue Kombinationen von Ideen hervorzubringen, die den genannten Definitionsmerkmalen für kreative Produkte (Personen, Prozesse) zumindest teilweise genügen.
Andere Beispiele kommen aus Guilfords »Divergent Production Test« (DPT; 1967). Wie wir noch sehen werden, liegen diesen Skalen Guilfords Vorstellungen zur Intelligenzstruktur zugrunde, wobei mit dem DPT jener Ausschnitt aus dem Gesamtspektrum intellektueller Fähigkeiten erfaßt werden soll, der spezifisch für Kreativität steht, nämlich die *»divergente Produktion«*. Dabei geht es darum, nicht nur eine Lösung für ein gegebenes Problem zu finden, wie dies etwa in Intelligenztests meist der Fall ist und wofür – wie Guilford es nennt – *konvergentes Denken* erforderlich ist, sondern es sind möglichst viele Lösungsalternativen zu produzieren.
Am bekanntesten wurde wohl der »Unusual Uses Test«, in welchem sich die Vp in der Situation befindet, möglichst viele Verwendungsmöglichkeiten für herkömmliche Gegenstände wie etwa »Ziegelstein« zu nennen. Erfaßt wird hierbei spezifisch der Aspekt der *Flexibilität* (flexibility, Umstellfähigkeit, Beweglichkeit) des Denkens, gemessen nicht nur durch die absolute Zahl der Nennungen, sondern zusätzlich durch die Zahl der Klassenwechsel. Für das gewählte Beispiel (Ziegelstein) würde also nicht allein die Anzahl der Nennungen bezüglich der Kategorie »Baumaterial« zählen, sondern verstärkt auch Nennungen aus anderen Bereichen wie dem der »Speichermedien« (Wärme- und/oder Nässespeicher) oder dem des Kfz-Zubehörs (Unterlegkeil, Kofferraumbeschwerer) usw.
Neben der Flexibilität erfaßt der DPT auch die *Flüssigkeit* (fluency, Geläufigkeit) der Ideenproduktion. Dazu zählen Problemstellungen wie die folgenden:

- Viele Wörter beginnen mit einem »L« und enden mit einem »N«. Schreiben Sie innerhalb der nächsten Minute möglichst viele Wörter auf, die diese Form aufweisen (zwischen L und N können beliebig viele Buchstaben stehen).
- Zähle alle Gegenstände auf, die groß und leicht sind.

Der DPT beansprucht über die Flexibilität und Flüssigkeit hinaus auch zur *Originalität* einer Person Aussagen treffen zu können. Originalität bezieht sich auf die »Seltenheit« einer Antwort. »Schwamm« als Beispiel für eine Antwort im Unusual Uses Test (für »Ziegelstein«) wird folglich bewertet hinsichtlich

(a) Anzahl der Antworten,
(b) Klassenwechsel (ja/nein) und
(c) Seltenheit der Antwort.

Eine Person, die diese Antwort gibt, vergrößert ihr Punktekonto also erheblich, denn (a) sie erhöht die Anzahl der Antworten, (b) stellt einen Klassenwechsel dar (und erhöht damit auch deren Anzahl) und (c) trägt schließlich auch zum Originalitätsskore bei, denn sie ist sicherlich selten.

### *1.3.3.2 Sprachfreie Verfahren*

Der DPT ist die Grundlage vieler neuerer Testverfahren zur Kreativität, von denen der Torrance Test of Creative Thinking (TTCT; Torrance 1966) wohl zu den bekanntesten zählt. In diesem

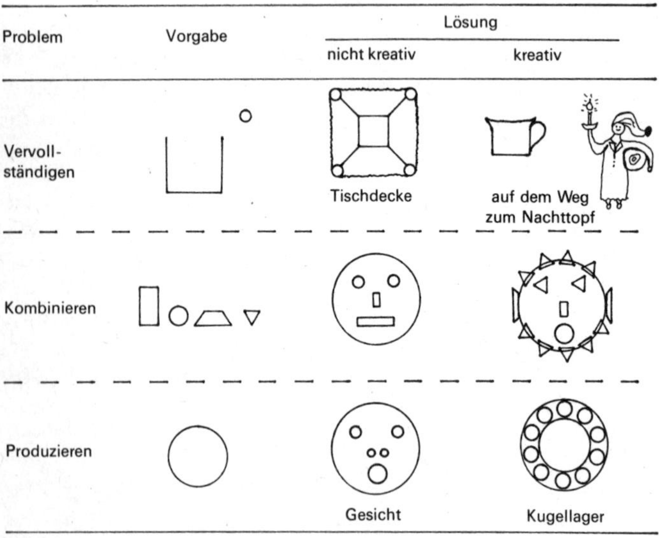


*Abb. 1.15:* Je ein Beispiel für sprachfreie Kreativitätsskalen zum *Vervollständigen*, *Kombinieren* und *Produzieren* mit Vorgabe und je einer kreativen bzw. nichtkreativen Lösung. Beim Vervollständigen geht es um die Ergänzung der Vorgabe zu einem Alltagsgegenstand, beim Kombinieren sind die angebotenen Formen bei der Darstellung eines definierten Gegenstands (unabhängig von ihrer absoluten Größe und ihrer Anzahl) zu verwenden und beim Produzieren gilt es, innerhalb der gegebenen Zeit möglichst viele Alltagsobjekte aus der vorgegebenen Form (erneut unabhängig von der absoluten Größe) zusammenzustellen.

Test finden wir u.a. auch die eingangs vorgestellte Unterscheidung zwischen sprachlichen und sprachfreien Tests wieder. Letztere erfassen die gleichen Merkmale der Kreativität, also Flexibilität, Flüssigkeit und Originalität, allerdings an anderen, nämlich sprachfreien Materialien. Abbildung 1.15 illustriert solche Probleme anhand einiger Beispiele, die nicht nur aus dem TTCT stammen.

#### *1.3.3.3 Kritik an den Verfahren*

Nun kann man sich mit Recht fragen, ob solche Tests tatsächlich kreatives Denken erfassen. Drei Problembereiche wollen wir herausgreifen und kurz beleuchten. Zunächst erscheint es fraglich, ob sie den kreativen Prozeß, der uns im Zusammenhang mit Denken primär interessiert, *messen*. Schon die hier präsentierte exemplarische Inspektion reicht aus, um zu zeigen, daß bestenfalls einige Merkmale – wie Flexibilität, Flüssigkeit und Originalität – zu isolieren sind, die andererseits zum Teil auch generelles Problemlösen kennzeichnen; zum eigentlichen Vorgang, der zu den jeweiligen Antworten führt, geben sie aber nur wenig Auskunft. Um diesem Ziel einen Schritt näher zu kommen, entwickelten Ghiselin, Rompel & Taylor (1964) die sogenannte »Creative Process Checklist«, die Aufmerksamkeitszuwendung und Gefühlszustände bei Wissenschaftlern zum Zeitpunkt einer Entdeckung abfragt, wobei zwischen den Zeiträumen vor, zwischen und nach der Einsicht unterschieden wird. Bezüglich der wenig überzeugend anmutenden Einteilung in erfolgreiche, aber wenig kreative und erfolglose, aber kreative Wissenschaftler fanden sie, daß die wenig kreativen sich im Anfangsstadium des Denkprozesses als klar und zielgerichtet im Denken erleben, während die kreativen diese Phase als eher diffus und suchend beschreiben. Im Anschluß an die Einsicht empfinden kreative Wissenschaftler Entzücken, nicht-kreative verspüren dagegen Erleichterung und Befriedigung. Wenngleich das Anliegen der »Prüfliste« zu begrüßen ist, muß man die von den Autoren mitgeteilten Ergebnisse jedoch als wenig aufschlußreich bewerten, da sie – ganz abgesehen von der unverständlichen Einteilung ihrer Pbn – jeder theoretischen Fundierung entbehren.

Als gelungener kann man den Versuch von Getzels & Csikszentmihalyi (1976) betrachten, nachzuweisen, daß die Phase der *Problemfindung*, in Kreativitätstests so gut wie nicht beachtet, den eigentlich kritischen Abschnitt repräsentiert. Aus einer Vielzahl von Objekten, die den Vpn zur Verfügung standen, sollten diese ein Stilleben zusammenstellen und danach zeichnen. Die Autoren fanden, daß die Anzahl der betrachteten Gegenstände, der Umgang mit diesen Objekten (betrachten, befühlen, riechen, heben usw.) und die Seltenheit der gewählten Gegenstände zwischen kreativen und nicht-kreativen Künstlern unterschied. Bevor also der erste Pinselstrich getan war, so die Autoren, hatte sich der eigentlich kreative Prozeß, nämlich der der Problemfindung, bereits vollzogen. In einer Nachstudie (nach sieben Jahren) an den gleichen Vpn stellten sie fest, daß die als kreativ klassifizierten Pbn auch die in ihrem Gebiet erfolgreichen Künstler waren, ganz im Gegensatz zu den als nicht kreativ eingestuften Untersuchungsteilnehmern.

Ein zweites Problem betrifft die *Zuverlässigkeit* der Meßverfahren; im testtheoretischen Sinne handelt es sich hierbei um die Frage der Reliabilität. Vor allem wenn es um die Beurteilung der Seltenheit der Originalität durch Experten geht, wie bsw. bei der Einschätzung der in Abbildung 1.15 illustrierten Leistungen, zeigen sich zwischen verschiedenen Beurteilern immer wieder erhebliche Unterschiede. Die Beurteilungen der gleichen Leistungen durch verschiedene Experten weisen selten mehr als 40 Prozent gemeinsamer Varianz auf, ein Prozentsatz, der für ein wissenschaftliches Testverfahren entschieden zu niedrig ist. Eine tiefergehende Analyse der mit der Reliabilitätsfrage bei Kreativitätstests verbundenen Problematik wollen wir an dieser Stelle aussparen. Die sicher auch heute noch gültigen Argumente sind bsw. bei Oerter (1971, S. 322–326) zusammengetragen.

Die *Gültigkeit* der Meßverfahren (Validität) zur Kreativität ist eine damit eng verknüpfte Problematik. Verfahren, die nicht zuverlässig messen, können auch nicht gültig sein, also jenes messen, was sie zu messen beanspruchen. Um nur zwei Aspekte herauszugreifen: a) vergleicht man die Testkreativität mit Expertenurteilen, so zeigen sich ähnlich unbefriedigende Korrelationen wie bei der Reliabilität und b) die Interkorrelationen zwischen verschiedenen Kreativitätstests (als Maß für die sogenannte Konstruktvalidität) sind ebenfalls ernüchternd niedrig (vgl. z.B. Hocevar 1981).

Fassen wir den Abschnitt über die Meßverfahren zur Kreativität zusammen, so müssen wir feststellen, daß sie zur Erfassung des kreativen Prozesses als untauglich zu bezeichnen sind. Sie mögen bedingt tauglich sein zur *Detektion interindividueller Unterschiede* (zu diesem Zweck wurden sie ursprünglich auch konzipiert), nicht aber zur Analyse kreativer Prozesse. Die Methode der Wahl bleibt hierfür eindeutig das Experiment.

### 1.3.4 Modelle

In diesem Abschnitt wollen wir einige Modelle zum kreativen Denken betrachten. Unser Bemühen ist auch hier darauf ausgerichtet, Gemeinsamkeiten und Unterschiede zum gängigen Problemlösen herauszuarbeiten. Wir beginnen mit der *Assoziationstheorie* von Mednick (1962), besprechen dann Guilfords (1956, 1967) *Intelligenzstrukturmodell* in den für die Kreativität wesentlichen Ausschnitten und schließen das *Informationsverarbeitungsmodell* von Amabile (1983) an. Eine vergleichende Modelldiskussion beendet den Abschnitt.

#### *1.3.4.1 Assoziationstheorie*

Mednick (1962), dessen RAT wir bereits kennengelernt haben, fundiert diesen Test mit einem Assoziationsmodell strukturellen Charakters. Kreatives Denken besteht nach seinem Dafürhalten aus dem Bilden neuer Kombinationen von assoziativen Elementen, die entweder bestimmte Bedingungen erfüllen (siehe RAT), oder die anderweitig nützlich sind. Das bedeutet, daß Personen, die sich durch kreatives Denken auszeichnen, mit Ideenkombinationen aufwarten, deren Elemente (die Ideen) sich zwar bereits im Verhaltensrepertoire befinden (in Form von Antwortalternativen), die bisher aber noch nicht assoziiert wurden. Eine originelle Ideenkombination hat somit – per definitionem – unabdingbar zur Voraussetzung, daß die Elemente nur sehr schwach oder indirekt verknüpft sind. Bleibt die Frage, woran es liegt, daß manche Personen diese Kombinationen leichter und/oder häufiger produzieren als andere. Mednick macht dafür die *Steilheit des Assoziationsgradienten innerhalb einer Reaktionshierarchie* (denkbar wäre auch innerhalb einer *Mediatorhierarchie;* vgl. Band 1, Punkt 4.4.1) verantwortlich. Wie aus Abbildung 1.16 abzuleiten, kann ein bestimmter Stimulus (z.B. das Wort »Tisch«) verschiedene Reaktionen (das heißt eine Reihe von Assoziationen) hervorbringen, wobei die Reaktionen mit hoher Assoziationsstärke in der Regel schnell und zuerst (Stuhl) und die mit geringer Assoziationsstärke zögernd und sehr spät (Nahrung) auftauchen, also erst nachdem die dominanten Reaktionen ausgeschöpft sind.

Die Stärke der Assoziationen nimmt also mit dem Durchlaufen der Reaktionshierarchie rasch ab, der Assoziationsgradient ist steil. Bei kreativen Personen liegt dagegen ein *flacher Gradient* vor. Würde also ein solcher Pb aufgefordert, frei zum Stimulus »Tisch« zu assoziieren, so würde Mednick erwarten, daß in relativ gleichförmigen zeitlichen Abständen die Reaktionen auftauchen und daß sich die *dominanten Reaktionen* hinsichtlich ihrer Assoziationsstärke nicht

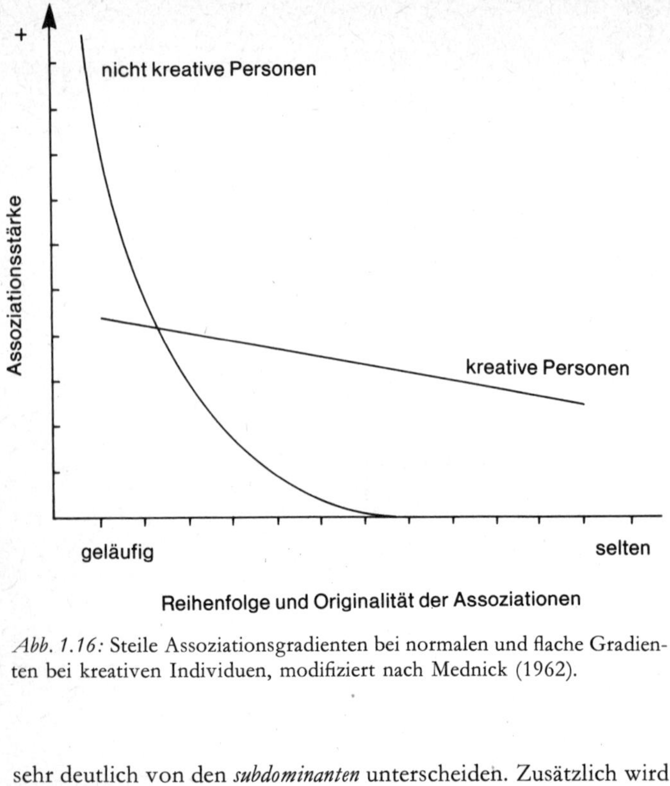


*Abb. 1.16:* Steile Assoziationsgradienten bei normalen und flache Gradienten bei kreativen Individuen, modifiziert nach Mednick (1962).

sehr deutlich von den *subdominanten* unterscheiden. Zusätzlich wird postuliert, daß bei kreativen Personen sich mehr Reaktionen in einer Klasse befinden als bei weniger kreativen Individuen. Die Konsequenzen aus diesen Annahmen sollen mit Hilfe des in Abbildung 1.17 illustrierten Materials erarbeitet werden. Sie gibt die Assoziationsstruktur zum Stimulus »Spielzeug« wieder, wobei die beiden Reaktionen »Auto« und »Tisch« ihrerseits Auslöser (Stimuli) für Reaktionen (Gedanken, Ideen) sind, die Kombinationen eingehen können.

Die Kombination »Rollstuhl« aus den beiden dominanten Reaktionen »Rad« und »Stuhl« liegt auf der Hand. Sie ist nicht sehr originell, weil die beiden Bestandteile (Elemente) nicht sehr entfernt sind. Anders dagegen bereits die Kombination der beiden subdominanten Reaktionen »Fenster« und »Nahrung« zu »Straßenrestaurant«. Hier würde Mednick postulieren, daß nur ein flacher Gradient diese Kombination zuläßt, da die Wahrscheinlichkeit dafür, daß beide Elemente bei einem steilen Gradienten gleichzeitig aufgerufen werden können, doch sehr gering ist. Ähnlich verhält es sich mit »Käse« als Verknüpfung von »Rad« und »Nahrung«. Die Kombination »Teppichreinigung« schließlich wird bei weniger kreativen Personen schon allein deshalb nicht mehr zu erwarten sein, weil sich die zugehörigen Elemente nicht mehr in den Reaktionshierarchien befinden.

Der vorläufige Versuch der Einordnung dieser Vorstellungen in ein allgemeines Problemlösemodell (z.B. das SPIV-Modell) findet unmittelbar in dessen *Strukturseite* einen Bezugspunkt. Das semantische Gedächtnis (epistemische Struktur) als Speicher für Fakten (Informationen) variiert von Individuum zu Individuum sowohl hinsichtlich des Umfangs als auch der Organisation (Vernetzung); letzteres bedingt auch die Verfügbarkeit der Informationen (vgl. Band 1, Punkt 4.3.2.2). Individuelle Unterschiede im semantischen Gedächtnis, die die Vorstellungen von Mednick repräsentieren, könnten somit diesen strukturellen Aspekt kreativen Denkens abbilden.

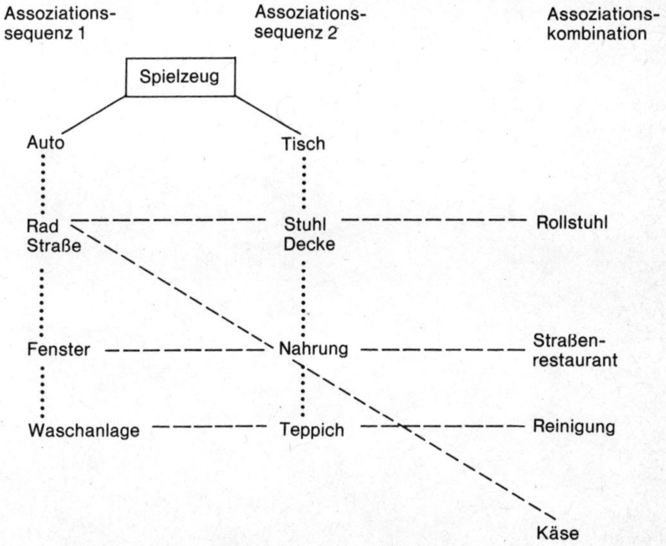


*Abb. 1.17:* Zwei Assoziationssequenzen und ihre potentiellen Verknüpfungen auf den Stimulus ›Spielzeug‹.

### *1.3.4.2 Intelligenztheorie*

Guilford (1956, 1967), dessen DPT sich ebenfalls unter den behandelten Verfahren zur Messung von Kreativität befand, leitete diesen Test aus seinen Vorstellungen zur *Struktur der Intelligenz* ab (Structure of Intelligence, SI-Modell), welches unter dem Namen *»Würfelmodell«* bekannt wurde. Die den Würfel aufspannenden drei Dimensionen repräsentieren jeweils verschiedene Denkoperationen, -inhalte und -produkte (vgl. Abbildung 1.18).
Die Informationen, die be- bzw. verarbeitet werden sollen, können unterschiedliche Formen haben, nämlich symbolisch, semantisch und figural. Die Dimension der *Denkinhalte* repräsentiert diesen Aspekt, wobei die sprachlichen bzw. die sprachfreien Tests Veranschaulichungsmaterial liefern. Operieren, also das Umgehen

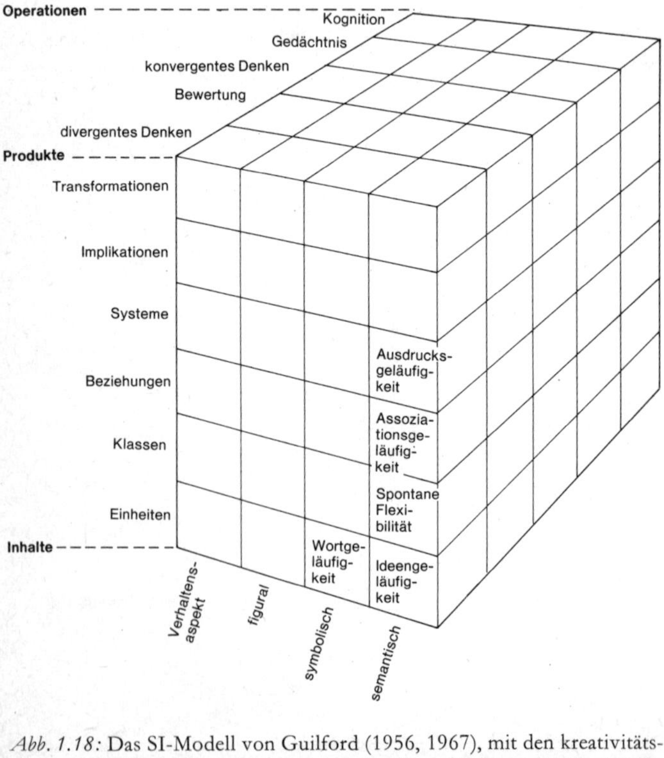


*Abb. 1.18:* Das SI-Modell von Guilford (1956, 1967), mit den kreativitätsrelevanten Zellen an der Vorderseite, modifiziert nach Oerter (1971, S. 339).

mit diesen Informationen, kann ebenfalls unterschiedlich aussehen; man kann versuchen, bestimmte Fakten zu behalten (Gedächtnis), man kann Schlußfolgerungen ziehen (konvergentes Denken) oder man kann auch versuchen, Informationen in möglichst vielfältiger Weise miteinander in Beziehung zu setzen (divergentes Denken). Hierbei handelt es sich also um die Dimension der *Denkoperationen*. Die *Produkte* sind das Ergebnis der Operationen mit den Inhalten. Einheiten entstehen z. B. bei der Aufgabe, möglichst viele Wörter mit dem Anfangsbuchstaben »L« und dem Endbuchstaben »N« zu nennen. Beziehungen dagegen werden bsw. bei Assoziationsaufgaben produziert usw. Das Zusammenwirken dieser Dimensionen (der Stufen dieser Dimensionen) beschreibt die unterschiedlichen Intelligenzleistungen. Umgekehrt formuliert besagt das Modell, daß jeder der insgesamt 120 Teilwürfel die Anforderungs- und Ergebnisstruktur eines Problems beschreibt, wobei Guilford annimmt, alle denkbaren Probleme erfaßt zu haben.

Wie bereits gehört spielt vor allem die Operation des divergenten Denkens im Zusammenhang mit Kreativität nach Guilfords Annahmen eine entscheidende Rolle. Kreative Denkleistungen unterscheiden sich von anderen Denkleistungen (Problemlöse-, Intelligenzleistungen) durch das Vorhandensein von oder die Notwendigkeit zu divergentem Operieren mit den anstehenden Inhalten. So ist das L-N Problem in diesem Sinn klassifizierbar als »divergent, symbolisch, Einheiten (Operation, Inhalt, Produkt)« und der Unusual Uses Test als »divergent, semantisch, Klassen«. Nach dem Modell ließen sich nun für alle 24 Teilwürfel, die divergentes Denken betreffen (in Abbildung 1.18 die Frontansicht), Situationen (Probleme, Tests) konstruieren; sie müssen dann das Spektrum kreativer Denktätigkeit weitgehend abdecken. Die Strategie von Guilford und seinen Mitarbeitern bestand (und besteht) auch darin, alle Teilwürfel mit konkreten Situationen zu füllen.

Betrachten wir uns dieses Konzept aus einer etwas abstrakteren Ebene, so wird klar, daß Intelligenz und Kreativität hier nicht als etwas Gegensätzliches oder Unvereinbares gesehen werden. Vielmehr stellt kreatives Denken eine *spezifische Art gedanklich zu operieren* dar, eben divergent zu denken. Für die anderen intellektuellen Operationsformen existieren keine zusätzlichen Bezeichnungen; sie sind durch den Intelligenzbegriff abgedeckt. Fragt man sich nach dem Bezug zum Problemlösen, so kann man erkennen, daß die Betonung des divergenten Denkens im SPIV-Modell in der Phase der Operatorsuche und -anwendung einzuordnen wäre. Kreativ denkende Personen müßten demnach dadurch ausgezeichnet sein, daß sie sich nicht damit begnügen, einen Operator zu suchen und als passend zu akzeptieren oder zu verwerfen, sondern immer (meistens, oft) auch noch andere Möglichkeiten durchdenken, also auch dann, wenn die Lösung bereits gelungen erscheint. Man könnte sogar noch einen Schritt weitergehen und postulieren, daß die Phase der Operatorsuche wiederholt durchlaufen wird, *ohne* daß jeweils sofort eine Bewertungsphase folgt, eine Vermutung, die in den weiteren Erörterungen noch mehrfach aufzugreifen ist.

#### *1.3.4.3 Informationsverarbeitungstheorie*

Amabile (1983) hat jüngst im Rahmen ihrer Untersuchungen zur Sozialpsychologie der Kreativität ein Komponentenmodell in der Tradition der Informationsverarbeitungstheorien vorgeschlagen, welches wir uns etwas näher ansehen wollen. Demnach sind es drei Komponenten, die das Hervorbringen von als kreativ beurteilten Ideen, Antworten oder Arbeiten wesentlich mitbedingen: *bereichsrelevante Fähigkeiten* (domain-relevant skills), *kreativitätsrelevante Fähigkeiten* (creativity-relevant skills) und *Aufgabenmotivation* (task motivation). In Abbildung 1.19 sind sie bezüglich ihrer inhaltlichen Anreicherung und ihrer Voraussetzungen umrissen.
Daraus geht hervor, daß die Komponente der bereichsrelevanten Fähigkeiten als Grundlage für jede kreative Leistung in einem bestimmten Realitätsbereich angesehen werden kann. Faktenwissen zählt ebenso dazu wie bestimmte technische Fertigkeiten (z. B. auch motorischer Art) und bereichstypische Talente. Die Autorin interpretiert diese Komponente auch als die vorhandene Menge von *»kognitiven Pfaden«*, um ein gegebenes Problem zu lösen, wobei die Möglichkeit, eine neue Kombination von Ideen zu finden, mit steigendem Umfang von Wissen und Lösungswegen wächst. Allerdings muß zum Umfang noch eine *geeignete Speicherform* der Fakten treten, damit diese vielfältig verfügbar werden. Wickelgren formuliert diesen Sachverhalt mit folgenden Worten: »... the more we concentrate on ... heavily contextualized (specific) concepts and propositions, the less capacitiy we will have available to learn general principles and questions that crosscut different areas and and perspectives.« (1979, S. 382). Amabile schließt daraus, »... that knowledge organized according to general principles will be of facts.« (1983, S. 71). *Talent* definiert sie als eine spezifische Fertigkeit, für die ein Individuum eine natürliche Begabung besitzt und deren Ausprägungsgrad weit über dem Populationsdurchschnitt liegt. Vorstellungsvermögen wäre ein Beispiel für eine im kognitiven Bereich wesentliche Fähigkeit und Individuen mit einem hoch ausgeprägten Vermögen, visuelle (akustische usw.) Vorstellungen hervorzubringen, wären als dafür talentiert zu bezeichnen.

| 1<br>**Bereichsspezifische Fähigkeiten** | 2<br>**Kreativitätsspezifische Fähigkeiten** | 3<br>**Aufgabenmotivation** |
| --- | --- | --- |
| **Beinhaltet**<br>– Faktenwissen<br>– erforderliche technische Fähigkeiten<br>– besonderes bereichsspezifisches »Talent« | **Beinhaltet**<br>– angemessenen kognitiven Stil<br>– implizites oder explizites Wissen über Heuristiken zur Schöpfung neuer Ideen<br>– förderlichen Arbeitsstil | **Beinhaltet**<br>– Einstellung zur Aufgabe<br>– Wahrnehmung der eigenen Motivation, die Aufgabe zu lösen |
| **Abhängig von**<br>– angeborenen kognitiven Fähigkeiten<br>– angeborenen wahrnehmungsmäßigen und motorischen Fähigkeiten<br>– formaler und informaler Bildung | **Abhängig von**<br>– Training<br>– Erfahrung in der Schöpfung<br>– Persönlichkeitszügen | **Abhängig von**<br>– anfänglichem Niveau intrinsischer Motivation hinsichtlich der Aufgabe<br>– An- oder Abwesenheit salienter äußerer Zwänge im sozialen Umfeld<br>– individueller Fähigkeit, äußere Zwänge kognitiv zu minimieren |

*Abb. 1.19:* Die Komponenten kreativer Leistungen, übersetzt nach Amabile (1983, S. 68).

Aus Abbildung 1.19 geht auch hervor, daß die Fähigkeiten dieser Komponente von angeborenen kognitiven, wahrnehmungsmäßigen und motorischen Gegebenheiten und von Sozialisationseinflüssen abhängen.
Der kreativitätsrelevante Bereich beinhaltet *kognitive Stile*, *Arbeitsstile* und die Anwendung von *Heuristiken* zur Exploration neuer kognitiver Wege. Der Beitrag dieser Komponente entscheidet darüber, ob generelles oder kreatives Problemlösen vorliegt. Fehlen die spezifischen Fähigkeiten und Merkmale dieser Komponente, so sind kreative Leistungen unmöglich. Zu den kognitiven Stilen zählt Amabile u. a. die Neigung zum

a) Aufbrechen von Wahrnehmungsfixierungen (vgl. Kreisproblem von Köhler 1969; Band 1, S. 171);
b) Aufbrechen von kognitiven Fixierungen (vgl. Wasserumschüttproblem von Luchins & Luchins 1950; Band 1, S. 205);
c) Offenhalten von Antwortmöglichkeiten (vgl. Getzels & Csikszentmihalyi 1976, Punkt 1.3.3.3);
d) kreativen Wahrnehmen, wobei hierunter jene Tendenz zu verstehen ist, an herkömmlichen Objekten Merkmale wahrzunehmen, die den meisten Personen eben nicht auffallen.

Bezüglich der Anwendung von Heuristiken zur Produktion von Ideen können wir auf die Unterscheidung zwischen Algorithmus und Heurismus zurückgreifen (vgl. Punkt 1.3.1 bzw. Band 1, S. 127). Wenn zur Reduktion der Lösungsalternativen nicht ein Routineverfahren (z. B. systematische Reduktion der potentiellen Buchstabenkombinationen bei Anagrammproblemen oder Focusstrategie bei Begriffsidentifikation), sondern ein individuelles, an der persönlichen Erfahrung orientiertes Vorgehen gewählt wird, welches zunächst nur *Wahrscheinlichkeitscharakter* für die Zielerreichung besitzt, spricht man von einem heuristischen Vorgehen. Kreative Heuristiken wären z. B. »Wenn alle Versuche scheitern, beschreite einen kontraintuitiven Weg« (Newell, Shaw & Simon 1962) oder »Spiele mit Ideen; lasse dich auf mentale Gymnastik ein!« (Wickelgren 1979). Im Prinzip handelt es sich dabei also um Vorgehensweisen, die zur Auflösung von Problemfixierungen (Problemeinstellungen) und damit zu neuen Ideen führen sollen.
Der Arbeitsstil als der dritte Fähigkeitsbereich dieser Komponente umfaßt Merkmale wie langfristige Aufmerksamkeitskonzentration, produktives Vergessen, Durchhaltevermögen (in schwierigen Situationen) und Anstrengungsbereitschaft.
Neben den bereits bekannten Faktoren wie Training und Erfahrung (Sozialisation) postuliert Amabile eine Verankerung der diese Komponente charakterisierenden Fähigkeiten in Persönlichkeitsei-

genschaften wie Risikobereitschaft, Frustrations- und Ambiguitätstoleranz usw.

Die letzte Komponente schließlich betrifft die *Aufgabenmotivation*, die im wesentlichen durch zwei Größen abzudecken ist, nämlich der grundlegenden Bereitschaft, sich auf die Aufgabe (das Problem) einzulassen (ähnlich zum Eigenschafts- oder Interessenkonzept) und der von der Person wahrgenommenen Triebfeder, die entweder *extrinsisch* – also durch äußere Einflüsse – oder *intrinsisch* – also von innen heraus – bedingt ist. Die grundlegende Bereitschaft zur Aufgaben(Problem-)bearbeitung ergibt sich aus dem Grad der Übereinstimmung der Vorlieben und Interessen des Individuums mit den kognitiven Anforderungen der Aufgabe. Zur Bestimmung des zweiten Aspekts der Aufgabenmotivation – der *Quelle der selbstwahrgenommenen Motivation* – bedarf es zunächst der Klärung einiger Begriffe. Extrinsische Motivation liegt dann vor, wenn *bedeutsame Zwänge* (salient constraints) aus der Umwelt vorliegen, die sich auf die Kontrolle der Leistung bei der Aufgabenbearbeitung beziehen. Um eine solche externe Kontrollform handelt es sich bsw. dann, wenn der Arbeitsplatz von der Erfüllung der Aufgabe abhängig gemacht wird (z. B. Herr X wird nur dann weiter beschäftigt, wenn es ihm gelingt, die Energieversorgung eines Raumschiffs unter Berücksichtigung bestimmter Vorgaben – z. B. Gewicht – zu gewährleisten); man würde in diesem Fall von extrinsischer Motivation sprechen. Je größer die externen Zwänge, umso geringer der Spielraum der intrinsischen Motivation, also jener *momentanen Handlungstendenz*, die durch Einflußgrößen, die *im Individuum selbst* liegen, bedingt ist. Das Selbstbild – hier etwa die selbstwahrgenommene kognitive Kompetenz – zählt zu jenen Variablen, die die intrinsische Motivation ausmachen. Die Kernhypothese zur Komponente der Aufgabenmotivation besagt, daß das Ausmaß der externen Zwänge das Ausmaß der intrinsischen Motivation bedingt (und zwar *umgekehrt proportional:* steigende extrinsische Motivation führt zu sinkender intrinsischer Motivation) und damit auch die Kreativität; diese sinkt mit Abnahme der intrinsischen Motivation. Etwas anders formuliert könnte man auch feststellen, daß kreative Leistungen dann zu erwarten sind, wenn die Beschäftigung mit einem Problem nicht in erster Linie der Erreichung eines extern vorgegebenen Ziels (z. B. Sicherung des Arbeitsplatzes) dient, sondern den eigentlichen Interessen, Neigungen und Anliegen des Individuums entspricht.

Diesen *Komponenten* kreativer Kompetenzen und Bedingungen wird ein *theoretischer Rahmen* übergestülpt (vgl. Abbildung 1.20), der beschreibt, in welcher Weise diese in den Problemlöseprozeß eingreifen.

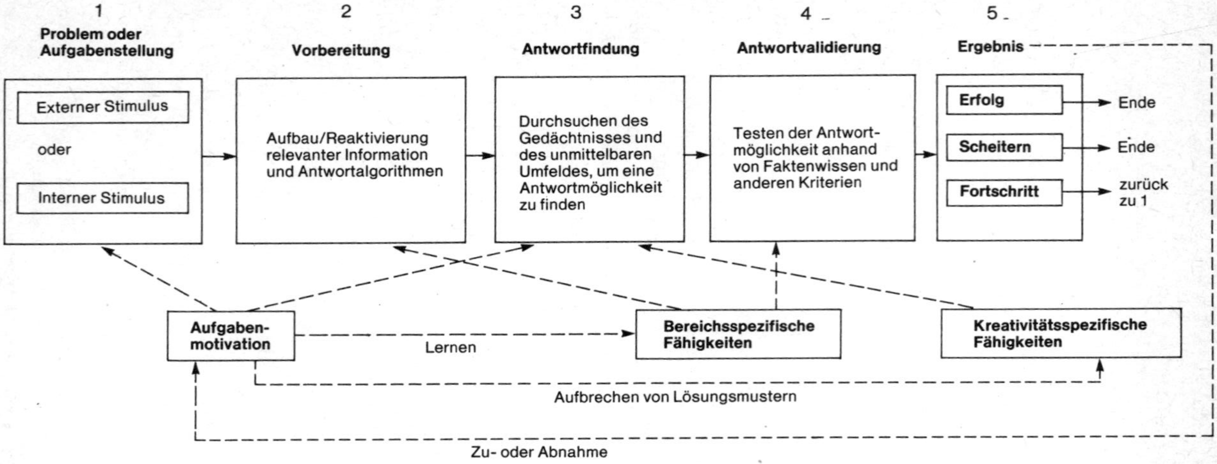


*Abb. 1.20:* Rahmenvorstellung zum Zusammenwirken der Komponenten beim Problemlösen, übersetzt nach Amabile (1983, S. 78).

So *initiiert* die Komponente der Aufgabenmotivation den Problemlöseprozeß. Sie erklärt, ob ein Individuum sich in einer gegebenen Situation engagiert oder nicht. Die folgende *Vorbereitungsphase*, in welcher die relevanten Informationen gesammelt werden, erfährt vor allem durch die bereichsrelevanten Fähigkeiten wie Fakten- und Veränderungswissen ihre Ausgestaltung. Sie mündet in die Phase der *Hypothesen(Antwort-)generierung*, die zum einen erneut von der Aufgabenmotivation, zum anderen aber auch durch die kreativitätsrelevanten Kompetenzen beeinflußt wird. Durch die Abkoppelung dieser Phase von der nachfolgenden *Hypothesenbewertung* trägt Amabile dem Aspekt Rechnung, daß der kreative Prozeß von einer ausgeprägten Phase der Generierung ohne Bewertung profitiert. Die benötigten Kompetenzen zur *Validierung* der generierten Hypothesen entstammen wieder der Komponente des bereichsrelevanten Wissens. Die letzte Phase repräsentiert die Konsequenzen der kognitiven Bemühungen, mit dem Abbruch in den Fällen der vollständigen Zielerreichnung oder der Resignation (die Generierung plausibler Hypothesen war unmöglich). Wenn sich ein Fortschritt in Richtung Ziel abzeichnet, erfolgt eine Wiederholung des gesamten Ablaufes.

Die gestrichelten Linien (Abbildung 1.20) kennzeichnen die wesentlichsten phasenspezifischen Einflußnahmen, die die Kreativität des Produkts (Antwort) bedingen. Der *Prozeß bleibt der gleiche*, unabhängig davon, ob sich das Ergebnis als kreativ oder nicht kreativ erweist. Das Ausmaß an Kreativität ergibt sich als *Produkt* (Multiplikation) aus den drei Komponenten, die – wie beschrieben – hinsichtlich ihrer Effizienz variieren können. Wenn der Beitrag einer Komponente gleich Null ist (keine Effizienz), dann resultiert dieser Wert auch aus der Multiplikation mit den anderen Komponenten. Inhaltlich bedeutet diese multiplikative Verknüpfung somit, daß kreative Leistungen Effizienz (möglichst hoch) in allen drei Komponenten voraussetzt.

### *1.3.4.4 Modelldiskussion*

Die besprochenen Modelle zur Beschreibung und Erklärung kreativer Leistungen und Vorgänge schließen einander nicht aus, sondern sie ergänzen sich. Mit Hilfe eines allgemeinen Problemlösemodells, dem SPIV-Modell (Hussy, 1983, vgl. Band 1, S. 186–198), wollen wir eine Integration dieser unterschiedlichen Vorstellungen versuchen.

Ersichtlich liegt sowohl dem Komponentenmodell von Amabile als auch dem SPIV-Modell ein ähnlicher phasischer Ablauf zugrunde, welcher sich in vergleichbarer Weise auch bei Wallas (1926) finden läßt. Diese *Prozeßperspektive* fehlt den beiden anderen Ansätzen (Mednick, Guilford) weitgehend. Der Betrachtungsschwerpunkt liegt dort *nahezu ausschließlich* auf der *Strukturseite*, was Guilford schon durch die Benennung seines Modells (structure of intelligence, SI-Modell) kenntlich macht. Somit begeht man sicherlich keinen Fehler, wenn man Mednicks Ansatz der epistemischen Struktur zuordnet und Guilfords Vorstellungen in die heuristische Struktur und den zentralen Prozessor eingliedert. Mednicks Assoziationsgradient läßt sich problemlos als *Merkmal der Verknüpfung der Fakten* im semantischen Gedächtnis verstehen. Personen mit einem steilen Gradienten weisen die geläufigen Relationen auf, die auch schnell verfügbar sind; jene mit einem flachen Gradienten unterscheiden sich davon in erster Linie durch zusätzlich verfügbare Relationen zu anderen Fakten, die eher ungewöhnlich sind. Abbildung 1.17 illustriert die Wahrscheinlichkeit der Produktion origineller Ideenkombinationen auf der Basis dieser Unterscheidungen. Guilfords Ausarbeitungen berühren eher den *langfristigen Bestand an Veränderungswissen:* welche Operationen stehen zur Verfügung, um mit dem vorhandenen Wissen in vielfältiger, flüssiger und origineller Weise umzugehen? Allerdings könnte man die Operation des divergenten Denkens auch im zentralen Prozessor lokalisieren. Hier würde sie eher den *Status einer Strategie* annehmen, nämlich mit Problemen in divergent denkender Weise umzugehen. Besonderes Kennzeichen einer solchen Vorgehensweise wäre der Verzicht auf frühzeitige Bewertung der Operatorsuche und -anwendung zugunsten der eher spielerischen Weiterbearbeitung des Problems in vielfältiger Hinsicht.

Eine Voraussetzung dafür ist in der intrinsischen Problemmotivation zu sehen, wie sie im Modell von Amabile als fördernder Bestandteil zu kreativen Leistungen postuliert wird. Primär extrinsisch motiviertes Vorgehen behindert offensichtlich diesen notwendigen Überprüfungs- und Bewertungsaufschub und somit den kreativen Prozeß. Insofern gibt es auf Prozeßseite einen gravierenden Unterschied zwischen dem generellen Problemlöse- und dem spezifischen Kreativitätsmodell, obwohl beide der Tradition des Informationsverarbeitungsparadigmas entstammen: während Amabile den Gesamtprozeß für allgemeines und kreatives Problemlösen als identisch betrachtet, legt das SPIV-Modell eine andere Sichtweise nahe, und zwar den Verzicht auf sofortige Bewertung – im Anschluß an eine Operation – im Sinne der Analyse des Zielabstandes, also ein *Verzögern der Evaluationsphase*. Divergentes Denken äußert sich somit in der Wiederholung der Operationsphase (und eventuell der Problemdefinitionsphase). Der Rücksprung

erfolgt also nicht erst – wie im generellen Problemlösemodell postuliert – nach der Evaluatorsuche und -anwendung.
Interessant ist im Amabile-Modell die Einflußnahme des motivationalen Zustands bereits auf die erste Phase, nämlich die der Problemdefinition und Zielkriterienerstellung (presentation, preparation), wenn es also darum geht, eine originelle Fragestellung zu entwickeln, eine ungewöhnliche Perspektive einzunehmen und/oder ein vage formuliertes Problem zu präzisieren. Sie unterstreicht damit die Bedeutung eines Abschnitts im kognitiven Prozeß, der u. a. durch das referierte Experiment von Getzels & Csikszentmihalyi (1976) und die bekannten Überlegungen von Newell et al. (1962) zu den Merkmalen des kreativen Denkens (Präzisierung eines vagen Problems) schon wiederholt unsere Aufmerksamkeit auf sich gezogen hat. Für das Problemlösen hatten wir diesen Abschnitt bisher nur im Zusammenhang mit *komplexen Problemen* einer intensiveren Analyse unterzogen. Das zugehörige Modell von Dörner et al. (1983) betont diesen Aspekt in besonderer Weise (vgl. Band 1, S. 240–245). Allerdings überrascht dann der von der Arbeitsgruppe berichtete fehlende Zusammenhang zwischen Lösungsgüte (in komplexen Problemen) und Textkreativität umso mehr. Als Verfechter der Position der Bedeutung dieser Phase für den kreativen Prozeß könnte man andererseits geneigt sein, dieses modelldiskrepante Ergebnis auf die erörterten Schwierigkeiten bei der *Operationalisierung* der beiden Variablen zurückzuführen.
Auf Strukturseite kann man konstatieren, daß Amabiles Komponente der bereichsrelevanten Fähigkeiten die epistemische und heuristische Struktur umfaßt, sie die Unterscheidung zwischen Fakten- und Veränderungswissen also nicht trifft. Die Steuerung der Informationsverarbeitung obliegt den Fähigkeiten aus dem kreativitätsrelevanten Bereich. Hier sind es die Heuristiken zur Produktion neuer Ideen, die dominieren und die Auflösung von Fixierungen durch Inanspruchnahme passender kognitiver Stile ermöglichen. Ersichtlich handelt es sich hierbei um Steuer- und Kontrollprogramme des zentralen Prozessors, die sich durchaus von herkömmlichen Problemlösestrategien unterscheiden, und zwar insofern, als eine allgemeine Tendenz zur Offenhaltung von Antwortalternativen und zur Zurückweisung gängiger Vorgehens- und Betrachtungsweisen besteht und auf die Möglichkeiten zur Auflösung von Wahrnehmungs-, Lern- und Problemlösefixierungen verstärkt zurückgegriffen wird. Die Bedeutung des Modells von Amabile ist – neben der Betonung der adäquaten Aufgabenmotivation – folglich vor allem auch in dieser kreativitätsrelevanten

Komponente zu sehen, wobei es noch wesentlich ist zu vermerken, daß hier der *eigenschaftszentrierte Ansatz* zur Analyse der kreativen Persönlichkeit zu integrieren wäre. Kognitive und Arbeitsstile im Sinne von Amabile gewinnen eine große Nähe zu Merkmalen von als kreativ klassifizierten Personen. Der Zusammenhang zwischen den beiden zuvor separierten Forschungsansätzen kann hier also wieder hergestellt und erheblich präzisiert werden, etwa insofern, als kreative Personen als unabhängig und unkonventionell eingeschätzt werden, also eher durch eigene Maßstäbe bestimmt und somit frei für originelle Ideenkombinationen sind. Eine differenzierte Darstellung des kognitions- und persönlichkeitspsychologischen Variablengefüges, wie es Dörner et al. (1983) für das komplexe Problemlösen erarbeitet haben (vgl. Band 1, S. 229–234), steht für kreative Prozesse allerdings noch aus.

Zur Abrundung der Modelldiskussion bleibt noch ein Wort zur Inkubationsphase mit den Erklärungsalternativen der *unbewußten Weiterverarbeitung* bzw. des *produktiven (selektiven) Vergessens* zu sagen. Es dürfte zwischenzeitlich geklärt sein, daß eine Pause im kognitiven Bemühen keine notwendige Voraussetzung für das Ablaufen kreativer Problemlöseprozesse darstellen kann. Vielmehr handelt es sich bei den zugrunde liegenden persönlichen Schilderungen um Spezifika des Problems selbst, mit welchem die jeweilige Person beschäftigt war, nämlich um *sehr schwierige Probleme*, die eine schnelle Lösung nicht zuließen, also eine intensive, langandauernde Auseinandersetzung mit dem Gegenstand erforderten. Daß dabei Pausen eingelegt werden müssen und daß in solchen Pausen leistungsfördernde, fixierungs- und set-brechende Prozesse ablaufen können (z. B. selektives Vergessen), liegt auf der Hand. Somit kann man festhalten, daß die Inkubationsphase kein spezifisches Merkmal des kreativen Prozesses darstellt, sondern daß die Nutzung und Gestaltung von Pausen – in Abhängigkeit von der jeweiligen Problemstellung – den kreativen Prozeß fördern kann. Gleiches gilt übrigens für jede Art von Problemlösen: eine zwischen allgemeinem und kreativem Problemlösen unterscheidende Funktion kann einer Unterbrechung (Pause) nicht zugeschrieben werden.

### 1.3.5 Förderung und Training

Ebenso alt wie das wissenschaftliche Interesse an Kreativität und kreativen Prozessen sind die Bemühungen, diese zu *fördern* bzw. zu *trainieren*. Dabei lassen sich verschiedene Schwerpunktsetzungen im Verlauf der Bemühungen von 1930 bis 1985 unterscheiden, die wir ganz kurz verfolgen möchten.

Es begann mit den Versuchen, im industriellen Bereich mit diesbezüglichen Förderungsmaßnahmen dadurch Vorteile zu erzielen, daß bestimmte Mitarbeiter (Ingenieure, Designer, Manager usw.) durch ein verbessertes Problemlöseverhalten eine höhere Effizienz für den Betrieb erreichen. Ein auch heute noch bekanntes Programm, mit dessen Entwicklung in den vierziger Jahren begonnen wurde, ist das *»brainstorming«* (z. B. Osborn 1963). Dabei geht es um das Lösen von Problemen in der Gruppe. Wesentlich an dieser Technik zur Förderung kreativen Denkens sind vier Regeln, die in den Gruppensitzungen zu beachten sind: (a) keine Kritik, (b) viele Ideen produzieren, (c) ausgefallene Ideen produzieren und (d) genannte Ideen aufgreifen und weiterentwickeln. Das bedeutet, daß die Gruppenteilnehmer aufgefordert werden,

a) die entwickelten Vorschläge zunächst zu akzeptieren und jede Kritik zurückzuhalten, bis die »brainstorming session« vorbei ist;
b) soviele Lösungsvorschläge wie möglich vorzutragen, ohne primär auf die vermeindliche Qualität zu achten;
c) auch nicht darauf zu achten, ob die Lösungsvorschläge praktikabel sind, sondern gerade auch ausgefallene, phantasiereiche Vorstellungen zu generieren;
d) sich von den Ideen der anderen inspirieren zu lassen, sie aufzugreifen und zu elaborieren.

Man erkennt an diesem frühen Versuch bereits eine Reihe von Aspekten wieder, die in der heutigen Prozeßperspektive zur Kreativität durchaus große Relevanz besitzen, wie etwa das Zurückhalten der sofortigen Evaluation, das divergente Denken und das Produzieren origineller Ideen. Obzwar seinerzeit weitgehend ohne theoretische Fundierung, gelang es Osborn intuitiv, doch einige wesentliche Merkmale kreativen Denkens seiner Technik zugrunde zu legen.

In den fünfziger und sechziger Jahren dominierten dann die Versuche, Schülern und Studenten durch Verbesserung ihres Problemlöseverhaltens beim Erreichen ihrer Lernziele zu helfen. In einer bekannten Studie von Bloom & Broder (1950) wird die Betonung dabei vor allem auf den Lösungsprozeß und weniger auf das Produkt gelegt. Ihr Vorgehen bestand darin, daß Schüler mit Schwierigkeiten in der Bearbeitung von Klausurfragen wiederholt ihr eigenes Vorgehen (Protokoll zum lauten Denken) mit dem von erfolgreichen Schülern (Protokoll) verglichen.

Bekannt wurde auch das »Productive Thinking Program« (Covington, Crutchfield & Davies 1966, Covington et al. 1974). Auch hiermit versuchte man, generelle Problemlösefähigkeiten zu vermitteln, und zwar unter Zuhilfenahme von Detektivgeschichten, die den Kindern zur Bearbeitung vorlagen. In einem differenzierten Frage-Antwortspiel zwischen den Kindern und den Personen der Geschichte (und unter Benutzung der Erkenntnisse zum Modellernen) sollten die Probanden bsw. folgende Fähigkeiten einüben:

- Nimm dir Zeit, das Problem zu erfassen, bevor du mit Lösungsversuchen beginnst. Versuche das zu bearbeitende Problem genau zu bestimmen.
- Bearbeite das Problem planvoll.
- Versuche, ungewöhnliche Ideen hervorzubringen.
- Überprüfe jede Idee mit den Fakten auf Brauchbarkeit.
- Wenn du nicht mehr weiterkommst, gib nicht auf. Lasse dich nicht entmutigen.
- Wenn es mehrere verwirrende Gesichtspunkte an einem Problem gibt, so versuche diese mit einer einzigen, verbindenden Idee zu erklären.

Man kann an solchen Listen erkennen, daß ihnen die *theoretische Fundierung* weitgehend fehlt. Unabhängig von der gefundenen Effizienz solcher Prozeduren, die kritisch zu beurteilen ist (Relevanz, alternative Erklärungsmöglichkeiten, Transfer), muß aber gerade diese Fundierung geleistet werden, um die Ergebnisse verständlicher zu machen und die Programme vom Charakter der Beliebigkeit zu befreien.
Die Verlagerung des Trainingsschwerpunkts auf die Prozeßseite war insofern ein Fortschritt, als diese bis dahin vernachlässigt war. Dennoch nährten die Ergebnisse die Vermutung, daß ein Vermitteln von Heuristiken oder Strategien des kreativen Denkens nur eine Seite der Medaille darstellt. Wie wir bei der Diskussion der Modelle zum kreativen Problemlösen erkennen konnten, postuliert z. B. Amabile (1983), daß zur kreativitätsrelevanten Komponente die bereichsrelevante Komponente hinzutreten muß, um kreatives Denken zu ermöglichen. Konkret bedeutet dieses, daß der Eindruck, man könnte *Strategien* vermitteln, die per se *kreatives Denken* ermöglichen, so wie er in den sechziger und siebziger Jahren entstand, zu relativieren ist; ohne umfangreiches Faktenwissen, so zeigen auch diese Studien, keine kreativen Leistungen.
Erhärtet wird diese Einschätzung nicht nur durch die Betrachtung einschlägiger Informationsverarbeitungsmodelle, sondern auch durch neueste Erkenntnisse aus der Problemlöseforschung. So nennt z. B. Simon (1980) die Zahl von 10 Jahren, um sich in einem definierten Gebiet zu einem Experten mit hinreichendem Faktenwissen und guten Möglichkeiten zu kreativen Leistungen zu entwickeln. Er veranschaulicht diese Schätzung u. a. mit dem Schachspiel. Ein Experte (Schachgroßmeister) muß in diesem Bereich etwa 50000 verschiedene Brettkompositionen verfügbar haben und es sei zu beobachten, daß es mindestens zehn Jahre

dauert, bis jemand zu einem solchen Experten heranreift. Beispiele aus anderen Realitätsbereichen bestätigen diese *Zehnjahresregel*. Zusammenfassend kann man feststellen, daß die verschiedenen Programme zum Training kreativer Leistungsfähigkeit durchaus positive Ergebnisse brachten. Ist kreatives Denken also trainierbar? Dieser Frage muß mit einiger Skepsis begegnet werden. In aller Regel kann man eigentlich nur feststellen, daß durch Trainingsverfahren Leistungen gefördert werden, die den trainierten Leistungen *ähneln*, daß ein *Transfer* auf andere Situationen also nur bedingt gegeben ist. Außerdem ist festzuhalten, daß weder einseitiges Wissenstraining, noch alleiniges Strategientraining angemessen sind. Besonders letzteres erwies sich in den vergangenen Jahren als eine Fiktion: »... there is no such thing as expertness without knowledge – extensive and accessible knowledge.« (Simon 1980, S. 82). Schließlich ist zu bemängeln, daß das bisherige Vorgehen zu *wenig modellgeleitet* ist, oder, wenn es solche Grundlagen gibt, diese zu eng sind. Daraus wäre für die achtziger Jahre die Forderung abzuleiten, dieses Defizit auszuräumen. Die Feststellung, daß es solche Modelle nicht gibt, trifft – wie wir gesehen haben – nicht (mehr) zu. Dem Leser sei es anheim gestellt, z. B. anhand des Komponentenmodells von Amabile (1983) ein umfassendes Trainingsprogramm für allgemeines und kreatives Denken zusammenzustellen. Aus den bisher vorliegenden Erkenntnissen ist zu entnehmen, daß es sich empfiehlt, solche Programme in definierte Realitätsbereiche (z. B. Mathematik) einzubinden und für intrinsische Motivation zu sorgen (kommunikations- und rückmeldefreudige Gestaltung).

### 1.3.6 Zusammenfassende Bewertung

Nachdem zu den einzelnen Abschnitten des Kapitels bereits zusammenfassende Bemerkungen abgegeben wurden, wollen wir in diesem Fall abschließend den Versuch unternehmen, den zahlreichen Definitionsversuchen eine weitere *Begriffsbestimmung* hinzuzufügen. Zu betonen ist vorab noch einmal ausdrücklich, daß der kreative Prozeß den eigentlichen Definitionsgegenstand darstellt: Kreatives Denken ist Problemlösen. Der Verlauf unterscheidet sich vom allgemeinen Problemlöseprozeß – in seiner generellen Form durch das SPIV-Modell charakterisiert – in der Bedeutung und der Sequenz der Teilprozesse (Phasen) insofern, als der Problemfindung besonderes Gewicht beigemessen wird und die Verifikation (Evaluation) möglichst spät einsetzt, die Abfolge von Problemdefinition und Operation also möglichst häufig – ohne jeweilige Bewertung –

durchlaufen wird. Kreative Produkte (Ideen, Gedanken) sind vor allem dann zu erwarten, wenn das Individuum dieses Wechselspiel von Problemdefinition und Operation mit großer intrinsischer Motivation betreibt. Auf der Strukturseite profitiert kreatives Problemlösen von ausreichend umfänglichem und vor allem adäquat organisiertem Wissen. Im strategischen Vorgehen (Steuer- und Kontrollprozesse) ist kreatives Problemlösen dadurch gekennzeichnet, daß es Fixationstendenzen nicht oder nur wenig unterliegt bzw. diese in besonderer Weise zu durchbrechen versteht. Diese strategischen Merkmale korrespondieren mit den Persönlichkeitseigenschaften von Personen, die als kreativ eingeschätzt werden; sie bilden die Schnittstelle zum eigenschaftsorientierten Forschungsansatz der Kreativität.

### 1.3.7 Weiterführende Literatur

Davis, G. A. & Scott, J. A. 1978. Training creative thinking. Huntington: Krieger.

Feldman, D. 1980. Beyond universals in cognitive development. Norwood, N. N.: Ablex.

Gilhooly, K. J. 1982. Thinking: directed, undirected and creative. London: Academic Press.

Lochhead, J. & Clement, J. 1979. Cognitive process instruction: research on teaching thinking skills. Philadelphia: Franklin Institute Press.

Simonton, D. K. 1980. Thematic frame, melodic originality, and musical Zeitgeist: a biographical and transhistorical content analysis. Journal of Personality and Social Psychology 38, 972–983.

# 2 Denken und Sprache

In diesem Kapitel beschäftigen wir uns mit einer Frage, die schon eine lange philosophische Tradition besitzt: »Welcher Zusammenhang besteht zwischen dem »Denken« und der »Sprache« eines menschlichen Individuums?«. Wenn wir uns mit diesem Thema auseinandersetzen, so muß zunächst Klarheit darüber herrschen, was der Begriff »Sprache« bedeutet und in welcher Beziehung er zum Begriff »Sprechen« steht.

Ganz allgemein kann im kybernetischen Verständnis *Sprache* als ein System von Zeichen (die Wörter, die Semantik) und Regeln (Syntax, Phonologie), die die Verbindung zwischen den Zeichen bestimmen, begriffen werden. Dieses *Zeichen- und Regelsystem* hat für das menschliche Verhalten einige wesentliche Funktionen, so etwa die der *Kommunikation*, d. h. die Übermittlung von Nachrichten. Menschliche Individuen können mit Hilfe ihrer Sprache bsw. mitteilen, daß Gefahr im Verzug ist, z. B. daß sich ein Sturm ankündigt. Auch im Tierreich finden sich Kommunikationssysteme. So teilen Bienen ihren Artgenossen mittels eines hochkomplexen Tanzes den Standort einer Futterquelle mit oder Schimpansen warnen ihresgleichen durch differenzierte Laute vor Gefahren aus der Luft bzw. vom Boden. Dennoch würde man nicht sagen, daß Bienen oder Schimpansen eine Sprache im Sinne der menschlichen Sprache besitzen. Diese muß folglich weitere Funktionen und Eigenschaften aufweisen.

Das Hauptmerkmal ist ihre *Generalität*, d. h. die Möglichkeit, im Rahmen des vorliegenden (endlichen) Zeichen- und Regelsystems möglichst alle Gedanken und Ideen ausdrücken, also prinzipiell unendlich viele Sprachgebilde generieren zu können. Wesentlich dabei ist der Aspekt, daß diese jeweils neuen Sprachgebilde (Sätze) neue Informationen übermitteln und – obwohl neu – von anderen menschlichen Individuen verstanden werden. Der Satz: »Das Volkswagenwerk unterstützt finanziell Terroristen in Libyen!« ist vermutlich für die meisten Leser ein neues sprachliches Gebilde – und noch dazu falsch –, dennoch wird er von allen verstanden.

*Sprechen* bezieht sich auf jenes Verhalten, welches den – bereits sprachlich vorliegenden!? – Gedanken und Ideen akustischen Ausdruck verleiht. Sicherlich ist es typisch für menschliche Individuen, aber nicht unabdingbar für die menschliche Sprache, denn wir können unsere Gedanken auch schriftlich oder mit Hilfe einer Zeichensprache äußern. Sprechen ist also eine *Ausdrucksform* der menschlichen Sprache.

Auf dem Hintergrund dieser begrifflichen Erörterungen lassen sich zwei Fragenkomplexe ableiten, die den Zusammenhang zwischen Denken und Sprache betreffen. Den ersten Bereich haben wir in Verbindung mit der Rückblende auf die Würzburger Schule (Band 1, Punkt 2.3.3) bereits berührt: »Ist der Denkprozeß im wesentlichen bildhaft, sprachlich oder abstrakt?«. Der zweite Bereich ist ein spezifischer Ausschnitt aus dem ersten und beinhaltet primär die Frage nach der Funktion der Sprache beim Denken. Die beiden folgenden Abschnitte befassen sich mit diesen Inhalten. Danach beschäftigen wir uns etwas ausführlicher mit der Methode des »lauten Denkens«, die wir wiederholt als wesentliche Datenquelle für die Erforschung von Denkprozessen kennengelernt haben.

## 2.1 Sprachinstrumentalismus und Sprachdeterminismus

Global gingen wir bisher davon aus, daß beim Problemlösen Informationen verarbeitet werden, wobei wir uns weniger gefragt haben, *welcher Natur* diese Informationen (im Arbeitsgedächtnis) sind. Prinzipiell sind drei Arten von Informationen unterscheidbar, nämlich a) *bildhafte* Informationen, die (nahezu) Wahrnehmungscharakter besitzen, z. B. die Vorstellung von einem Flugzeugabsturz, b) *sprachlich enkodierte* Informationen, die Begriffe in Prototypform betreffen, z. B. Weihnachtsbaum und c) *abstrakte Ideen*, die zwar sprachlich etikettierbar, einer bildhaften Veranschaulichung jedoch nur schwer zugänglich sind, z. B. die Idee, daß Problemlösen durch Aufmerksamkeits- und Bewußtseinsvorgänge gesteuert wird. Natürlich handelt es sich dabei nicht um drei strikt getrennte, voneinander unabhängige Informationsklassen. Vielmehr repräsentieren sie Schwerpunkte auf der Dimension »anschaulich – unanschaulich«, konfundiert mit der Dimension »sprachlich benennbar – nicht benennbar«.

Die Position der *Sprachinstrumentalisten* enthält nun die Kernannahme, daß *abstrakte Ideen das »Medium« des Denkens* sind. Sie können sprachlich benannt und mitgeteilt werden. Die Sprache hat hier also nur die nachträgliche Benennungs- und Mitteilungsfunktion. Das Denken selbst wird durch die Sprache nicht beeinflußt. Verallgemeinert lautet die Kernannahme, daß beim Denken zwar durchaus mit Symbolen (Vorstellungen, Wörtern) gearbeitet werden kann, daß es aber primär abstrakter Natur ist. Die entgegengesetzte, also *sprachdeterministische Position*, postuliert in ihrer Extremform exakt die entgegengesetzte Annahme, nämlich daß Denken untrennbar mit der Verarbeitung *bildlicher oder sprachlicher Symbole* verknüpft ist, *diese* also die *»Medien« des Denkens* darstellen.

### 2.1.1 Sprachinstrumentalismus

Wie zu erwarten sind diese beiden Extrempositionen nicht haltbar, haben aber insofern einen Wert, als sie die eigentlichen Grundannahmen pointieren und damit klären helfen. Wie begründen nun Sprachinstrumentalisten ihre Position? Das sogenannte *»overflow«-Argument*, welches häufig zur Ablehnung eines extremen Denksymbolismus bzw. Sprachdeterminismus herangezogen wird, mag zur Erhellung der Argumentation beitragen. Es umfaßt die Tatsache, daß man einen komplexen Gedankengang nicht immer vollständig beschreiben kann, daß sich also Teile des Denkens der Symbolisierung (Imagination, Verbalisierung) entziehen. »Indeed, it is extremely rare for thinking to be constantly formulated in words, in a kind of well-articulated inner speech. Nor does it happen very often that thinking occurs through a constant stream of fullfledged images.« (Kaufmann 1980, S. 19).

Die Untersuchungen der Mitglieder der Würzburger Schule deuten in die gleiche Richtung. Mayer & Orth (1901) bsw. präsentierten ihren Pbn akustisch ein Stimuluswort, auf welches sie mit einem weiteren Wort antworten mußten. Die eigentliche Aufgabe bestand aber in einer möglichst exakten Beschreibung der geistigen Vorgänge zwischen der Reizvorgabe und der eigenen Reaktion (Introspektion, Retrospektion). Dabei fanden sie, daß die Assoziationen zum Teil ohne bewußten kognitiven Vorgang auftauchen, bzw. wenn bewußt, völlig ohne Vorstellungsgehalt ablaufen können. Weitere Untersuchungen von Watt (1905) und Ach (1905) bestätigten diese Ergebnisse. Sie forderten von ihren Vpn definierte Assoziationen (Unter- und Überordnungen) auf visuell vorgegebene Stimuluswörter und beobachteten, daß ihre Untersuchungsteilnehmer anfangs volle Kenntnis der Problemanforderung hatten, daß dieses Bewußtsein beim Steuern des Problemlöseverhaltens aber nicht mehr vorhanden war, ohne daß dadurch jedoch die Effektivität des Lösungsverhaltens litt.

Auch Piaget (z. B. 1968) kann man zu den Vertretern der sprachinstrumentalistischen Position zählen. Ohne im Einzelnen auf sein kognitives Entwicklungsmodell einzugehen, kann man seine Überlegungen zum fraglichen Thema mit den Sätzen charakterisieren:

Sprache spielt beim Denken keine entscheidende Rolle. Sie ist eher das Produkt des Denkens und hat eine kommunikative Funktion. Vollentwickeltes Denken wird allein durch Operationsklassen wie »Seriation,

Implikation und Klassifikation« bestimmt, die die natürliche Sprache zwar beinhaltet (z. B. wenn, dann), zu deren Einsatz beim Problemlösen die Sprache jedoch nicht benötigt wird.

Eine interessante Studie zu diesem Ansatz berichtet Sinclair de Zwart (1969). Sie verwendet die für Piaget typischen Probleme, u. a. auch das der *Invarianz*. Dabei werden die Vpn (meist Kinder) gefragt, ob sich eine gegebene Wassermenge ändert, wenn sie von einem Gefäß in ein anderes umgeschüttet wird, wobei sich die Gefäße hinsichtlich ihres Durchmessers unterscheiden. Natürlich ändert sich dabei nicht die Flüssigkeits*menge*, sondern nur der Flüssigkeits*pegel* (vgl. Abbildung 2.1).
Allerdings lassen sich Kinder in der Phase des voroperatorischen anschaulichen Denkens (ca. drei bis sechs Jahre) oft vom (anschaulichen) Wahrnehmungseindruck täuschen und richten ihr Urteil am Pegelstand aus.
Die Frage, die sich Sinclair de Zwart stellte, war, ob Kinder in dieser Altersgruppe, die dieses Invarianzproblem beherrschen, sich dadurch auszeichnen, daß sie die notwendigen Vergleichsoperationen auch sprachlich beherrschen oder ob sich ein solcher Zusammenhang nicht zeigt. Der zweite Fall spräche für eine sprachinstrumentalistische Position. Die Sprachfertigkeiten zum Komparativ wurden anhand der Beschreibung entsprechender, einfacher Situationen erhoben (verschiedene Mengen von Knetmasse, verschiedene Anzahlen von Murmeln). Es zeigte sich ein deutlicher Zusammenhang zwischen der Leistung im Invarianzproblem und den korrespondierenden sprachlichen Fertigkeiten. So koordinierten 80 Prozent der im Invarianzproblem erfolgreichen Pbn den Vergleich von zwei Objekten auf zwei Dimensionen in einem Satz (dieser Bleistift ist lang, aber dünn, der andere kurz, aber dick), während 90 Prozent der erfolglosen Pbn jeweils nur eine Dimension verglichen oder den Gesamtvergleich in mehreren Sätzen abhandelten, also nicht koordinierten.

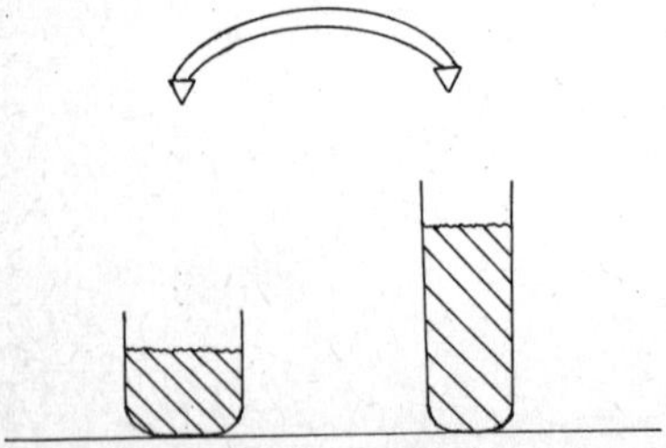

*Abb. 2.1:* Invarianzproblem mit Umschütten einer Flüssigkeitsmenge.

Nun kann man diese Befunde allein nicht für oder gegen die sprachinstrumentalistische These nutzen, denn es ist sowohl die Interpretation möglich, daß die Sprache das Produkt des Denkprozesses ist als auch die Auslegung, daß die Sprache den Denkprozeß beeinflußt. Deshalb führte Sinclair de Zwart das Experiment fort und trainierte die erfolglosen Pbn hinsichtlich der erfaßten Sprachdefizite. Der Effekt des Trainings auf das Verhalten im Invarianzproblem sprach nach Sinclair de Zwart dafür, daß Sprache das Denken nicht prinzipiell beeinflußt: nur 10 Prozent der trainierten Personen bewältigten nun auch das Invarianzproblem. Allerdings kann man diese Befunde auch im Sinne der Gegenposition auffassen, nämlich wenn man davon ausgeht, daß das durchgeführte sprachliche Begriffstraining nicht zum Erwerb des gänzlich differenzierten und integrierten Komparations- und Koordinationsbegriffs geführt hat, sondern zu Vorstufen davon, die in der konkreten Problemlösesituation weniger effizient genutzt werden konnten. Beeindruckende Belege für den allmählichen Erwerb und den damit verbundenen Bedeutungswandel von Begriffen lernen wir im nächsten Kapitel (Punkt 3) kennen.
Auch in neueren informationsverarbeitungstheoretischen Ansätzen zum Problemlösen (z. B. Newell & Simon 1972) findet man eine klare sprachinstrumentalistische Auffassung. Wir wollen aber nicht weiter darauf eingehen, sondern abschließend zu diesem Abschnitt ein Experiment von Ranken (1963) diskutieren, das zur Betrachtung der sprachdeterministischen Position überleitet. Er verwendet die in Abbildung 2.2 dargestellten Figuren, die in Puzzleart zu einer Säule zusammensetzbar sind (z. B. 7, 1, 5, 2, 8, 3, 6, 4).

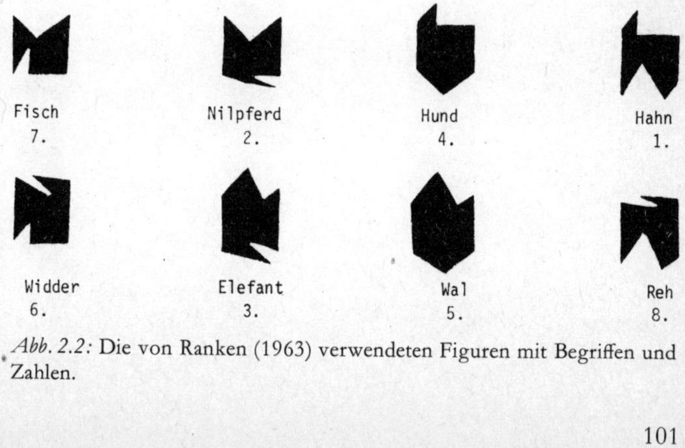


*Abb. 2.2:* Die von Ranken (1963) verwendeten Figuren mit Begriffen und Zahlen.

Die Personen einer Untersuchungsgruppe (Namengruppe) lernten zu jeder Figur einen Tiernamen und übten sich dann im Wiedererkennen dieser Figuren. Eine zweite Gruppe (Zahlengruppe) wurde lediglich aufgefordert, sich das Aussehen der Figuren genau anzusehen und einzuprägen, um danach die Behaltensleistung ebenfalls im Wiedererkennungstraining zu festigen. Was Ranken in beiden Bedingungen zu erreichen versuchte, war im ersten Fall das Einprägen von Tiernamen und deren Assoziation zu den korrespondierenden Figuren, wobei deren bildhafte Speicherung in den Hintergrund rückt, und in der zweiten Bedingung das genaue Gegenteil, nämlich die bildhafte Speicherung von Figuren ohne Beteiligung sprachlicher Benennungen.
In welcher Weise wirkt sich das solchermaßen gespeicherte Wissen auf das Lösen von Problemen aus? Zur Beantwortung dieser Frage stellte Ranken seinen Vpn zwei Aufgaben: erstens mußten sie »im Kopf« das *Puzzle lösen*, wozu genaue Informationen über die Umrisse der Figuren erforderlich waren, und zweitens wurden die Figuren einzeln in zufälliger Reihenfolge gezeigt und waren entsprechend zu reproduzieren *(serielles Lernen)*. Diese zweite Aufgabe erforderte ersichtlich wesentlich weniger genaue Umrißinformationen.
Allerdings ergab sich für Ranken nun ein Kommunikationsproblem. Wie sollte er mit der Zahlengruppe kommunizieren, wenn diese keine Benennung für die Figuren zur Verfügung hatte. Als Ausweg präsentierte er die Figuren in der Lernphase in einer ringförmigen Anordnung mit acht zahlenmäßig gekennzeichneten Positionen, so daß z. B. die Figur »Fisch« auf der Position »7« in diesem Ring zu sehen war. Alle Pbn lernten mit den Figuren auch

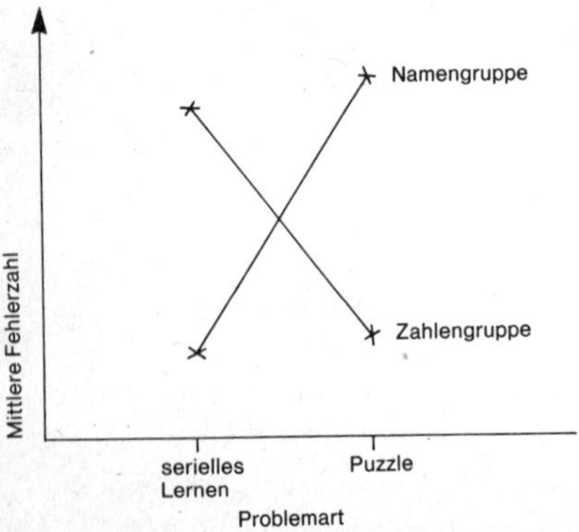


*Abb. 2.3:* Die Ergebnisse der Namen- und Zahlengruppe im Lern- und Puzzleexperiment von Ranken (1963), dargestellt über das mittlere Fehlerprozent.

deren Präsentationsposition. Die Kommunikation zwischen Vpn und Vl konnte somit in beiden Gruppen allein über die Zahlenkodierung erfolgen.
In Abbildung 2.3 sind die Ergebnisse in Form von mittleren Fehlerwerten für beide Gruppen und Probleme mitgeteilt. Ersichtlich ergibt sich eine deutliche Wechselwirkung zwischen der Art der internen Repräsentation der erforderlichen Information (sprachlich, bildlich) und der gestellten kognitiven Anforderung (serielles Lernen, Puzzle). Die Namengruppe war der Zahlengruppe im seriellen Lernen deutlich überlegen, während sich dieser Sachverhalt für das Puzzleproblem genau umkehrte.

Nach Ranken belegt dieses Ergebnis die Auffassung, daß nicht jede Art von Denken (Problemlösen) sprachlicher Natur ist, ein Hinweis, der im ersten Hinblick für die instrumentalistische Sichtweise spricht. Dagegen würden die Anhänger des Sprachdeterminismus ihrerseits darauf hinweisen, daß die sprachlichen Symbole nur durch bildhafte ersetzt wurden, daß Denken also doch auf symbolischer Ebene – egal ob bildhaft oder sprachlich – abläuft. Wir kommen später nochmals auf dieses interessante Experiment zurück, wollen zunächst jedoch die sprachdeterministischen Kernannahmen noch etwas präziser herausarbeiten.

### 2.1.2 Sprachdeterminismus

Die Gegenposition zum Sprachinstrumentalismus besteht – wie bereits ausgeführt – im Kern in der Annahme, daß *Denken untrennbar an Symbole gebunden* ist, daß also ohne Symbole (Vorstellungen, Wörter) kein Denken möglich ist. Als Beleg für das symbolgebundene Denken wird häufig ein Experiment von Shepard & Metzler (1971, Shepard 1978) zur *mentalen Rotation* herangezogen. Wie Abbildung 2.4 zeigt, sind die Vpn aufgefordert zu entscheiden, ob eine rotierte Testfigur einer Vergleichsfigur entspricht, d.h. ob die Testfigur durch (gedankliche) Rotation in die Vergleichsfigur überführbar ist oder nicht.
Es zeigte sich, daß die Lösungszeiten mit zunehmendem Ausmaß an Rotation (z.B. 55 versus 125 Grad) anstiegen. Die Proponenten des symboldeterministischen Ansatzes interpretieren dieses Ergebnis als Beleg für ihre theoretische Position: das Bild der rotierten Figur wird gedanklich (vorstellungsmäßig) Schritt für Schritt in Richtung Vergleichsfigur zurückgedreht. Dagegen sei schwerlich erkennbar, in welcher abstrakt-gedanklichen Form dieses Problem zu bewälti-

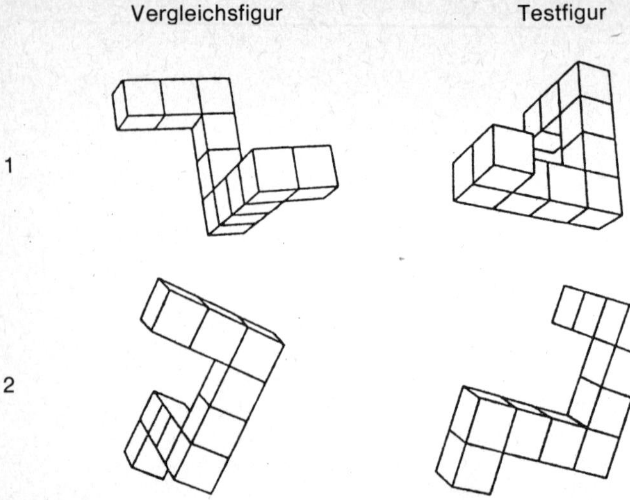


*Abb. 2.4:* Beispiel eines mentalen Rotationsproblems mit Vergleichs- und Testfigur.

gen wäre. Allenfalls könnte die Sprache eine vermittelnde Position zwischen den verschiedenen Stufen der vorstellungsmäßigen Annäherung der beiden Figuren übernehmen, aber auch nur in einer eher symbolischen Art, etwa der Form, daß eine interne verbale Beschreibung die räumlichen Transformationen begleitet, z. B.: »bei einer Drehung um 45 Grad müßte dieser Teil der Figur nach vorne schauen!«.

Das theoretische Konzept, welches hinter dieser deterministischen Auffassung steht, ist somit die *Mediationstheorie*. In einer prägnanten Form haben Staats & Staats (1963) diesen Gedanken elaboriert. Demnach ist Denken mit Sprache gleichzusetzen, und zwar in dem Sinne, daß die Sprache zwischen dem Ausgangsreiz und der Reaktion vermittelt. Reize (S) lösen Verbalisieren aus (r), das seinerseits Stimuluscharakter (s) annimmt und zu offenem Verhalten (R) führt. Diese internen Prozesse unterliegen den Konditionierungsgesetzen, d. h. erfolgreiche werden beibehalten, erfolglose dagegen gelöscht. Über die Prinzipien der Reiz- bzw. Reaktionsgeneralisierung kann es dann zu abstrakterem Verhalten kommen, z. B. »Gegenstände aus Holz schwimmen!«, wenn zuvor genügend viele konkrete Ereignisse beobachtet und verstärkt wurden.

Einen bekannt gewordenen Versuch der experimentellen Überprüfung dieser *»Sprachmediationshypothese«* berichtete Kendler (1969, Kendler & Kendler 1975). Er legte seinen Vpn vier Gegenstände vor, die sich auf zwei Dimensionen unterschieden, bsw. eine rote und eine weiße Kugel sowie ein roter und ein weißer Würfel (Form, Farbe). Im Sinne eines Diskriminationsexperiments wurde nun konsistent eine Dimension verstärkt (z. B. Form) und das Experiment solange fortgesetzt, bis die Vpn fehlerfrei die zu findenden Dimensionen beachteten. In dem sich nun anschließenden zweiten Teil der Untersuchung mußten die Pbn umlernen, da vom Vl das Kriterium gewechselt wurde. Dabei existieren zwei Möglichkeiten: a) die Dimension (Form) wird beibehalten, aber zur anderen Konkretisierung gewechselt (z. B. von Kugel zu Würfel) oder b) die Dimension wird verändert (von Form zu Farbe). Im ersten Fall spricht Kendler von *»reversal shift«*, im zweiten von *»nonreversal shift«*. In Abbildung 2.5 sind diese beiden Fälle dargestellt.
Theoretisch interessant an diesen beiden Anordnungen ist das potentielle Ausmaß der Beteiligung von vermittelnden Prozessen. Die interne Reaktion in Phase 1 besteht im Festlegen der Dimension *»Form« als Bindeglied zwischen Reiz und Reaktion*, wobei die offene Reaktion die konkrete Realisierung der Dimension (Kugel) umfaßt. An der internen Reaktion verändert sich in der zweiten Phase für die »reversal shift« Anordnung nichts; erneut vermittelt die Dimension »Form« zwischen Reiz und Reaktion, nur das offene Verhalten wechselt von der Wahl der Kugel zum Würfel. Dagegen ist beim »nonreversal shift« ein Austausch der internen Vermittlung durch *Kriterienwechsel* notwendig, aus der Perspektive der Mediationstheorie der schwierigere Vorgang. Demgegenüber würde man aus reinen Verstärkungstheorien ableiten, daß im Fall eines »reversal shift« wesentlich stärker extingiert und neu verstärkt werden muß als im anderen Fall, daß also der *Wechsel zwischen den Dimensionen* leichter fallen müßte als der *Wechsel innerhalb einer Dimension.*
In welchem Zusammenhang mit der Mediationstheorie der Sprache sieht Kendler nun dieses Experiment? Er postuliert, daß ein Individuum den dimensionsinternen Wechsel leichter vollzieht, wenn ein Wort (Begriff) für den Mediator zur Verfügung steht; im anderen Fall müßte diese Anordnung als schwieriger erlebt werden. Tatsächlich sprechen einige Befunde für diese These. Vor allem entwicklungspsychologische Studien (Kendler et al. 1960) dokumentieren, daß Kindern zwischen drei und vier Jahren (mit weniger präzisen Form- und Farbbegriffen ausgestattet) der »nonreversal shift« leichter fällt als Kindern zwischen fünf und sieben Jahren, denen die »reversal shift« – Situation weniger Schwierigkeiten

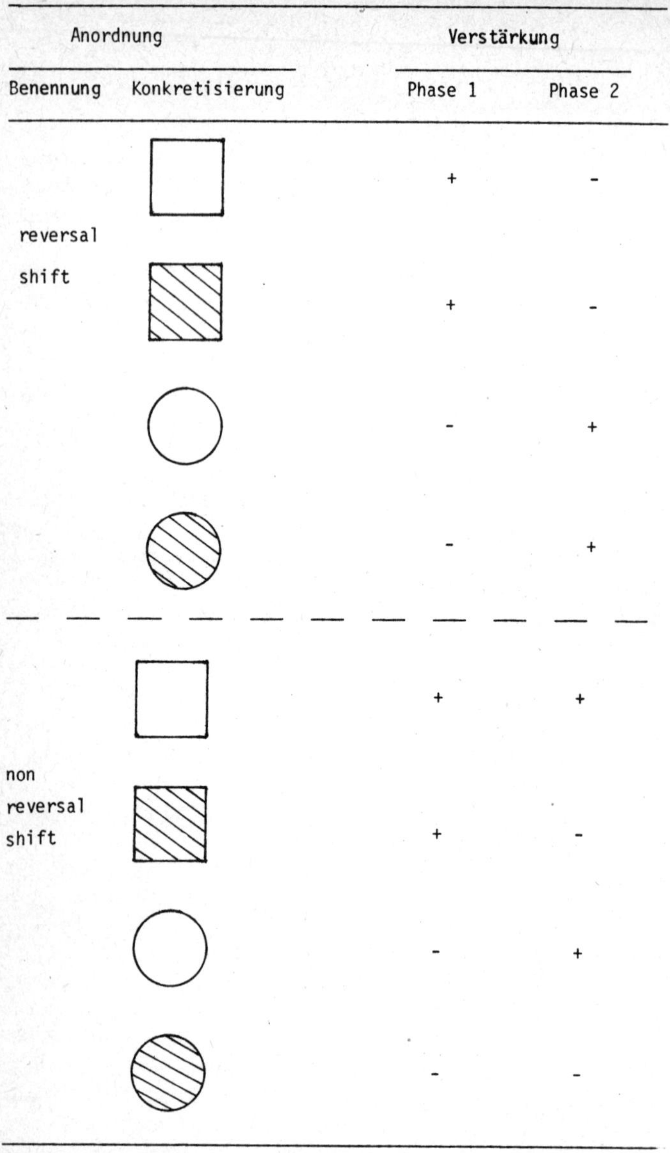


*Abb. 2.5:* Graphische Veranschaulichung der experimentellen Anordnung zum ›reversal shift› und ›nonreversal shift‹.

bereitet; von letzteren wird angenommen, daß sie entsprechend präzise, situationsadäquate Begriffe zur Verfügung haben. Damit glaubt Kendler einen empirischen Beleg für die Annahme gefunden zu haben, daß die Sprache das Problemlösen beeinflußt und daß man die Art der Beeinflussung insofern präzisieren kann, als es sich dabei um eine *Vermittlungsfunktion* zwischen Reiz und Reaktion handelt. Solange diese Interpretation nicht über das verwendete Paradigma hinausgetragen wird, kann man ihr durchaus zustimmen. Es erscheint aber notwendig, dieser Vermittlungsfunktion noch weitere Funktionen der Sprache beim Denken an die Seite zu stellen, um einem größeren Spektrum menschlicher Denk- und Problemlöseprozesse gerecht zu werden. In Punkt 2.2 kommen wir auf diese Forderung zurück.

Eine andere theoretische Ausrichtung innerhalb der sprachdeterministischen Position stellt die *linguistische These* dar. Zu den prominentesten Vertretern zählt B. L. Whorf, nach dem sie auch als *Whorfsche Hypothese* bezeichnet wird. Sie besagt in der Hauptsache, daß die Struktur und der Inhalt der Muttersprache die Art und Weise determiniert, wie man – ganz allgemein – die Umwelt wahrnimmt und versteht und – im spezifischen – über die Umwelt denkt. In voller Übereinstimmung mit dem Sprachdeterminismus geht also Whorf davon aus, daß das Denken sowohl inhaltlich, als auch vom Verlauf her gesehen, stark durch die Sprache geformt wird. Seine eigenen Worte illustrieren seine Überlegungen wohl am anschaulichsten:

»... the background linguistic system (in other words, the grammer) of each language is not merely a reproducing instrument for voicing ideas but rather is itself the shaper of ideas, the program and guide for the individual's mental activity, for his analysis of impressions, for his synthesis of his mental stock in trade. Formulation of ideas is not an independent process, strictly rational in the old sense, but is part of a particular grammar and differs, from slightly to greatly, as between different grammars. We dissect nature along lines laid down by our native languages.« (zit. nach Carroll 1956, S. 212–213).

Ein Beispiel klärt den Ansatz weiter. Verschiedentlich wurde berichtet, daß sich Sprachen nicht nur im Umfang des Wortschatzes, sondern auch in ihrer Differenziertheit bezüglich spezifischer Aspekte unterscheiden. So haben die Eskimos eine Vielzahl von Wörtern für Schnee, wir haben dafür nur wenige (Pulverschnee, Altschnee usw.). Ähnlich kennen Araber viele Wörter für Kamelarten oder Mitglieder des Hanunoo-Stammes auf den Philippinen für Reisarten. Diese Unterschiede reflektieren sicherlich Besonderheiten in der Umwelt dieser Völker; die Frage ist, ob sie sich auch auf das Denken auswirken. Die Frage ist mit einem klaren »ja« zu beantworten. In sogenannten *Kodierbarkeitsstudien* zeigte sich immer wieder, daß Ereignisse (Fakten, Gegenstände), die leicht benannt (mit wenigen Worten sprachlich kodiert) werden können, auch besser behalten und wiedererkannt werden, als komplexe, sprachliche Beschreibungen erfordernde Gegebenheiten. Ein Mitglied des Hanunoo-Stammes wäre einem Mitteleuropäer zweifellos überlegen, wenn aufgefordert, aus einer Vielzahl von Reissorten jene wiederzuerkennen, die ihm zuvor gezeigt wurden. Es besitzt ein *differenziertes Vokabular für den Realitätsbereich »Reis«*, kann die unterschiedlichsten Reissorten mit einem Wort benennen (kodieren) – sehr im Unterschied zum Mitteleuropäer – und hat von daher Vorteile bei der weiteren Verarbeitung dieser Informationen. Eine entsprechende empirische Untersuchung berichten Stefflre et al. (1955). Sie legten ihren (spanisch-sprechenden) Vpn eine Reihe von Farben vor, die diese bezeichnen mußten. Eine zweite Gruppe hatte nun aufgrund dieser Bezeichnungen die Farben zu identifizieren. Daraus ergab sich ein Wert für die Kommunizierbarkeit (Kodierbarkeit) der Farbmuster, d.h. bei manchen Farben war die Benennung relativ eindeutig, bei anderen nicht. Eine weitere Gruppe durchlief mit den gleichen Farbmustern einen Wiedererkennungsversuch. Es zeigte sich, daß die einfach kodierbaren Farbmuster auch den höchsten Kommunikationswert aufwiesen; außerdem ergab sich für sie auch die beste Wiedererkennungsleistung. Interessanterweise – und in Übereinstimmung mit den linguistischen Annahmen – erhielten die Autoren ein vergleichbares Gesamtbild, als sie den Versuch mit yucatanisch sprechenden Mayas durchführten. Zwar waren es gänzlich andere Farbmuster, die in der Kodierbarkeit an der Spitze rangierten, für diese ermittelten die Autoren aber vergleichbare Kommunikations- und Wiedererkennungswerte.

### 2.1.3 Integrations- und Ergänzungsversuche

Was folgt aus der kurzen Darstellung der unterschiedlichen theoretischen Positionen und einiger sie stützender bzw. widerlegender empirischer Befunde? Sicherlich kann man feststellen, daß nicht die eine Anschauung richtig und die andere falsch ist. Es ist unbestreitbar, daß die Sprache auf das Denken Einfluß nimmt, daß es andererseits im Denkprozeß aber auch Passagen gibt, die sich dem vollen Bewußtsein entziehen und sprachlich nicht zu fassen sind. Bevor wir einen Integrationsversuch unternehmen, soll zuvor noch ein anderes Problem genannt werden, welches sich herauskristallisiert hat. Sprachlich kodierte Information ist nur eine von mehreren Informationsarten; bildlich repräsentiertes Wissen spielt beim Denken ebenfalls eine bedeutsame Rolle. Gibt es Vorstellungen zum Zusammenhang verschiedener interner Repräsentationsformen von Wissen (Informationsarten) und Denkvorgängen? Beginnen wir mit dem Versuch der Teilintegration der sprachinstrumentalistischen und -deterministischen Position. Hilfreich erscheint dabei die Unterscheidung zwischen Informationsverarbeitungsstrukturen und -prozessen, so wie wir sie z. B. im SPIV-Modell (Hussy 1983, vgl. Band 1, Punkt 4.4.3.3) bereits kennengelernt haben. Strukturen sind Speicher und Gedächtnisse, die in unterschiedlichem Umfang und für verschiedene Zeiträume Informationen aufbewahren. Zum Zweck des Problemlösens sind diese Informationen neu miteinander in Beziehung zu setzen. Dies geschieht durch entsprechende Informationsauswahl, sowie durch die Suche und Anwendung von Operatoren und Evaluatoren. Die Steuerung dieser Selektions-, Verknüpfungs- und Bewertungsvorgänge repräsentiert den Prozeßaspekt der Informationsverarbeitung. Im SPIV-Modell ist für diese Funktion die Instanz des zentralen Prozessors vorgesehen. Die *sprachdeterministische Position* hat im Sinne dieser Aufteilung schwerpunktmäßig ihren *Referenzpunkt auf der Strukturseite*. Im Langzeitgedächtnis befindliche Informationen haben, wie wir bei der Betrachtung von Modellen zum semantischen Gedächtnis sahen (vgl. Band 1, Punkt 3.4.3), zum großen Teil begriffliches und damit auch sprachliches Format. Der Abruf intern repräsentierten Wissens stellt jedoch nur eine Seite der Informationsselektion dar. Hinzu tritt die Aufnahme und Kodierung problemrelevanter Informationen aus der Umwelt. Auch hierbei spielt die sprachliche Benennung eine große Rolle, wie wir am Beispiel des Farbkodierungs-, -kommunikations- und -wiedererkennungsexperiments erkennen konnten. Wir kommen auf diese Gedankengänge zurück, wenn wir die *Kodierungsfunktion der Sprache* näher beleuchten (Punkt 2.2.1). Die *sprachinstrumentalistische Position* dagegen *tangiert* in erster Linie die *Prozeßperspektive*. Nicht jede Informationsselektion geschieht gezielt, nicht jeder Operator- und Evaluatoreinsatz vollzieht sich bewußt, nicht jede Aufmerksamkeitszuwendung ist die Folge rationalen Handelns. Wie die Befunde der Mitglieder der Würzburger Schule illustrieren, entziehen sich solche Steuer- und Kontrollprozesse häufig der Beobachtung und sprachlichen Beschreibung. Dennoch werden wir bei der Erörterung der *Steuerfunktionen der Sprache* (Punkt 2.2.2) sehen, daß die Sprache auch in diesem Sektor Einfluß auf das Problemlösen nehmen kann. Die Zuordnung der beiden sprachtheoretischen Positionen hat also sicherlich nur Schwerpunktcharakter.

Nun zur zweiten Frage: welche Rolle spielen unterschiedliche Formen interner Wissensrepräsentation beim Problemlösen? Interessante Vorstellungen dazu entwickelt in jüngerer Zeit Kaufmann (1980), wenn er u.a. bildhaft und sprachlich repräsentierte Informationen mit der Neuigkeit respektive Vertrautheit des zu bearbeitenden Problems in Beziehung setzt. Beide Formen sind symbolischer Natur und unterstützen sich gegenseitig beim aktuellen Vorgang des Lösens einer vorgegebenen Situation; von besonderem Nutzen aber sind sie an jeweils anderer Stelle. *Sprachlich kodierte Information* ist – wie Abbildung 2.6 veranschaulicht – dann besonders hilfreich, wenn ein Problem vorliegt, welches in ähnlicher Form schon häufiger zu bearbeiten war, also einen gewissen Bekanntheitsgrad besitzt. Mathematische Beweisführungen sind Beispiele für vertraute Probleme, bei denen Individuen von einem präzisen, intern repräsentierten Begriffsinventar profitieren (natürlich nur Personen, die sich mit mathematischen Problemstellungen hin und wieder auseinandersetzen).

Nimmt der *Grad an Vertrautheit* ab bzw. steigt der der Neuigkeit, so gewinnt verstärkt *bildhaft repräsentiertes Material* an Bedeutung. Das *Kerzenproblem* von Glucksberg & Weisberg (1966, vgl. Band 1, Punkt 4.3.2.2) könnte als Beispiel dafür gelten. Dabei geht es darum, eine Kerze an einer Wand zu befestigen, wozu nur je eine Schachtel mit Streichhölzern und mit Reißbrettstiften zur Verfü-

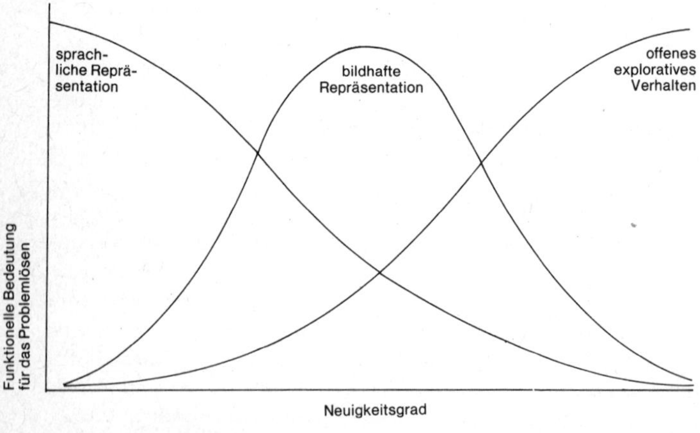


*Abb. 2.6:* Die funktionale Bedeutung verschiedener Informationsarten für das Lösen unterschiedlich vertrauter Probleme, modifiziert nach Kaufmann (1980, S. 167).

gung steht. Sprachlich repräsentierte Informationen können hierbei durchaus eine erschwerende Wirkung besitzen, weil sie unter Umständen nur Teile der problemrelevanten Informationsbestandteile enthalten, während bildhafte Kodierungen gerade durch Reichtum an Informationsgehalt ausgezeichnet sind. Die diesbezügliche Parallele zum *Kreativitätsmodell* von Amabile (1983, Punkt 1.3.4) springt ins Auge. Wir kommen auf eine sorgfältige Analyse dieses Experiments bei der Erarbeitung der Kodierungsfunktion der Sprache zurück. Bei einer weiteren Abnahme der Problemvertrautheit schließlich gewinnt das *offene explorierende Verhalten* die größte Bedeutung. Intern repräsentiertes Wissen, gleichgültig welchen Formats, reicht zur Lösungsfindung nicht aus. Mit offenem Versuchs- und Irrtumsverhalten jedoch werden wieder Erfahrungen gesammelt, intern repräsentiert und dann später in einer ähnlichen – zu diesem Zeitpunkt also vertrauteren – Situation verfügbar und nutzbar.

## 2.2 Funktionen der Sprache beim Problemlösen

Der eher grundsätzlichen Diskussion über das Vorhandensein oder Nichtvorhandensein eines Einflusses der Sprache auf das Denken schließt sich nun eine genauere Analyse zur Art der Einflußnahme an. Wir gehen zunächst auf die Kodierungs- und Steuerungsfunktion der Sprache beim Problemlösen ein und erörtern abschließend die damit verbundene Problematik der Methode des »lauten Denkens« als Datenerhebungsinstrument in der kognitiven Psychologie.

### 2.2.1 Kodierungsfunktion

Die *Kodierungsfunktion der Sprache* beim Problemlösen bezieht sich auf den bereits angesprochenen *Strukturaspekt* der Informationsverarbeitung. Im semantischen Gedächtnis aufbewahrtes Wissen hat – zumindest zu einem großen Teil – begrifflichen Charakter. Dies bedeutet, daß dort Begriffe vorfindbar sind, die durch Merkmale und Relationen zu anderen Begriffen gekennzeichnet sind (vgl. Band 1, Punkt 3.3 und 3.4). Diese Merkmale besitzen natürlich einen gewissen *Abstraktionsgrad*, d.h. nicht alle wahrnehmungsmäßig gegebenen Eigenschaften eines Gegenstandes (im Sinne eines Beispiels eines Begriffs) sind intern repräsentiert, sondern in erster Linie die allgemeingültigen. Wenn wir bsw. an eine Streichholzschachtel denken, so rufen wir damit in der Regel die Information ab, daß sie klein ist, Streichhölzer enthält, Reibflächen hat u.ä., weniger aber die Farbe oder das Material, aus welchem sie besteht. Auch die Relationen zu anderen Begriffen spiegeln primär die Funktion des Gegenstandes, nämlich Behälter, wider. Wird nun dieser Begriff im Zusammenhang mit der Lösung eines Problems abgerufen, so steht exakt diese Information zur Verfügung. Im Fall des erwähnten Kerzenproblems (Glucksberg & Weisberg 1966) ist diese Information jedoch relativ irrelevant, vielmehr benötigt man Anhaltspunkte dafür, daß eine Schachtel auch als *Plattform* für andere Gegenstände tauglich sein kann. Die Sprache stellt – in Form von Begriffen – also Information zur Verfügung, die zur Lösung herangezogen werden kann. In Abhängigkeit davon, ob die jeweils problemrelevante Information im Begriff kodiert ist oder nicht, spricht man dann von fördernden bzw. behindernden Bedingungen der Sprache beim Problemlösen.

Noch deutlicher erkennt man die Kodierungsfunktion der Sprache, wenn es um die Umwandlung der Umweltinformation (z.B. Probleminstruktion und -situation) in eine organismusadäquate Form geht. Das besprochene Experiment von Ranken (1963, Punkt 2.1.2) verdeutlicht diesen Vorgang in besonders eindrucksvoller Weise. Werden die Figuren sprachlich etikettiert, so sind in der Folge beim Abruf dieser Namen ganz bestimmte, mit der jeweiligen Bedeutung angereicherte Informationen enthalten. Die sprachliche Benennung *engt* also die gespeicherten Merkmale einerseits *ein* (höherer Abstraktionsgrad), andererseits erfährt der benannte Gegenstand durch das bereits vorhandene Wissen beim Behaltensvorgang eine *inhaltliche Spezifizierung*. Ein klassisches Experiment von Carmichael, Hogan & Walter (1932) bestätigt diese Interpretation der Kodierungsfunktion der Sprache. Sie präsentierten ihren Vpn schrittweise eine Liste mit zwölf *uneindeutigen* Figuren, an zwei Beispielen in Abbildung 2.7 illustriert, mit dem Hinweis, daß sie diese später so exakt wie möglich wiedergeben sollten. Vor der Darbietung einer jeden Figur fügen sie den Satz ein: »Die nächste Figur ähnelt...«, mit der entsprechenden Bezeichnung aus der Liste (vgl. Abbildung 2.7). Für diese Benennung gab es drei Bedingungen. Die beiden ersten Gruppen erhielten die Benennungen aus Liste 1 bzw. 2 (vgl. Abbildung 2.7), die dritte Gruppe durchlief das Experiment im Sinne einer Kontrollgruppe ohne den vorausgeschickten Satz. Aufschlußreich war die Fehleranalyse. Wie erneut Abbildung 2.7 veranschaulicht, waren listentypische Fehlreproduktionen nicht zu übersehen. Generell kann man sagen, daß die Abweichungen immer in Richtung auf die Benennungen zielten. Man kann also annehmen, daß beim Versuch der bildhaften

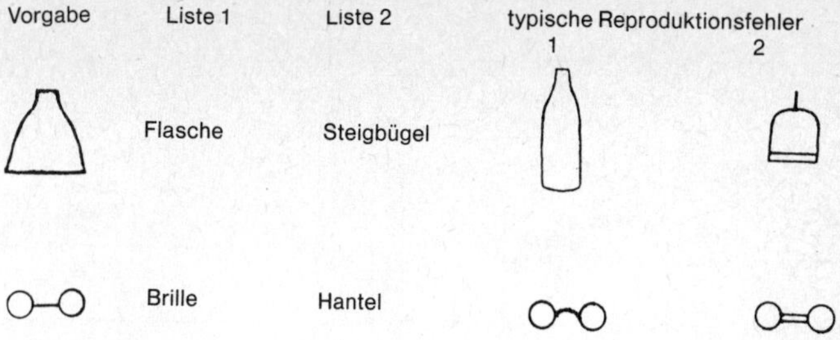


*Abb. 2.7:* Zwei Beispiele aus der Vorlage des Experiments von Carmichael, Hogan & Walter (1932), die zugehörigen Bezeichnungen gemäß der beiden Listen und dafür jeweils typische Reproduktionsfehler.

Speicherung der Figuren bereits Informationen, die durch die Benennung aktualisiert werden, mit eingehen.

Nun ist es aber auch vorstellbar, daß die sprachliche Kodierung von zu behaltenden Informationen deren *nachträgliche Rekonstruktion* beeinflußt, d.h. daß bei Erinnerungslücken die Vervollständigungen (Rekonstruktionen) über die mitgespeicherten sprachlichen Benennungen erfolgt. Dieser Frage geht die Studie von Loftus & Palmer (1974) nach, die ihren Pbn einen Film zeigten, der eine Szene mit einem Verkehrsunfall enthielt. Im Anschluß daran befragten sie die Personen zu diesem Film. Die eigentlich interessierende Frage lautete für den einen Teil »Wie schnell fuhren die beiden Autos ungefähr, als sie zusammenstießen?« und für den anderen Teil »Wie schnell fuhren die beiden Autos ungefähr, als sie ineinander krachten?«. Diese unterschiedliche nachträgliche sprachliche Kennzeichnung der Situation produzierte die erwarteten Effekte: im zweiten Fall lagen die Geschwindigkeitsschätzungen wesentlich höher. In einer Nachbefragung, die eine Woche später stattfand, lautete die kritische Frage für alle Vpn: »Sahen Sie in dem Film Glasscherben?«. Auch zu diesem Zeitpunkt zeigte sich noch der Effekt der unterschiedlichen sprachlichen Benennungen aus der ersten Befragung. Die Beschreibung »ineinander krachen« führte gehäuft zu einer Bejahung, obwohl im Film keine Glasscherben zu sehen waren.

Kommen wir abschließend noch einmal auf die Untersuchung von Glucksberg & Weisberg (1966) zum Kerzenproblem zurück. Abbildung 2.8 gibt verschiedene Anordnungsversionen wieder. Die Standardversion ist durch Abbildung 2.8a gekennzeichnet. Sie

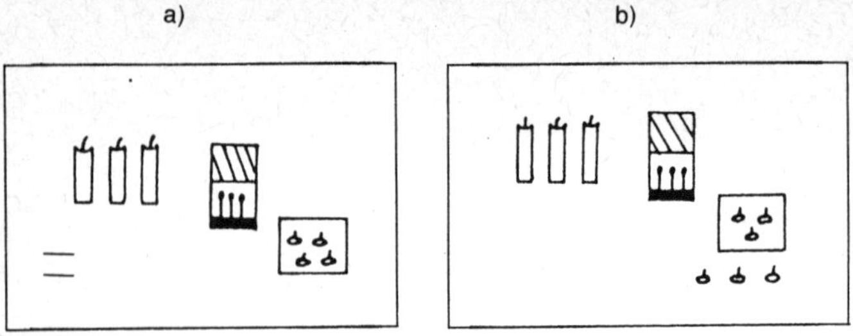


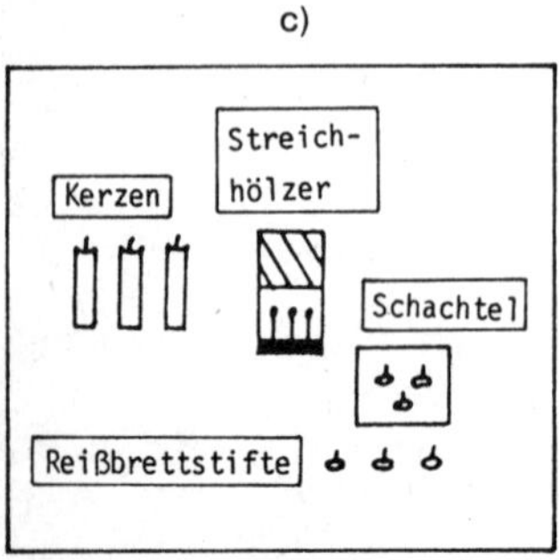


*Abb. 2.8:* Die drei Anordnungsversionen zum Kerzenproblem von Glucksberg & Weisberg (1966).

ist gleichzeitig die schwierigste Bedingung. In 2.8b zeigt sich insofern eine Modifikation, als einige Reißbrettstifte außerhalb der Schachtel liegen.

Die beobachtete Erleichterung des Problems durch diese kleine Veränderung ist nun zu interpretieren als die Folge einer anderen sprachlichen Kodierung der Situation. Nahegelegt wird hier die getrennte Kodierung von Reißbrettstiften und Schachtel, mit der daraus folgenden vergrößerten Möglichkeit des Abrufs weiterer Merkmale von »Schachtel« (z.B. Plattform), die zuvor wegen der funktionalen Verknüpfung mit »Reißbrettstifte« weniger gegeben war. Die dritte Version (2.8c) bestätigt diese Interpretation. Hier wird die sprachliche Kodierung durch die zusätzliche Vorgabe von »Etiketten« noch stärker determiniert, die Freiheitsgrade bei der individuellen sprachlichen Beschreibung der Situation also eingeengt. In dieser Version kommen die meisten Vpn zur Lösung, sie ist also die einfachste. Die sprachlichen Kodierungen reichen also von »Reißbrettstiftschachtel«, über »Schachtel mit Reißbrettstiften« bis hin zu »Schachtel und Reißbrettstifte«. Sie werden in dieser Reihenfolge durch die drei Versionen in etwa nahegelegt, »Schach-

tel« als wesentlicher Informationsträger dadurch immer weitergehend isoliert *(getrennt mit Aufmerksamkeit belegbar)* und die *Verfügbarkeit subdominanter Merkmale* erhöht.
Das Gesamtbild: sprachlich benannte Informationen a) werden *leichter behalten*, da sie an das bestehende Wissen im Langzeitgedächtnis angebunden werden können, b) bewirken eine *Kondensierung der Informationen* durch Abstraktion, wobei es bereits zu Veränderungen inhaltlicher Art kommen kann und c) ermöglichen eine *Rekonstruktion von Situationen*, die nur lückenhaft aus dem Gedächtnis abrufbar sind, bringen aber auch dabei *wissenskongruente Veränderungen* mit sich. Je nach sprachlicher Formulierung wird die problemrelevante Information mehr oder weniger frei verfügbar. Damit gewinnt auch das Argument an Gewicht, daß die Sprachstruktur, also die Grammatik, das Denken und Problemlösen beeinflußt, denn nur bestimmte Verknüpfungen zwischen den Zeichen – eben gemäß der grammatikalischen Regeln – sind zugelassen. Wir wollen uns aus Platzgründen jedoch nicht weiter mit diesem interessanten Thema beschäftigen, sondern es mit diesem Hinweis bewenden lassen.

### 2.2.2 Steuerungsfunktion

Wir hatten die *sprachinstrumentalistische Position* mit dem *Prozeßaspekt* der Informationsverarbeitung in Verbindung gebracht und wollten damit den Erkenntnissen gerecht werden, daß sich nicht alle Denk- und Problemlösevorgänge einer sprachlichen Beschreibung erschließen. Dennoch kann die Sprache auch auf die Effizienz der kognitiven *Prozesse* Einfluß nehmen, wenngleich die theoretische Fundierung nicht den gleichen Differenziertheitsgrad erreicht wie für die Kodierungsfunktion.
Beginnen wir mit der vielzitierten Untersuchung von Gagné & Smith (1963), die das uns bereits bekannte *Turm-von-Hanoi-Problem* als Untersuchungsinstrument verwendeten (vgl. Band 1, Punkt 4.5.3). Es gilt dabei, eine Anzahl von unterschiedlich großen Scheiben (Turm) von einer Position (A) auf eine Position (C) zu transferieren und dabei bestimmte Regeln einzuhalten. So darf immer nur eine Scheibe transportiert werden, nie eine größere auf eine kleinere Scheibe zu liegen kommen und niemals die gleiche Scheibe mehrmals nacheinander bewegt werden. Position (B) steht als »Zwischenlager« zur Verfügung. Gagné und Smith führten vier Versuchsbedingungen ein. Lautes und begründendes Denken bei der Zugauswahl und Formulieren eines potentiellen Lösungsprinzips im Anschluß an jeden Zug kennzeichneten die Bedingung 1,

lautes und begründendes Denken (ohne Lösungsprinzip) die Bedingung 2 und das alleinige Formulieren eines potentiellen Lösungsprinzips (ohne lautes Denken) die Bedingung 3. Als Kontrollbedingung (4) galt das Lösen ohne die beiden Zusatzbedingungen. Die Vpn mußten nacheinander die Zwei-, Drei-, Vier-, Fünf- und Sechs-Scheibenversion bearbeiten, wobei die letzte Version unter Kontrollbedingungen vorgelegt wurde (also ohne Verbalisieren und Begründen). Mit zunehmender Anzahl an Problembearbeitungen zeigte sich ein wachsender Leistungsunterschied zwischen den vier Gruppen, und zwar für die Gruppen 1 und 2 mit Vorteilen gegenüber den Gruppen 3 und 4. Das Ergebnis zeigt sich auch in der Sechs-Scheibenversion, als alle Personen unter Kontrollbedingungen arbeiteten.

Wie kann man dieses Ergebnismuster interpretieren? Wie wir aus der Arbeit von Klix & Rautenstrauch-Goede (1967, vgl. Band 1, Punkt 4.5.3) wissen, besteht das optimale Vorgehen darin, vom Zielzustand aus – also von *rückwärts* – *Zwischenziele* zu *bilden*. In der Vier-Scheibenversion z. B. muß ein Dreier-Turm auf Position (B) gespielt werden, um das Umsetzen der vierten (untersten) Scheibe von (A) auf (C) zu ermöglichen. Um dieses Zwischenziel zu erreichen, muß zuvor der Zweier-Turm auf Position (C) gebracht werden, womit gleichzeitig der erste Zug (erste und kleinste Scheibe auf Position (B)) festgelegt ist. Ganz offensichtlich wird durch das Verbalisieren (begründendes lautes Denken) dieser Prozeß der *Rückwärtsanalyse* spürbar gefördert, nicht dagegen durch ein alleiniges nachträgliches Suchen nach einem Lösungsprinzip. In Termini des SPIV-Modells (Hussy 1983, vgl. Band 1, Punkt 4.4.3.3) ist von einer Steuerung des Verarbeitungsprozesses durch den zentralen Prozessor im Hinblick auf die Konstruktion von Evaluationskriterien (Zwischenziele) und deren Erreichung durch gezielten Operatoreinsatz zu sprechen, die durch sprachliche Vermittlung begünstigt wird. Unter Rückgriff auf die sprachliche Kodierungsfunktion könnte man weiter interpretieren, daß das begleitende und begründende laute Denken diese Zwischenzielkonstruktion bewußter macht und benennt, wodurch sie (nämlich die Zwischenziele) in späteren Durchgängen leichter zur Verfügung stünden. Auf diesem Hintergrund haben wir es also mit einer zweifachen Wirkungsweise des lauten Sprechens beim Problemlösen zu tun: erstens trägt es zur zielorientierten Ausrichtung des Denkprozesses bei und zweitens erleichtert es einen *Transfer* auf weitere, verwandte Problemstellungen. Die zunehmende Überlegenheit der Verbalisierungsgruppe bei Bearbeitung der Vier- bzw. Fünf-Scheibenversion und dessen Fortbestand (und weiterer Ausbau) in der Sechs-

Scheibenversion (ohne Verbalisieren!) unterstützen dieses Interpretationsgefüge eindrucksvoll.

Weitere empirische Evidenz für diese Interpretation der Steuerfunktion der Sprache kommt von einer Untersuchung von Hussy (1978) zur Identifikation geeigneter Formen der Testabnahme bei *Lerntests*. Uns interessiert in diesem Zusammenhang die dort verwendete Form der Verbalisierung bzw. ihre Effekte auf die geforderten kognitiven Leistungen. Im Einzelnen wurde den Vpn (Kinder zwischen 7 und 10 Jahren) ein Intelligenztest (CPM, Raven 1965) mit 36 Items vorgelegt. Ein Beispielitem findet sich in Abbildung 2.9.

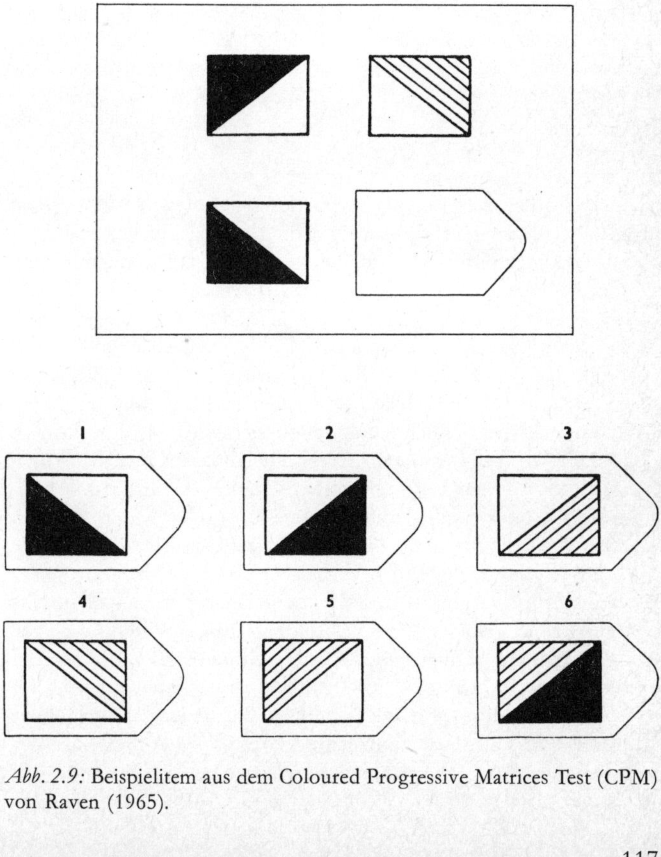


*Abb. 2.9:* Beispielitem aus dem Coloured Progressive Matrices Test (CPM) von Raven (1965).

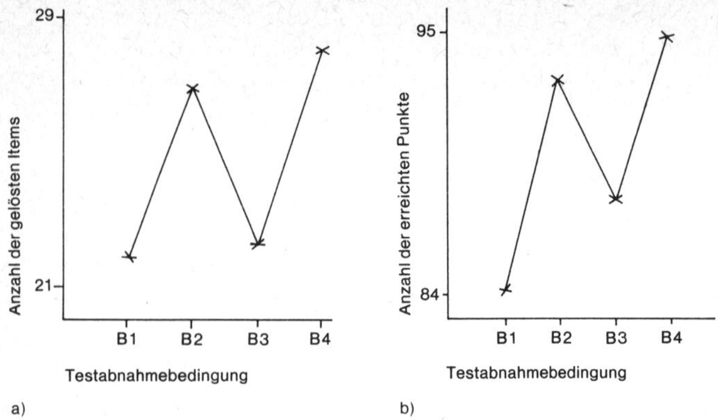


*Abb. 2.10:* Effekte der unterschiedlichen Testabnahmebedingungen auf die kognitive Leistung, modifiziert nach Hussy (1978, S. 585–586), operationalisiert nach der Anzahl (a) korrekt gelöster Items und (b) der erreichten Punkte.

Es geht also darum, ein vorgegebenes, lückenhaftes Muster zu ergänzen und zu diesem Zweck eine der angebotenen Alternativen auszuwählen. Sechs Testabnahmebedingungen wurden realisiert, wovon uns hier nur vier interessieren. Bedingung 1 entsprach der Standardtestabnahme, also ohne Verbalisieren und Rückmeldung. In Bedingung 2 mußten die Pbn begleitend die Itembearbeitung verbalisieren (berichten, was sie sich denken) und anschließend das Lösungsprinzip nennen. Das alleinige Nennen des Lösungsprinzips (ohne begleitendes Verbalisieren) kennzeichnete Bedingung 3 und in Bedingung 4 schließlich kam zum unter Bedingung 2 genannten »Verbalisieren und Lösungsprinzip« eine differenzierte Rückmeldung zum korrekten Lösungsprinzip seitens des Vl hinzu. Abbildung 2.10 veranschaulicht die Ergebnisse.

Ähnlich wie im Experiment von Gagné und Smith zeigt sich die Wirksamkeit des begleitenden Verbalisierens (B2) in beeindruckender Weise (im Vergleich zu B1). Berücksichtigt man allein die Anzahl korrekt gelöster Items (Abbildung 2.10a), so fehlt dagegen für das separate Nennen eines Lösungsprinzips (B3) ein solcher Effekt. Da innerhalb der 36 Testitems drei Untergruppen mit homogenem Lösungsprinzip existieren, läßt sich die oben gegebene Interpretation vollständig aufrechterhalten: *Verbalisieren erleichtert das Erschließen des Lösungsprinzips und dessen anschließenden Transfer auf vergleichbare Problemstellungen.* Der Effekt von B4 ist ebenfalls recht interessant. Zusammen mit den Maßnahmen in B2 führt die differenzierte Rückmeldung des Lösungsprinzips nach der Itembearbeitung durch den Vl zu den ausgeprägtesten Leistungsunterschieden. Die alleinige Rückmeldung dagegen (in Abbildung 2.10 nicht aufgenommen) erreicht nicht die Effektstärke von B2. Das bedeutet, daß die ebenfalls sprachlich gegebene Rückmeldung des Vl besonders dann umgesetzt werden kann, wenn die Pbn ihre Gedanken selbst sprachlich formulieren; das präzise Benennen der eigenen Gedanken erfährt durch die sprachlichen Äußerungen des Vl deutliche Unterstützung und umgekehrt profitiert die Nutzung der Vl-Rückmeldung vom eigenen Versuch der sprachlichen Formulierung. Man könnte auch sagen, daß sich die jeweiligen sprachlichen Kodierungen der Gedanken präziser entsprechen. In Abbildung 2.10b ist eine alternative Operationalisierung der Lösungsgüte eingeflossen, u.z. werden hier pro Item bis zu vier Punkte vergeben. Die Wahl der korrekten Alternative bringt vier Punkte; drei Punkte erhält jemand für die Wahl einer Alternative, die ein ähnliches Lösungsprinzip wie die korrekte Lösung aufweist, bis hin zu Null Punkten für völlig unsinnige Alternativen. Der interessante Unterschied, der sich hier zeigt, besteht darin, daß das separate nachträgliche Suchen eines Lösungsprinzips (B3) durchaus wirksam ist (vgl. Abbildung 2.10b). Wenngleich sich die Wirkung nicht in der Zahl der korrekt gelösten Items zeigt (Abbildung 2.10a), so deutet die alternative Operationalisierung darauf hin, daß sehr wohl eine Annäherung an das korrekte Lösungsprinzip stattfindet. Das nachträgliche Formulieren des Lösungsprinzips erreicht allerdings nicht die Effizienz, wie das begleitende Verbalisieren.

Allerdings bleibt das gezeichnete Bild schon auf empirischer Seite nicht unwidersprochen. Einerseits berichten Franzen & Merz (1976) bei einer ähnlich aufgebauten Studie zur Verbesserung der Problemlöseleistung in klassischen Intelligenztests durch Verbalisieren vergleichbare Befunde, andererseits fand Phelan (1965) in einem Experiment zur Begriffsbildung negative Effekte durch wiederholtes nachträgliches Verbalisieren (Retrospektion). Die Interpretation der Effekte zum nachträglichen Formulieren eines Lösungsprinzips aus der Studie von Hussy bietet jedoch die Möglichkeit, mit diesem scheinbaren Widerspruch umzugehen.

Weniger elegant integrierbar sind dagegen neuere Befunde zu negativen Effekten des Verbalisierens auf die Leistung beim *komplexen Problemlösen.* Reimann & Kluwe (1983) beschäftigten ihre Pbn am Bildschirm eines Tischrechners mit der Steuerung einer Anzahl miteinander vernetzter Variablen (zum Begriff des »kom-

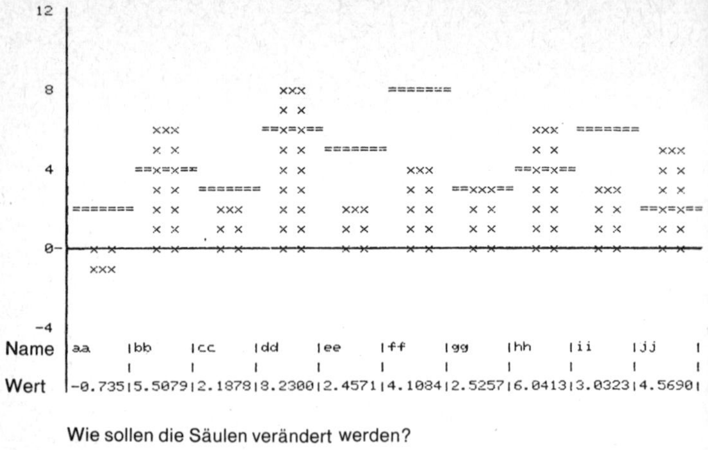


*Abb. 2.11:* Histogrammdarstellung der Variablenzustände eines zu steuernden Systems (erreiche alle Ziellinien!) auf dem Bildschirm eines Rechners, modifiziert nach Reimann & Kluwe (1983, S. 4).

plexen Problems« vgl. Band 1, Punkt 4.6). Aus Abbildung 2.11 geht hervor, daß jede der zehn Variablen, dargestellt als Säule, einen definierten Wert annehmen sollte (Ziellinie). Jede dieser Variablen war für sich beeinflußbar (plus oder minus eines wählbaren Betrags), aber jeder singuläre Eingriff veränderte in nicht bekannter Weise auch die Beträge der anderen Variablen. Diese *»Intransparanz«* und *»Vernetztheit«* galt natürlich auch für Eingriffe, die gleichzeitig mehrere Variablen betrafen.

Die Vpn sollten mit 20 Eingriffen möglichst nahe an das Ziel kommen, also bewirken, daß die Säulenhöhen mit den Ziellinien übereinstimmen. Reimann und Kluwe verglichen die Leistungen von Personen, die bei der Systemsteuerung laut denken sollten, mit solchen, die dazu nicht aufgefordert waren und erhielten die in Abbildung 2.12 illustrierten Ergebnisse.

Danach liegt die Lösungsgüte der verbalisierenden Gruppe unter der der nichtverbalisierenden Gruppe, d. h. das Verbalisieren hat in diesem Fall einen *negativen* Einfluß. Wie kann man dieses überraschende Ergebnis verstehen?

Zunächst muß vorausgeschickt werden, daß eine Wiederholung der Studie notwendig ist, da eine Zellbesetzung von vier bzw. fünf Personen nicht hinreicht. Darüber hinaus ist festzuhalten, daß die realisierte Art der Verbalisierung (Bitte denken Sie daran, Ihre

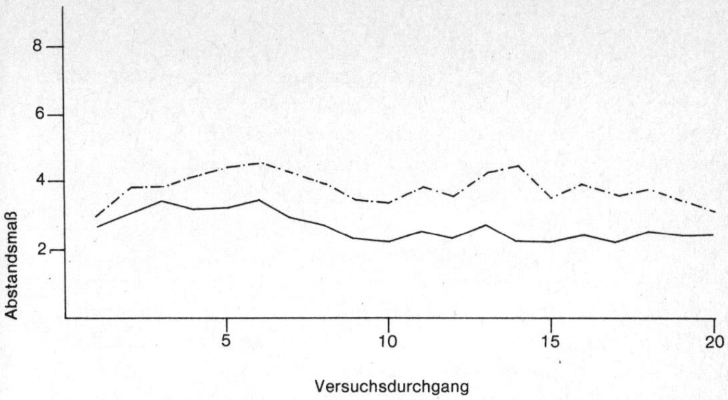


*Abb. 2.12:* Die Leistungen (mittlerer Abstand) der beiden Vpn-Gruppen (durchgezogene Linie: ohne lautes Denken, gestrichelte Linie: mit lautem Denken) in den 20 Versuchsdurchgängen, modifiziert nach Reimann & Kluwe (1983, S. 10).

Gedanken laut mitzusprechen!) sich von den bisher referierten unterscheidet, also z.B. Gagné und Smith begründendes lautes Denken forderten und damit den Zielaspekt stärker betonten. Wenn man aber diese Argumente einmal für einen Augenblick außer acht läßt, ergibt sich ein weiterer Anhaltspunkt aus Abbildung 2.12: die Leistungen der beiden Gruppen werden vom ersten bis zum zwanzigsten Durchgang nicht besser. Das Problem weist somit einen *erheblichen Grad an Schwierigkeit* (Komplexität, Neuheit) auf, die Anzahl und Qualität der Variablenvernetzung waren im vorgegebenen Rahmen der zwanzig Eingriffe für die Pbn nicht erschließbar. Wenn wir uns an dieser Stelle an die Vorstellungen von Kaufmann (1980) zur Abhängigkeit zwischen Informationsart (Kodierungsform) und Problemvertrautheit erinnern (vgl. Abbildung 2.6), so liegt es auf der Hand, daß *sprachlich kodierte Information* im von Reimann und Kluwe vorgelegten Problem der *Lösung eher unzuträglich* ist. Auch die Steuerungsfunktion der Sprache hat keinen Ansatzpunkt, da jegliche Erfahrung im Umgang mit solchen Problemen und von daher eine entsprechende interne begriffliche Repräsentation fehlt. Erfolgversprechend nach dem Kaufmann-Modell ist *Probehandeln*. Man könnte eher spekulativ vorhersagen, daß sich nach einer Anzahl weiterer Eingriffe (mit Testcharakter) allmählich Erkenntnisse zur Problemstruktur ergeben, deren interne sprachliche Repräsentation dann allerdings einen positiven Beitrag für eine weitere Bearbeitung liefern müßte.

### 2.2.3 Lautes Denken

Nach dieser Analyse des Zusammenhangs zwischen Sprache und Denken (Problemlösen) bietet sich ein kurzer Ausflug zur strittigen Methode der *Introspektion* an. Die beiden Hauptkritikpunkte beziehen sich (a) auf die *Subjektivität* der durch die Selbstbeobachtung gewonnenen Daten und (b) auf die *Veränderung* der beobachteten kognitiven Prozesse durch die Selbstbeobachtung. Nachstehend soll der zweite Aspekt aufgegriffen werden.

Es kann nach dem bisher Berichteten keinen Zweifel daran geben, daß das Verbalisieren jener Gedanken, die beim Problemlösen auftauchen, Einfluß auf die dabei beteiligten kognitiven Strukturen und Prozesse nimmt, den Gesamtprozeß also verändert. Die spezifische Einflußnahme besteht darin, daß eine besondere Form der internen Repräsentation der zu verarbeitenden Informationen nahegelegt wird, nämlich das verbal-begriffliche Format, daß es dadurch zu einer mehr oder weniger effektiven Interaktion mit situativen Bedingungen (z. B. Vl-Interventionen, Art der Problemdarbietung) kommen kann und daß, je nach Ausgestaltung des Verbalisierens, eine verstärkt zielorientierte Steuerung und Kontrolle der Verarbeitungsprozesse resultieren kann. Als Konsequenz aus diesen Erkenntnissen bleibt nur die Einsicht, daß *Modellvorstellungen*, die auf solcherlei Daten basieren, auch *nur jene* kognitiven Abläufe repräsentieren können, die sprachlich repräsentierbarer Art sind. Wenn wir bsw. an die Computersimulationsforschung von Newell & Simon (1972, vgl. Band 1, Punkt 4.4.3.4) denken, die Verbalprotokolle mit in ihre Programmerstellung aufnahmen, so gilt für deren Modellvorstellungen, schlagwortartig zusammengefaßt mit dem Terminus »general problem solver«, genau dieses Argument, auch wenn Verbalprotokolle nur eine von mehreren Datenquellen waren. Bei diesen Argumenten handelt es sich nicht etwa um eine prinzipielle Kritik an der introspektiven Datenerhebung, sondern nur um den Hinweis auf die *eingeschränkte Gültigkeit* der daraus ableitbaren Modellvorstellungen zu kognitiven Prozessen.

Eine weitere potentielle Auswirkung lauten Denkens auf das Problemlösen, von der bisher nicht die Rede war, die aber auf der Hand liegt, wollen wir noch kurz berühren: begleitendes Verbalisieren erfordert *zusätzliche Verarbeitungskapazität*. Nach Ericsson & Simon (1980) gilt das vor allem für die Verarbeitung visuell präsentierter Informationen (vgl. die Studie von Reimann & Kluwe 1983), die eine interne, zeit- und speicherplatzintensive *Umkodierung* erfahren müssen. Die Autoren leiten daraus drei potentielle Effekte

ab, nämlich (a) die Verlangsamung in der Bearbeitung des eigentlichen Problems, (b) Veränderungen in der Struktur und im Ablauf der Bearbeitung des Problems und (c) Veränderungen hinsichtlich erinnerbarer Bestandteile aus der Bearbeitung des Problems.
Spätestens an dieser Stelle müssen *zwei Aspekte* des lauten Denkens unterschieden werden. Nutzt man Verbalprotokolle als *Datenquelle* (und in diesem Sinne wird die Methode der Intro- bzw. Retrospektion in der Regel begriffen), so muß man sich über die deterministischen Konsequenzen des Verbalisierens auf den beleuchteten kognitiven Vorgang selbst im klaren sein und die genannten Konsequenzen für die Modellinterpretation ziehen. Davon ist die *Interventionsmethode* des lauten Denkens abzuheben, die gezielt experimentelle Effekte setzen soll, ohne daß gleichzeitig das verbale Material als Datenquelle benutzt wird, und deren Nützlichkeit in den referierten Arbeiten deutlich wurde.

## 2.3 Zusammenfassende Bewertung

Zur Frage der Beziehung zwischen Sprache und Denken lassen sich zwei gegensätzliche Positionen unterscheiden. Vertreter des *Sprachinstrumentalismus* sind der Auffassung, daß Denken von der Sprache unabhängig ist und die Sprache nur dazu dient, die Gedanken und Denkprodukte auszudrücken; Sprache hat für sie nur eine kommunikative Funktion. Die Gegenposition, der *Sprachdeterminismus*, ist dagegen durch die Kernannahme gekennzeichnet, daß Denken ohne Sprache nicht möglich ist bzw. – in einer weniger extremen Form – daß die Sprache das Denken beeinflußt. Empirische Befunde belegen, daß *beide Extrempositionen nicht haltbar* sind. Sicherlich gibt es Beispiele dafür, daß gedankliche Abläufe sich ohne volles Bewußtsein vollziehen, also auch nicht sprachlich faßbar sind, andererseits gibt es aber auch genügend Hinweise für die Determination von Problemlösevorgängen durch die Sprache. Die Beziehung zwischen den beiden theoretischen Ansätzen läßt sich durch die Zuordnung einer gemäßigten sprachinstrumentalistischen Auffassung zum Steuer- und Kontrollaspekt und einer gemäßigten sprachdeterministischen Position zum Strukturaspekt eines Verarbeitungsmodells zum Problemlösen systematisieren.
Die Analyse der *Kodierungs-* und *Steuerungsfunktion* der Sprache vermittelt einen Einblick in die Art der Einflußnahme der Sprache auf das Problemlösen. Das Bereitstellen sprachlich-begrifflich kodierter Information zum Zweck der Weiterverarbeitung kennzeichnet die Kodierungsfunktion. Merkmale sprachlich kodierter Infor-

mationen sind – im Vergleich zu bildhafter Kodierung – u.a. höherer Abstraktionsgrad, größere Generalität und Stabilität und bessere Einpräg- und Abrufbarkeit. Die Steuerungsfunktion der Sprache – z.B. beim lauten Denken – äußert sich in einer Veränderung des Lösungsprozesses, etwa in der verstärkt zielorientierten Vorgehensweise. Für die *Methode des lauten Denkens* ergibt sich aus diesen Erkenntnissen, daß durch begleitendes Verbalisieren kognitive Abläufe verändert werden. Kognitive Modelle, die auf Studien beruhen, in denen lautes Denken gefordert wurde oder die sich auf Daten aus den Verbalprotokollen beziehen, müssen in ihrem Geltungsanspruch entsprechend relativiert werden.

## 2.4 Weiterführende Literatur


Bierwisch, M. 1983. Essays in the Psychology of language. In: Bahrner, W., Heidolph, K.-E., Neumann, W., Schildt, J., Techtmeier, B. & Viehweger, D. (Hrsg.). Linguistische Studien. Berlin: VEB Kongreß- und Werbedruck.

Deffner, G. 1984. Lautes Denken – Untersuchungen zur Qualität eines Datenerhebungsverfahrens. Frankfurt, M.: Lang.

Nisbett, E.R. & DeCamp Wilson, T. 1977. Telling more than we can know: verbal reports on mental processes. Psychological Review 84, 231–259.

Paivio, A. 1971. Imagery and verbal processes. New York: Holt.

Paivio, A. 1978. Dual coding: theoretical issues and empirical evidence. In: Scandura, J.M. & Brainerd, C.J. (Hrsg.). Structural/process models of complex human behavior. Leiden: Nordhoff.

Wippich, W. 1980. Bildhaftigkeit und Organisation. Darmstadt: Steinkopff.

# 3 Denken und Entwicklung

Mit »Denken und Entwicklung« greifen wir ein weiteres Thema auf, das in den letzten Jahren erheblich zum Erkenntnisgewinn in der Denkpsychologie beitrug. Obwohl, wenn man von Piagets (1969) bahnbrechenden Arbeiten absieht, noch recht jungen Datums, ist die Anzahl empirischer Befunde zu diesem Bereich bereits so groß, daß wir auch hier dazu gezwungen sind, spezifische Aspekte herauszugreifen bzw. inhaltliche Schwerpunkte zu setzen. Erneut orientieren wir uns an dem durch das SPIV-Modell aufgespannten Rahmen und studieren Arbeiten, die nicht allein entwicklungs-, sondern auch allgemeinpsychologische Erkenntnisse vermitteln. So erlangt das Konzept des *Arbeitsgedächtnisses* durch eine Serie von Experimenten von Brainerd (1983) wesentlich höhere Transparenz. Das *Ineinandergreifen von Fakten- und Veränderungswissen* beim Problemlösen veranschaulichen und differenzieren eine Anzahl aufeinander bezogener Studien von Siegler & Richards (1983, vgl. auch Siegler & Robinson 1982). *Bewertungsstrukturen und -prozesse* gewinnen in Experimenten von Hussy & Köhl (1982a, b) an Klarheit und schließlich betont eine Untersuchung von Hussy & von Eye (1986) die Bedeutung des *Aufbaus der langfristigen Wissensstrukturen* mit dem Verlauf der Entwicklung für das Problemlösen. Dabei wird versucht, sowohl den *strukturellen* als auch den *prozessualen Aspekt* des Rahmenmodells auszufüllen. Nur am Rande dagegen können die dem zentralen Prozessor zugeordneten Steuer- und Kontrollprozesse berührt, bzw. die ganze Bandbreite von Problemstellungen (z.B. »komplexes Problemlösen«) abgetastet werden, obwohl hier sicherlich nicht weniger wesentliche und interessante Erkenntnisse vorliegen bzw. zu erwarten sind (vgl. Hussy 1986).

## 3.1 Entwicklung des Arbeitsgedächtnisses

Beginnen wir also mit den mittelfristigen Speichermedien, im SPIV-Modell als *Kurzzeitspeicher* (KS) und *Arbeitsgedächtnis* (AG) ausgewiesen. Diese Zweiteilung war im Anschluß an Baddeley & Hitch (1974) vorgenommen worden, wonach die Problemlöseleistung (z.B. schlußfolgerndes Denken) bei vollständiger Belegung des KS mit problemirrelevanter Information zwar an Qualität verliert, nicht jedoch zusammenbricht (vgl. Band 1, S. 190–192). Damit übernehmen AG und KS unterschiedliche Funktionen, nämlich *Verarbeiten* und *Speichern* von Informationen, respektive. Gemäß dieser Zweiteilung wollen wir uns zunächst ansehen, welche altersspezifischen mittelfristigen Behaltensleistungen beobachtbar sind (Hussy & von Eye 1986), bzw. welche Altersunterschiede die Verarbeitungsfunktion und das wechselseitige Zusammenwirken aufweisen (Brainerd 1983).

### 3.1.1 Mittelfristige Behaltensfähigkeit

Hussy & von Eye (1986) verwenden eine klassische Methode zur Erfassung dieser mittelfristigen Behaltensleistungen, nämlich die Präsentation einer Liste von 20 sinnfreien Silben (bsw. muz, tof) mit anschließender freier Reproduktion. In Abbildung 3.1 sind die Ergebnisse für die Gruppen der 8-, 10-, 12-, 15-, 20-, 40- und 60jährigen Personen aufgetragen. Zusätzlich sind auch die entsprechenden Werte für eine Liste von 20 Vor- und Nachsilben (bsw. ung, ver) enthalten, die mittels der gleichen experimentellen Prozedur gewonnen wurden und denen eine Materialvariation auf der Dimension *»sinnfrei–sinnvoll«* zugrunde liegt.
Ersichtlich existieren altersbezogene Unterschiede in den Behaltensleistungen sowohl für das sinnfreie als auch für das sinnhafte Material. Dieser häufig beobachtete Verlauf der Werte legt die verbale Beschreibung nahe, daß bis zum Alter von etwa 20 Jahren diese kognitive Operation an Effizienz gewinnt, um danach (zumindest ab 40 Jahren) wieder daran zu verlieren (die 40jährigen weisen in dieser Untersuchung eine Behaltensleistung auf, die zwischen der der 12- und 15jährigen liegt).
Interpretativ könnte man nun annehmen, daß diese Altersunterschiede auf eine entsprechende Veränderung der *Kapazität* des KS (mit dem Alter) zurückzuführen sind. Dieser häufig anzutreffenden theoretischen Position kann man allerdings eine ebenfalls vielfach akzeptierte Position gegenüberstellen, wonach die beobachteten Unterschiede das steigende Vermögen, Informationen *zu verarbeiten*, reflektieren. Illustrierbar ist diese Hypothese auch anhand von Abbildung 3.1. Durchgängig wird das sinnhafte Material besser behalten als das sinnfreie. Das bedeutet, daß der Informationsgehalt der Liste mit Vor- und Nachsilben durch Anbindung an bereits vorhandenes Wissen (etwa ung – Wohnung), d.h. Verarbeitung, sinkt und somit mehr Silben – bei gleicher Kapazität – zu behalten sind. Vergleicht man in diesem Vorstellungsgebäude die Leistungen z.B. der 8- und 20jährigen, so zeigt sich, daß die ältere Personengruppe mit sinnfreiem Material die gleiche Behaltensleistung aufweist wie die jüngere Gruppe mit sinnhaftem Material, interpretierbar als Folge von deren effektiveren Verarbeitungsmöglich-

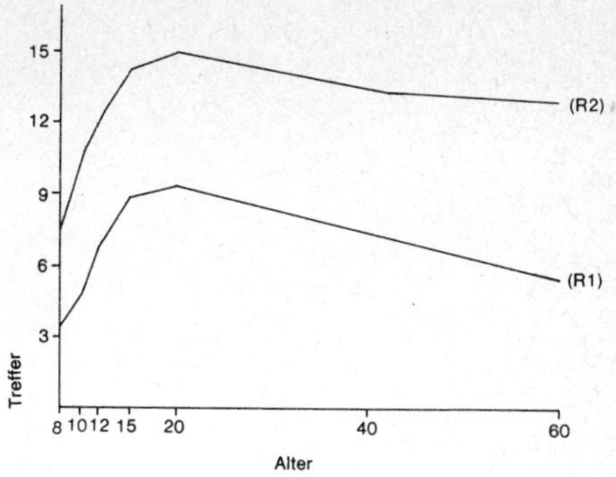


*Abb. 3.1:* Die Behaltensleistung verschiedener Altersgruppen bei sinnfreiem (KVK-Silben) und sinnhaftem (Vor- und Nachsilben) Material.

keiten (z. B. KVK-Silben nach Klangbild oder Anfangsbuchstaben ordnen und geordnet reproduzieren) oder – mit anderen Worten – als die gesteigerte Fähigkeit der Nutzung der Speicherkapazität durch *Vorverarbeitung der Information.*

### 3.1.2 Arbeitsgedächtnissystem

Sicherlich ist es derzeit zu früh, der einen oder anderen Position mehr Gewicht beimessen zu wollen; wir behalten die beiden Alternativen im Verlauf der weiteren Erörterungen aber immer im Auge. Schon in den nun zu besprechenden Analysen von Brainerd (1983) greifen wir sie wieder auf. Er beschreibt ein einfaches *Arbeitsgedächtnissystem*, so wie es in Abbildung 3.2 skizziert ist, anhand mehrerer Hauptmerkmale.
Aus der Abbildung geht hervor, daß eines dieser Hauptkennzeichen des Modells in der Unterscheidung zwischen *Speicher- und Verarbeitungsoperation* des Kurzzeitgedächtnisses (KZG) besteht. Am Beispiel von Wahrscheinlichkeitsbeurteilungsproblemen (WBP) wollen wir diese Unterscheidung erläutern. Dabei geht es darum vorherzusagen, welche Farbe eine Kugel, die »blind« aus einem Behälter gezogen wird, trägt, wobei bekannt ist, wieviele unterschiedliche Farben vorhanden sind (z. B. rote und blaue Kugeln) und wieviele Exemplare jeder Farbe sich in dem Behälter befinden (z. B. 8 rote und 3 blaue Kugeln). Wenn in Abbildung 3.2 von zu speichernden Fakten die Rede ist, so ist damit bsw. gemeint, daß die in der Instruktion zum WBP enthaltenen Zahlen (und weitere Informationen) im KZG bewußt gehalten werden *(enkodiere)*. Ebenfalls zu den *Speicheroperationen* zählt das Behalten von Zwischenergebnissen. Dies ist etwa dann notwendig, wenn im An-

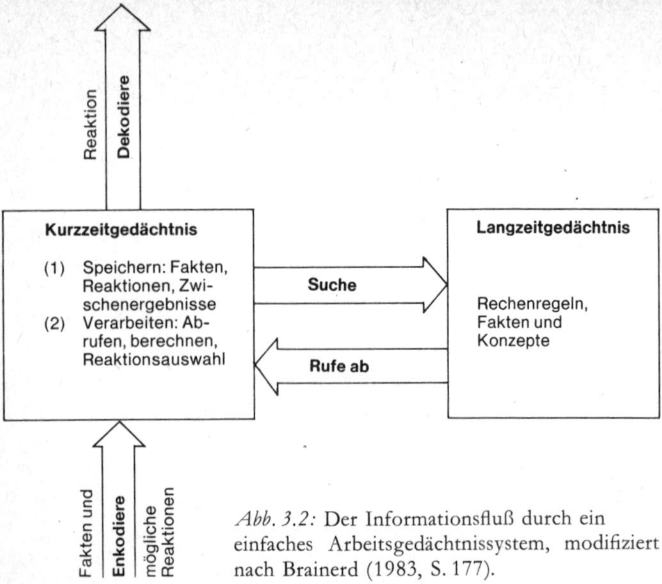


*Abb. 3.2:* Der Informationsfluß durch ein einfaches Arbeitsgedächtnissystem, modifiziert nach Brainerd (1983, S. 177).

schluß an die Ziehung (ohne Zurücklegen der jeweils gezogenen Kugel) eine weitere Vorhersage gefordert, also ein weiterer Durchgang gestartet wird, da sich dann die Häufigkeit einer der beiden Ereignisklassen verändert hat.

Die davon unterschiedene Klasse kognitiver Operationen im Arbeitsgedächtnissystem bezieht sich auf die *Verarbeitung* solcher im KZG gespeicherten Fakten, Relationen und Reaktionsalternativen. Zu diesem Zweck sind im Langzeitgedächtnis Operatoren zu suchen und abzurufen, die dem Problem angemessen erscheinen, also etwa die Regel, daß die Zugwahrscheinlichkeit für die Klasse mit der größeren Anzahl höher ist (in unserem Beispiel also die Klasse der roten Kugeln), als für die mit der kleineren Anzahl. Diesen *Such-* und *Abrufprozessen* folgt die Operation der *»Berechnung«* (computation), wie Brainerd sie nennt, also die Anwendung der gefundenen und abgerufenen Regel, wie man es in der Terminologie des SPIV-Modells nennen würde. Die regelgemäße Verarbeitung der Beispielssituation erbringt das Resultat »rote Kugel«, favorisiert also eine der beiden mitgespeicherten Antwortalternativen. Diese mündet dann über den *Dekodierungsvorgang* in beobachtbares Verhalten, im Beispiel erkennbar an der Aussage »rot« (bzw. »blau«).

Ein weiteres kritisches Merkmal des Systems ist das *kapazitätsbegrenzte KZG*. Es stellt einen begrenzten Arbeitsraum dar, in welchem nicht nur die Speicher-, sondern auch die Verarbeitungsfunktionen ablaufen, die *beide kapazitätswirksam* sind. Die Gesamtkapazität kann nun in *flexibler* Weise – je nach Problemanforderung – auf die beiden Operationsklassen verteilt werden. Allerdings folgt aus dieser Vorstellung auch, daß es leicht zu einer Kapazitätsüberforderung kommen kann, nämlich entweder, wenn die Speicherprozesse, oder die Verarbeitungsprozesse, oder beide sehr kapazitätsintensiv sind. Der Hauptunterschied der Vorstellungen von Brainerd (1983) und Hussy (1983) zum Arbeitsgedächtnis liegt also in der impliziten Annahme von Brainerd, daß die Steuerung und Kontrolle der beteiligten kognitiven Prozesse durch das Arbeitsgedächtnissystem geschieht, während Hussy in der Instanz des zentralen Prozessors eine übergeordnete Steuer- und Kontrollstruktur postuliert, die nicht allein das Arbeitsgedächtnis (AG) und den Kurzzeitspeicher (KS) betrifft.

So interessant und diskussionswürdig diese Diskrepanz im allgemeinpsychologischen Sinne auch sein mag, an dieser Stelle wollen wir verstärkt auf die entwicklungspsychologischen Implikationen eingehen, für die Brainerd – in Anlehnung an die Hauptmerkmale des Modells – fünf Ansatzpunkte zur Lokalisierung altersbezogener Leistungsveränderungen nennt. Hussy faßt sie folgendermaßen zusammen:

»1. *Enkodierdefizite* (encoding failure): Hierzu zählen vor allem mangelndes Sprachverständnis, welches sich im Laufe der Entwicklung verbessert und somit auch die Wahrscheinlichkeit für erfolgreiches Problemlösen erhöht. Ein Kind, welches im WBP die Bedeutung von Zahlen nicht kennt, weist dieses Defizit auf. Weiter zählen dazu Selektionsdefizite in dem Sinne, daß irrelevante Informationen – zulasten relevanter Informationen – enkodiert werden.

2. *Speicherdefizite* (storage failure): Hier sind in erster Linie vorzeitige Zerfallsprozesse zwischen En- und Dekodierung zu erwähnen. Hat ein Kind bei der Bearbeitung eines WBP nach erfolgreichem Suchen und Abrufen einer korrekten Anweisung die Zählerstände vergessen, so kann es nur Zufallsverhalten zeigen.

3. *Rechenregeldefizite* (computational (software) failure): Den gleichen Effekt zeigt die umgekehrte Konstellation, nämlich das Fehlen einer adäquaten Verarbeitungsregel bei intakter Speicheroperation. Entwicklungsprozesse bewirken hier die Anreicherung dieser Klasse von Verarbeitungsinformationen.

4. *Abrufdefizite* (retrieval failure): Aber selbst wenn diese drei erstgenannten Bedingungen erfüllt sind, kann es sein, daß die korrekten Verarbeitungsregeln nicht gefunden bzw. die falschen abgerufen werden und somit erneut inkorrektes Verhalten resultiert.

5. *Arbeitsplatzbegrenzungen* (work-space constraints): Schließlich können auch dann noch inkorrekte Leistungen gezeigt werden, wenn alle Kodier-, Speicher- und Verarbeitungsoperationen problemgemäß vorhanden bzw. einsetzbar sind. In diesem Fall ist primär an die Kapazitätsbegrenzung des Kurzzeitgedächtnisses zu denken mit der entwicklungskritischen Annahme der altersbezogenen Veränderung.«

Anhand einer kindgemäßen Version des WBP – Kinder im Alter von etwa fünf Jahren legten z.B. sieben Affen und drei Elefanten in den Behälter und wurden gefragt, welches Tier wohl »blind« aus diesem gezogen würde – versuchte Brainerd in einer Serie aufeinander bezogener Experimente, zunächst die Leistungsdefizite dieser Altersgruppe zu bestimmen, um danach einen Vergleich mit Achtjährigen vorzunehmen, also die Entwicklungsdimension mit einzubeziehen. Beginnen wir mit den Fünfjährigen.

In einem *Basisexperiment* veranlaßte der Vl das Kind (insgesamt 40 Fünfjährige), zuerst die Tiere zu plazieren, verschloß danach den Behälter und schüttelte kräftig, um dann die genannte Frage zu stellen, die Antwort des Kindes zu erwarten und die Ziehung vorzunehmen. Als nächstes legte er das gezogene Tier in den Behälter zurück und stellte die Frage erneut (= mit Zurücklegen und ohne Rückmeldung). Insgesamt gab es fünf solcher Frage-Vorhersagesequenzen; sie stellten den ersten Durchgang mit Aufwärmcharakter dar. Es folgten vier weitere, analog aufgebaute Durchgänge, deren Daten in die Auswertung eingingen.

Summiert man jeweils die erste Vorhersage der vier Hauptdurchgänge, so zeigt sich, daß die größere Ereignisklasse (Affen) nur in 66 Prozent der Fälle prädiziert wurde und nicht etwa mit 100 Prozent, was perfektes Verhalten der Kinder angezeigt hätte. Bei einer Ratewahrscheinlichkeit von 50 Prozent bedeutet dieses Ergebnis, daß nur etwa ein Drittel der Kinder die unterschiedlichen Häufigkeiten der beiden Ereignisklassen korrekt verarbeiteten. Für die Durchgänge 2 bis 5 teilt der Autor folgende bedingte Wahrscheinlichkeiten mit:

| | Hoch (n + 1) | Niedrig (n + 1) |
|---|---|---|
| Hoch (n) | .28 | .72 |
| Niedrig (n) | .67 | .33 |

Die Wahrscheinlichkeit von .28 sagt aus, daß nach einer Hochvorhersage in 28 Prozent der Fälle mit »hoch« (n + 1), in 72 Prozent der Fälle aber mit »niedrig« (n + 1) reagiert wurde. Ein entsprechendes Bild ergibt sich bei einer Niedrigvorhersage (n): hier reagieren 67 Prozent mit »hoch« (n + 1) und 33 Prozent mit »niedrig« (n + 1). Dieses Ergebnismuster besagt, daß die Kinder offensichtlich eine *Alternationsregel* befolgen; sie wechseln zwischen den beiden Klassen ab.

In einem *zweiten Schritt* (Experiment 2) überprüft Brainerd die These, daß diese suboptimalen Leistungen auf Enkodier- und Speicherdefizite zurückzuführen sind. Dazu stellt er den Pbn ein *externes Gedächtnis* (vgl. Band 1, Punkt 4.5.2.2) in der Form zur Verfügung, daß diese die jeweilige Anzahl an Tieren nicht nur in den Behälter legen, sondern *zusätzlich* auch *davor* aufstellen. Die zugehörige Vermutung lautet, daß dadurch potentielle Enkodier- und Speicherdefizite wegfallen müßten. Die Ergebnisse entsprechen aber weitgehend denen aus dem ersten Experiment (Basisexperiment), so daß Brainerd zu dem Schluß kommt, daß nicht Enkodier- und Speicherfunktionen für die Minderleistungen verantwortlich sind, sondern die Verarbeitungsoperationen.

In einem *dritten Experiment* ging es deshalb darum, Informationen zu potentiellen Rechenregel- oder Abrufdefiziten zu sammeln. Ein Dreiklassenexperiment (8 Esel, 5 Fische, 3 Vögel) sollte Aufschluß bringen. Es zeigten sich die nachstehenden Ergebnisse:

| | Hoch (n + 1) | Mittel (n + 1) | Niedrig (n + 1) |
|---|---|---|---|
| Hoch (n) | .16 | .45 | .39 |
| Mittel (n) | .42 | .16 | .42 |
| Niedrig (n) | .43 | .44 | .13 |

Anhand einer komplexen logischen Analyse, die wir hier im einzelnen nicht nachvollziehen wollen, kommt Brainerd zu der Überzeugung, daß diese Befunde nicht für ein Defizit auf seiten der Verarbeitungsoperationen stehen, sondern ein Abrufdefizit nahelegen, was vor allem darin zum Ausdruck kommt, daß weiterhin das Alternationsverhalten beobachtbar ist, wenngleich in der modifizierten Form, daß auf eine der beiden vorher nicht prädizierten Ereignisklassen (mit gleicher Wahrscheinlichkeit) gewechselt wird. Das bedeutet, daß die *adäquate Verarbeitungsregel zwar vorhanden*, *nicht aber aufzufinden* ist. Verantwortlich dafür ist ganz offensichtlich die Enkodierung der jeweils *letzten* Vorhersage, die dann als Suchinformation dient und zum Abruf der Alternationsregel führt.

Implizit ist in dieser Interpretation die Annahme enthalten, daß in der betrachteten Altersgruppe die jeweils *jüngsten Informationen* im KZS den Suchprozeß steuern. Evidenz dafür sollte mit einem *vierten Experiment* vorgelegt werden. Dazu veränderte Brainerd das Basisexperiment nur insofern, als der Vl den Vpn das Ergebnis seiner Ziehung zeigte (= mit Zurücklegen und mit Rückmeldung). Die jüngste Information im KZS zum Zeitpunkt der Vorhersage ist damit die Rückmeldung, die dann – gemäß der These – die

Steuerung der Regelsuche übernehmen müßte. Die nachstehenden Ergebnisse sprechen tatsächlich für einen solchen – aus der Gedächtnispsychologie längst bekannten – *recency-Effekt:*

| | HvHr (n + 1) | HvNr (n + 1) | NvHr (n + 1) | NvNr (n + 1) |
|---|---|---|---|---|
| HvHr (n) | .52 | .21 | .19 | .08 |
| HvNr (n) | .20 | .03 | .49 | .28 |
| NvHr (n) | .57 | .16 | .21 | .06 |
| NvNr (n) | .24 | .05 | .53 | .18 |

War bsw. die Hochvorhersage korrekt (HvHr), dann wurde in 73 Prozent der Fälle (.52 + .21) erneut »hoch« prädiziert. War dagegen die Niedrigvorhersage korrekt (NvNr), so wurde in 71 Prozent der Fälle (.53 + .18) erneut »niedrig« prädiziert. Die Dominanz der jüngsten Information (Rückmeldung) führt hier also zum Abruf einer *Perseverationsregel*, die lauten könnte »wenn erfolgreich, dann behalte Vorhersage bei«.

Um die Kette zu schließen und die empirische Basis dieser Interpretation der Leistungsdefizite bei Fünfjährigen zu verbreitern, fügte Brainerd eine letzte Studie *(Experiment 5)* hinzu. Die Modifikation im Vergleich zum Basisexperiment bestand in diesem Fall darin, daß erstens das gezogene Item nicht in den Behälter zurückgelegt wurde und zweitens der Vorhersage eine Frage nach der Klasse mit den meisten Tieren vorausging, woraus folgende zeitliche Informationskette für das KZG entsteht:

Klasse – Vorhersage – Ziehung – Klasse – Vorhersage – Ziehung. Die Zählerstände der beiden Ereignisklassen werden damit zur jüngsten Information. Im Vergleich zum Basisexperiment ergab sich mit einem Prozentsatz von 94 Hochvorhersagen im ersten Durchgang die erwartete deutliche Veränderung im Verhalten der Kinder. In 89 Prozent der Fälle lösten die Pbn auch die Frage nach der häufigeren Ereignisklasse korrekt. Auch für die Durchgänge 2 bis 5 zeigte sich in 86 Prozent aller Fälle eine Hochvorhersage, also ein Abrücken sowohl von der Alternationsregel (gesteuert durch die eigene vorausgegangene Vorhersage), als auch der Perseverationsregel (gesteuert durch die Rückmeldung) und zugleich eine – wenngleich nicht perfekte – Hinwendung zur korrekten Regel, *gesteuert durch die Zählerstandinformation.*

Das Gesamtbild: Fünfjährige zeigen im WBP Minderleistungen, die in erster Linie auf Abrufdefizite zurückzuführen sind. Die Defizite bestehen darin, daß die korrekten Verarbeitungsregeln zwar vorhanden, aber nicht abrufbar sind, da andere Informationen die Abrufsteuerung übernehmen. Kennzeichen dieser anderen Suchinformationen sind nicht inhaltliche, sondern zeitliche Merkmale; jeweils die *jüngsten Informationen im KZG kontrollierten den Such- und Abrufprozeß.*

Einen Teil dieser Experimente wiederholte Brainerd mit etwa achtjährigen Kindern und bringt damit noch deutlicher die Entwicklungsperspektive in die Analyse des Arbeitsgedächtnissystems ein. Die Ergebnisse sind recht aufschlußreich. So liefert die Replikation von Experiment 1 eine korrekte Antwortrate von 87 Prozent im ersten Durchgang und nachstehende bedingte Wahrscheinlichkeiten:

| | Hoch (n + 1) | Niedrig (n + 1) |
|---|---|---|
| Hoch (n) | .41 | .59 |
| Niedrig (n) | .84 | .16 |

Die Achtjährigen treffen also zu einem wesentlich höheren Prozentsatz im ersten Durchgang korrekte Vorhersagen, wenngleich noch immer überzufällig verschieden von 100 Prozent; nur 25 Prozent der Vorhersagen scheinen durch andere als Häufigkeitsinformation gesteuert zu sein. Allerdings bleibt das Alternationsverhalten für die Durchgänge 2 bis 5 nahezu unverändert erhalten; lediglich für Hochvorhersagen ist die Tendenz zum Wechsel nicht so deutlich ausgeprägt. Letzteres Ergebnis ist ebenfalls interpretierbar als die – im Vergleich zu den Fünfjährigen – *häufigere Dominanz der Häufigkeitsinformation* gegenüber der jüngsten Information im KZG.

Wie sind nun diese Altersunterschiede zu erklären? An Enkodier- und Speicherdefiziten kann es kaum liegen, denn diese Funktionen erwiesen sich schon bei den Fünfjährigen als nicht verantwortlich für die suboptimalen Leistungen im WBP. Die Replikation von Experiment 2 mit Achtjährigen bestätigt diese Überlegung. Die Vorhersagequalität steigt durch das externe Gedächtnis weder im ersten noch in den vier folgenden Durchgängen: die Zahlen bleiben unverändert. Eine weitere Gruppe von achtjährigen Kindern wiederholte das dritte Experiment, in welchem – wie wir uns erinnern – drei Ereignisklassen zu berücksichtigen waren. Auf dem Hintergrund der bisherigen Ergebnisse ist zu vermuten, daß im ersten Durchgang eine höhere Anzahl korrekter Prädiktionen zu finden ist und daß – bei Beibehaltung des Alternationsverhaltens – die Auswahl aus den beiden verbleibenden Klassen nicht mehr zufällig geschieht, sondern verstärkt auf der Verwendung der Zahleninformation beruht. Die Ergebnisse bestätigen beide Thesen. Mit einem Prozentsatz von 74 übertreffen die Achtjährigen die Fünfjährigen (60 Prozent) im ersten Durchgang überzufällig oft, bleiben aber ebenso deutlich unter dem Niveau perfekten Verhaltens. Nachstehend die Zahlen zu den Durchgängen 2 bis 5:

| | Hoch (n + 1) | Mittel (n + 1) | Niedrig (n + 1) |
|---|---|---|---|
| Hoch (n) | .08 | .64 | .28 |
| Mittel (n) | .71 | .06 | .23 |
| Niedrig (n) | .76 | .24 | .00 |

Das Alternationsverhalten ist nach wie vor sehr deutlich ausgeprägt, allerdings zeigt sich die postulierte Tendenz zur Auswahl der häufigeren Klasse für die beiden jeweils verbleibenden Alternativen. Brainerd interpretiert diesen Befund als klaren Beleg dafür, daß die *problemrelevante Häufigkeitsinformation verstärkt für Such- und Abrufprozesse herangezogen* wird, die Alternationsregel (unter Kontrolle des Antwortverhaltens) jedoch die Auswahl im Wiederholungsfall steuert, bevor – sozusagen in einem zweiten Such- und Abrufschritt – wieder die Häufigkeitsinformation dominiert.
Die Ergebnisse der verschiedenen Studien deuten also darauf hin, daß Achtjährige die relevante Häufigkeitsinformation vergleichsweise häufiger benutzen. Es bleibt jedoch die Frage nach dem »warum«. Brainerd differenziert zwischen zwei Hauptmöglichkeiten, und zwar die These zur (a) *gesteigerten Unterscheidungsfähigkeit* zwischen problemrelevanter und -irrelevanter Abrufinformation aufgrund der größeren Erfahrung der älteren Kinder und zur (b) *gesteigerten KZG-Kapazität* mit der »automatischen« Konsequenz der höheren Wahrscheinlichkeit für die Verarbeitung auch der Häufigkeitsinformation. Die Daten, die er für die Überprüfung dieser Thesen vorlegt, und die wir im einzelnen nicht verfolgen wollen, sprechen nach seiner Auffassung für Hypothese (b), also für die entwicklungsbedingte Kapazitätsvergrößerung des KZG, wobei er allerdings selbst einschränkt, daß diese Belege eher indirekter Natur sind und die These von daher eher spekulativen Charakter besitzt.

### 3.1.3 Arbeitsgedächtnis und Operatoranwendung

Wir wollen die entwicklungspsychologischen Erkenntnisse zu den mittelfristigen Speichermedien dadurch abrunden, daß wir die Untersuchung von Hussy & Funke (1982) aufgreifen, die in Band 1 (vgl. Punkt 4.5.2.1) primär hinsichtlich ihres allgemeinpsychologischen Stellenwerts diskutiert wurde. Es sei kurz daran erinnert, daß je eine Gruppe zwölf- bzw. zwanzigjähriger Vpn drei sequentielle Probleme unterschiedlicher Schwierigkeit (Folge F1, F2 und F3) zu bearbeiten hatten und dabei das *Informationsüberangebot* durch den Einsatz der Operatoren *»mechanische Speicherung«* und *»Superzeichen-*

*bildung«* so reduzieren konnten, daß korrekte, aufeinanderfolgende Vorhersagen möglich waren. Dabei resultierten die verschiedenen Schwierigkeitsstufen der drei Folgen aus der Vergrößerung der Anzahl der beteiligten Zeichen (= erhöhte Gedächtnisbelastung: bei F1 zwei, bei F2 vier und bei F3 sechs relevante Zeichen) und der Notwendigkeit zur Bildung bedingter Wahrscheinlichkeiten höherer Ordnung, also der Anwendung des Operators »Superzeichenbildung *höherer Ordnung«*. Der besseren Lesbarkeit halber ist die Ergebnistabelle hier nochmals abgedruckt (vgl. Band 1, S. 212, Tabelle 4.15).

*Tab. 3.1:* Die Mittelwerte von drei Indizes zur Problemlösequalität (P1 bis P3) für die drei Sequenzen F1, F2 und F3, unterschieden nach zwei Altersgruppen (reanalysiert nach Hussy & Funke 1982, S. 78ff.)

| Alter | Folge | Problemlösequalität | | |
|---|---|---|---|---|
| | | P1 (%) | P2 (%) | P3 (%) |
| 12 | F1 | 89 | 83 | 8 |
| | F2 | 58 | 33 | 12 |
| | F3 | 42 | 19 | 17 |
| 20 | F1 | 100 | 100 | 0 |
| | F2 | 81 | 72 | 2 |
| | F3 | 57 | 36 | 3 |

Die Indizes P2 (für den Trefferprozentsatz) und P3 (für den Prozentsatz falscher Zeichen) weisen bei den 20jährigen darauf hin, daß die suboptimalen Leistungen in den schwierigeren Folgen F2 und F3 allein auf das Fehlen oder die Ineffizienz der Superzeichenoperatoren höherer Ordnung zurückgehen, wohingegen die Nutzung des KS im Sinne des SPIV-Modells (als Zwischenspeicher) sich durch hohe Effizienz auszeichnet. Die Zwölfjährigen dagegen weisen sowohl hinsichtlich der Speicher- als auch der Verarbeitungsfunktion der mittelfristigen Speichermedien (AG und KS) mit zunehmendem Informationsangebot deutliche Defizite auf. Die Kapazitätserweiterungshypothese erscheint als Erklärungsmöglichkeit angesichts der großen Altersunterschiede zumindest *nicht hinreichend*. Vielmehr wird die Bedeutung des Aufbaus der heuristischen Struktur besonders augenfällig. So kann man annehmen, daß der Abruf der Superzeichenoperatoren bei der älteren Gruppe in Form eines *Gesamtkonzepts* (z. B. Berücksichtigung bedingter Wahrscheinlichkeiten verschiedener Ordnungsgrade) erfolgt und von daher weit weniger speicherintensiv (weil komprimiert) ist als für die jüngeren Pbn, die die konzeptuelle Verwandtschaft dieser benötigten Operatoren nicht in entsprechender Weise intern repräsentiert haben und bei denen folglich der *Einzelabruf zu einer zusätzlichen Kapazitätsbelastung* führt. Darüber hinaus scheint die Annahme plausibel, daß die Operationen höherer Ordnung noch nicht vollständig verfügbar sind (bei Brainerd »software deficiency«), denn ein Trefferprozent von 19, schon erreichbar durch einfache Superzeichenbildung, kann nicht mehr allein durch ein Kapazitätsdefizit erklärt werden, zumal gleichzeitig in 17 Prozent der Vorhersagen irrelevante Zeichen genannt wurden, die Kapazität also nicht durch die (nicht einmal perfekte) Behaltensleistung ausgeschöpft war. In den folgenden Abschnitten soll diese Sichtweise mit weiterer empirischer Evidenz untermauert werden.

## 3.2 Epistemische und heuristische Struktur

Nach dieser ausführlichen Betrachtung der Entwicklung des Struktur- und Prozeßaspekts der mittelfristigen Speichermedien im Zusammenhang mit Problemlösen wollen wir uns nun den langfristigen Gedächtnisstrukturen zuwenden und dabei das Augenmerk zunächst auf die epistemische und heuristische Struktur wenden, also den Trägern des Fakten- und Veränderungswissens. Den strukturellen Aspekt beleuchten Studien von Hussy & Köhl (1986 a, b) bzw. Erdfelder & Hussy (1983, 1985), den prozessualen Anteil decken schwerpunktmäßig Arbeiten von Siegler & Richards (1983) und Klahr (1981) ab.

### 3.2.1 Strukturelle Entwicklungsverläufe

Wie bei der Behandlung der Modelle zum *semantischen Gedächtnis* (als Bestandteil der epistemischen Struktur) bereits klar wurde (vgl. Band 1, Punkt 3.4.3), kann man sich dessen Entwicklung als den *Aufbau des Wissens* in den Dimensionen *»Umfang«*, *»Differenziertheit«* und *»Integration«* vorstellen. Daß eine Anreicherung hinsichtlich des Wissensumfangs vorliegt, bedarf keiner weiteren empirischen Belege. Dagegen ist es durchaus interessant zu fragen, ob sich auch die interne Organisationsform in bedeutsamer Weise verändert, bsw. insofern, als Begriffe wie Lebewesen (vgl. Siegler & Richards 1983) eine systematischere Unterstrukturierung (Differenzierung) bekommen und ob auch mehr Relationen zu anderen Begriffen etabliert werden (Integration). Unter dem Begriff der *ko-*

*gnitiven Komplexität* hat Scott (1962) zu diesem Thema ein Verfahren vorgeschlagen, den sogenannten »object sorting test« (OST), der diese Merkmale erfassen soll. Dazu werden den Pbn eine bestimmte Anzahl von Elementen einer Klasse (z. B. 20 Nationen) vorgegeben und ihre Aufgabe besteht darin, diese Elemente möglichst vielfältig zu gruppieren. Bezogen auf das Beispiel müßten die Vpn zahlreiche unterschiedliche Klassifikationsmöglichkeiten finden, z. B. Mittelmeerländer, Länder im Kriegszustand, Industrienationen usw. Aus solchen Daten können Kenngrößen abgeleitet werden (vgl. Scott 1962, Hussy 1977), die den Umfang, die Differenziertheit und Integriertheit des Wissens in einem bestimmten Realitätsbereich (hier Nationen), also die wissensbezogene kognitive Komplexität repräsentieren. Hussy und Köhl folgten diesem Vorschlag und legten den Pbn Listen mit je zwanzig Elementen aus drei Realitätsbereichen zur Bearbeitung vor. Dabei handelte es sich um die Bereiche »Schule«, »Körperteile« und »Symbole«. Die am empirischen Maximum relativierten prozentualen Mittelwerte für die Altersgruppen der 10-, 12-, 15-, 20-, 40- und 60jährigen sind in Tabelle 3.2 zusammengetragen.

*Tab. 3.2:* Prozentuale Mittelwerte zur kognitiven Komplexität verschiedener Altersgruppen, relativiert am empirischen Mittelwert und gemittelt über verschiedene Indizes zur kognitiven Komplexität (reanalysiert nach Hussy & Funke 1982, S. 8)

| Bereich | Altersgruppe | | | | | | Gesamt |
|---|---|---|---|---|---|---|---|
| | 10 | 12 | 15 | 20 | 40 | 60 | |
| Schule/ Körperteile | .78 | .89 | .90 | .97 | .99 | .89 | .81 |
| Symbole | .77 | .77 | .92 | .98 | .98 | .80 | .79 |

Betrachtet man vorab die Werte zu den hier zusammengefaßten Bereichen Schule und Körperteile, so bedeutet z. B. die Zahl .78 für die 10jährigen, daß diese Altersgruppe im Durchschnitt 78 Prozent der Leistung des empirisch beobachteten, höchsten mittleren Ausprägungsgrades an kognitiver Komplexität erreicht hat, und zwar bezogen auf beide Realitätsbereiche. Dagegen stellen die 40jährigen jene Gruppe dar, die – bezogen auf die verschiedenen Aspekte der kognitiven Komplexität – fast durchgängig die höchsten mittleren Ausprägungsgrade aufweisen. Dazwischen findet ein Aufbau statt, der zwischen 12 und 15 bzw. 20 und 40 Jahren stagniert und danach bei den 60jährigen in einen deutlich erkennbaren Abbau übergeht.

Nun kann man nicht davon ausgehen, daß damit allein der Strukturaspekt erfaßt wäre, denn den Gruppierungsleistungen liegen *auch kognitive Operationen* wie *»Klassifizieren«* und *»Abstrahieren«* zugrunde, die mit dem Alter ebenfalls einer Entwicklung unterworfen sein können. Die Werte zum Bereich Symbole, die eher künstlichen Charakter hatten (vgl. Band 1, S. 209, Abbildung 4.28), repräsentieren eher diesen zweiten Leistungsbestandteil, da für diese Elemente höchstens ein geringer Erfahrungszuwachs mit dem Alter zu erwarten ist (ähnlich *neu* für alle Altersgruppen). Hier zeigt sich für die gemittelten Komplexitätsindizes eine Stagnation zwischen 10 und 12 Jahren, im erkennbaren Gegensatz zu den Bereichen »Schule und Körperteile«. Zwischen 12 und 15 Jahren dagegen dreht sich diese Sachlage genau um: nun stagniert die Komplexität des Faktenwissens, während die Verfügbarkeit und Effizienz der zugrundeliegenden kognitiven Operationen steigt. Zwischen 20 und 40 Jahren liegt bezüglich der erfahrungsabhängigen Bereiche ein Leistungsmaximum vor, während der eigentlich *unplausible Wissensabbau* bei den 60jährigen (.89 für Schule/Körperteile) wohl auf die zu diesem Zeitpunkt wieder abnehmende Effizienz der prozessualen Seite, wie der korrrespondierende Wert von .80 für die Symbolliste verdeutlicht, attribuiert werden kann.

Das Ergebnismuster legt also die Interpretation nahe, daß für die epistemische Struktur ein lebenslanger Auf- und Ausbau bestimmend ist, während für das Veränderungswissen, ab einem bestimmten Alter, wieder mit Abbauprozessen gerechnet werden muß. Eine Möglichkeit, mehr empirisches Datenmaterial für diese Interpretation zu finden, besteht in der altersbezogenen Analyse von Leistungen, wie sie in Intelligenztests zu erbringen sind. Jüngst beschritten auch Erdfelder & Hussy (1983, 1985) diesen Weg, indem sie die Leistungen der obengenannten Altersgruppen zu einigen ausgewählten Intelligenzskalen erhoben und vergleichend betrachteten. Wir greifen Skala 1 und 2 aus dem Leistungsprüfsystem (LPS) von Horn (1962), die *Allgemeinbildung* erfassen, also sehr stark das Faktenwissen berühren und Test 1 aus dem Grundintelligenztest (CFT, Skala 2) von Weiss (1972), der *Reihenfortsetzen* abbildet, also wissensunabhängige kognitive Leistungen erfordert, exemplarisch heraus. Der gedankliche Hintergrund dabei ist die Annahme, daß Altersunterschiede in der Bearbeitung dieser Intelligenzskalen a) (fakten)wissensabhängige und b) (fakten)wissensunabhängige altersbezogene Leistungsunterschiede repräsentieren.

Wie Abbildung 3.3 belegt, sind die empirischen Mittelwerte durch

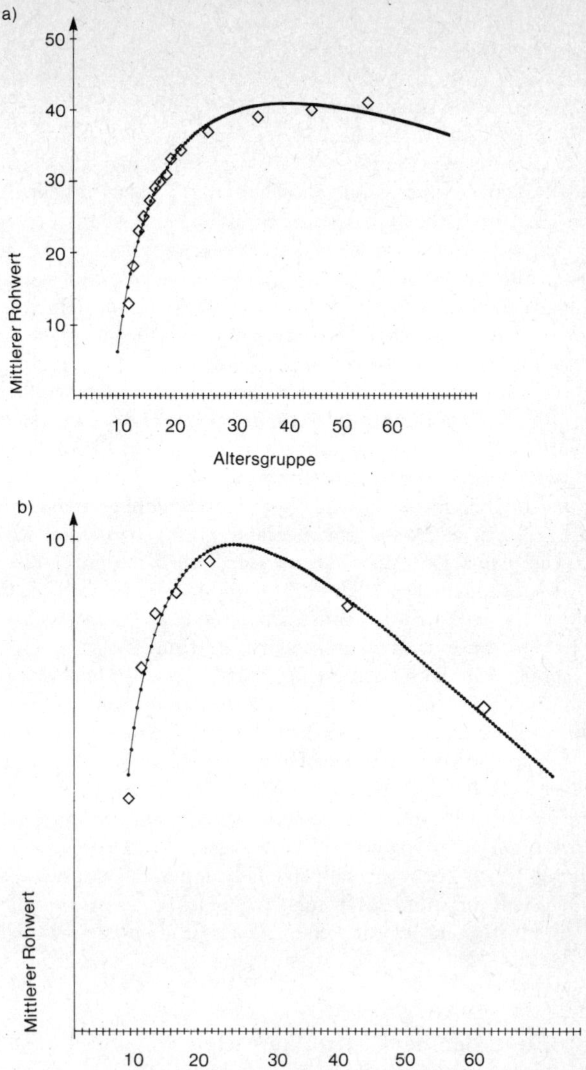


*Abb. 3.3:* Graphische Darstellung der Mittelwerte (Rohwerte) der verschiedenen Altersgruppen für a) Allgemeinbildung (LPS, Skala 1 + 2) und b) Reihenfortsetzen (CFT, Skala 2, Test 1), aus Erdfelder & Hussy (1983, S. 36 und 40).

eine *log-quadratische Funktion (LQ-Modell)* nahezu perfekt zu verbinden. Die Autoren interpretieren dieses die Datenstruktur perfekt repräsentierende Modell als eine Entwicklungsfunktion, die verdeutlicht, daß bis zu einem bestimmten Alter (bei CFT 1 = 23,7, bei LPS 1 + 2 = 39,8 Jahre) ein Aufbau kognitiver Operatoren im Sinne einer *Effizienz- und Komplexitätssteigerung* erfolgt, dem sich – eben ab diesem Zeitpunkt – ein allmählicher Abbau anschließt. Am Beispiel des Operators »Superzeichenbildung« verdeutlicht (vgl. Punkt 3.1), bedeutet ein solcher Aufbauvorgang, daß a) bedingte Wahrscheinlichkeiten niedriger Ordnung – bei der Lösung sequentieller Probleme – immer sicherer verarbeitet und b) mit steigendem Alter bedingte Wahrscheinlichkeiten höherer Ordnung in den Lösungsvorgang einbezogen werden können. Der Ausprägungsgrad des Abbauvorgangs im Alter, der erwartungsgemäß beim Faktor »Allgemeinbildung« wesentlich geringer ausfällt als bei »Reihenfortsetzen«, zeigt sich am *Gewicht des quadratischen Anteils* der Entwicklungsfunktion: *je höher die quadratische Komponente, desto deutlicher* der Abbauprozeß. In der viele Testverfahren umfassenden Studie zeigen jene Skalen einen relativ geringen quadratischen Anteil, die primär auf das Faktenwissen – also die epistemische Struktur – bezogen sind, während für die in erster Linie auf der heuristischen Struktur basierenden Skalen (z. B. sprachfreie Skalen) diese Komponente deutlich an Gewicht gewinnt.

Die generelle Entwicklungsthese für Anteile der epistemischen und heuristischen Struktur an kognitiven Leistungen kann man somit wie folgt formulieren: (a) je stärker in kognitiven Leistungssituationen Bezug auf das vorhandene Faktenwissen genommen werden muß (z. B. OST oder spezifische Skalen aus dem LPS), desto ausgeprägter die Leistungsverbesserungen bis zum mittleren und desto geringer (und später) die Leistungsverschlechterungen im höheren Alter; (b) dagegen fällt der Leistungsabfall mit höherem Alter deutlich aus (und setzt auch früher ein), wenn vor allem Veränderungswissen erforderlich ist (z. B. CFT und sequentielles Problemlösen).

### 3.2.2 Interaktion der Teilstrukturen im Verarbeitungsprozeß

Wir wollen diese eher strukturelle Betrachtungsweise – wie angekündigt – jetzt ergänzen durch einige Arbeiten, die die Entwicklung einzelner Begriffe der epistemischen und Operatoren der heuristischen Struktur betreffen und deren Zusammenwirken illustrieren. Eine dazu in besonderer Weise geeignete Arbeit legten Siegler & Richards (1983) vor.

*3.2.2.1 Repräsentation des Zahlenkonzepts*

Sie beschäftigen sich darin u.a. mit dem *Zahlenbegriff* und verfolgen dessen strukturelle und prozessuale Entwicklung mittels theoretischer Überlegungen und experimenteller Befunde. Aufgrund einer Vielzahl von Untersuchungen – einige davon sind noch zu berichten – kommen sie zu dem Schluß, daß die Repräsentation des Zahlenbegriffs in der epistemischen Struktur im Alter von drei Jahren eine Form annimmt, wie sie in Abbildung 3.4a dargestellt ist und sich bis zum Alter von fünf Jahren zur in Abbildung 3.4b wiedergegebenen Struktur weiterentwickelt.
Die von den Netzwerkmodellen zum semantischen Gedächtnis bekannte *dreistufige hierarchische Ordnung* (vgl. Band 1, Punkt 3.4.3.1) findet sich zum Zahlenbegriff schon bei den Dreijährigen. Kinder dieses Alters sind also schon in der Lage, Zahlen als eine *zusammengehörige Klasse* von Ereignissen zu verstehen. Abbildung 3.4a zeigt, daß die nächstniedrigere Ebene durch eine *Größenklassifikation* bestimmt ist; hier stehen die Subkategorien von sehr klein bis sehr groß zur Verfügung, wobei diese Namen durch »kleiner«- bzw. »größer«-Relationen verknüpft sind. Auf der untersten Ebene schließlich befinden sich die *konkreten Zahlen.* Sie sind über *Subjektrelationen* (Abstraktheitsrelationen) mit der mittleren Ebene verbunden, etwa wie in der Aussage »3 ist eine kleine Zahl«. Dabei fällt die hier noch ziemlich uneindeutige Verknüpfung auf; die genannte Aussage hat also nur *Wahrscheinlichkeitscharakter.* So läßt Abbildung 3.4a klar erkennen, daß eine numerisch gleich starke Relation zu »mittlere Zahl« ($p = .4$) und sogar eine Verbindung zur Kategorie »große Zahl« vorliegt, wenngleich mit geringerer Stärke ($p = .2$). Auch zwischen den Elementen der unteren Ebene existieren Beziehungen. Die »nächste«-Relation sagt aus, daß bezüglich der Abfolge der Zahlen Eindeutigkeit bzw. – beim Fehlen – Unklarheit besteht. In der Abbildung ist der Fall niedergelegt, daß das Kind bis 4 korrekt zählt, dann jedoch fehlerhaft weiterfährt, zwischen 6 und 8 erneut den korrekten Faden findet usw. Darüber hinaus existieren einige inhaltliche Assoziationen; so ist z.B. die Zahl 2 assoziiert mit den Inhalten »2 Beine«, »2 Augen« usw. oder die Zahl 10 mit der Anzahl der Finger.
Vergleicht man damit Abbildung 3.4b, so dominiert zunächst der Eindruck, daß sich bezüglich der strukturellen Repräsentation bei den Fünfjährigen noch nicht sehr viel verändert hat; nach wie vor bestimmen drei Begriffsebenen das Bild, die ihrerseits weiterhin die

a)

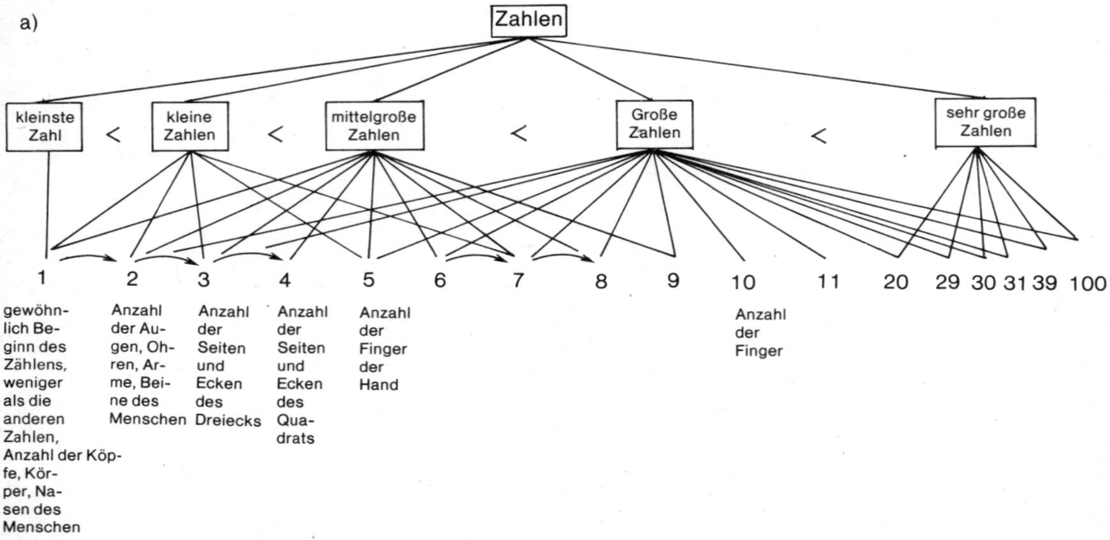
Zahlen
kleinste Zahl
<
kleine Zahlen
<
mittelgroße Zahlen
<
Große Zahlen
<
sehr große Zahlen
1
2
3
4
5
6
7
8
9
10
11
20
29
30
31
39
100
gewöhnlich Beginn des Zählens, weniger als die anderen Zahlen, Anzahl der Köpfe, Körper, Nasen des Menschen
Anzahl der Augen, Ohren, Arme, Beine des Menschen
Anzahl der Seiten und Ecken des Dreiecks
Anzahl der Seiten und Ecken des Quadrats
Anzahl der Finger der Hand
Anzahl der Finger

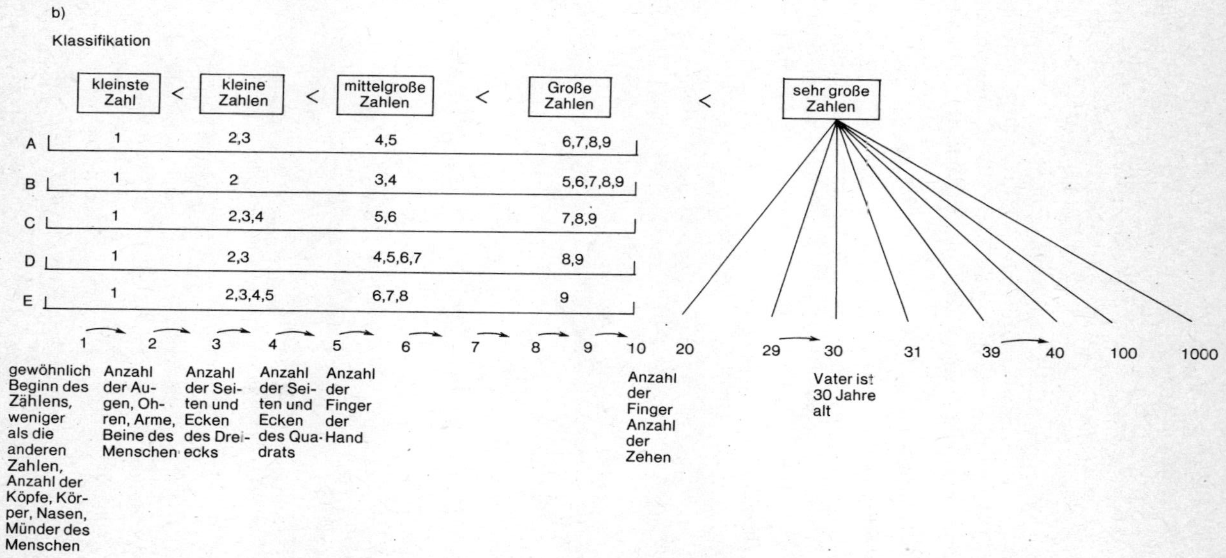


*Abb. 3.4:* Die strukturelle, interne Repräsentation des Zahlenbegriffs im Alter von (a) drei und (b) fünf Jahren, modifiziert nach Siegler & Richards (1983, S. 88–90).

gleichen Merkmale aufweisen. Allerdings sind die Beziehungen innerhalb der unteren Ebene verbessert und erweitert, ebenso wie die Beziehungen zur mittleren Ebene eine Präzisierung erfahren haben. So wird die Zahl 1 – und nur diese – immer der Klasse »kleinste Zahl« zugeordnet, die 2 immer der Kategorie »kleine Zahl« usw. Die noch bestehenden Uneindeutigkeiten (bsw. bei 4) sind jetzt insofern systematisiert, als sie eine *kategoriale Organisation* erkennen lassen. So wird die 4 zusammen mit der 5 in fünfzig Prozent der Fälle der Gruppe der »mittleren Zahlen«, zusammen mit der 2 und 3 in zehn Prozent der Fälle den »kleinen Zahlen« zugesprochen.

### *3.2.2.2 Zahlenkonstanz*

Bleibt die entscheidende Frage, wie Kinder mit dieser Art der internen Repräsentation des Zahlenbegriffs umgehen, wie sie diese *Information bei Bedarf abrufen und verarbeiten* können. Zwei Problemstellungen, die in der entwicklungspsychologischen Literatur weitgehend bekannt sind, sollen diesen *Aspekt der Prozeßentwicklung*

*Abb. 3.5a*

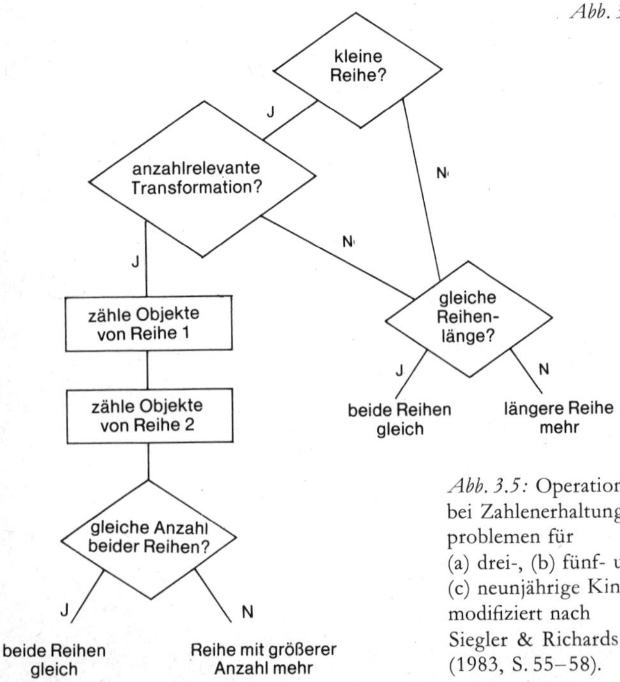


*Abb. 3.5:* Operationen bei Zahlenerhaltungsproblemen für (a) drei-, (b) fünf- und (c) neunjährige Kinder, modifiziert nach Siegler & Richards (1983, S. 55–58).

unter Bezug auf die je spezifische Form der Wissensrepräsentation verdeutlichen: das *Zahlenerhaltungsproblem* (Zahlenkonstanz) bzw. *Zahlenvergleichsproblem* (Größenbenennung). Siegler & Richards (1983) gehen beim Zahlenkonstanzproblem über die übliche Anordnung, die in der räumlichen Veränderung einer von zwei gleich langen Reihen mit gleich vielen Elementen besteht, hinaus. Sie führen drei Arten von *Transformationen* ein, die vor den Augen der Kinder mit einer der beiden Vergleichsreihen durchgeführt werden: (a) räumliche Veränderung (ohne zahlenmäßige Veränderung), (b) hinzufügen von Elementen und (c) wegnehmen von Elementen. Die kritische Frage an die Kinder im Anschluß an die Transformation lautet: »Welche Reihe enthält mehr Elemente?«, bzw. im konkreten Fall »Welche Reihe enthält mehr Kugeln?«.
Bei Dreijährigen dominiert für zahlenmäßig *große Reihen* sehr stark der *Wahrnehmungseindruck*. Wie aus Abbildung 3.5 a hervorgeht, fanden die Autoren im Antwortverhalten dieser Kinder die Regel: unabhängig von der Art der Transformation wird die längere Reihe als jene mit der größeren Anzahl an Elementen beurteilt. Dagegen

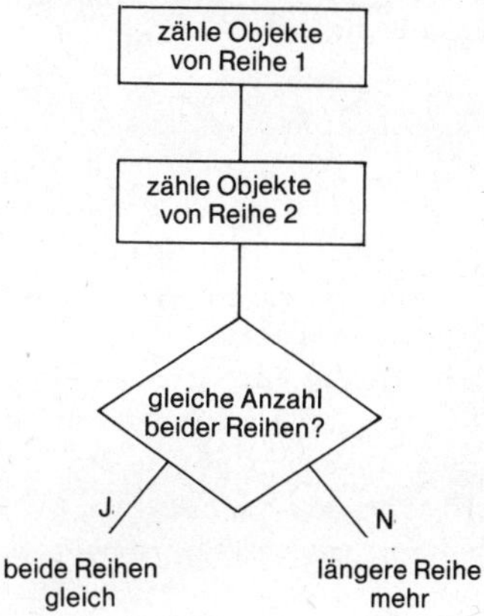


*Abb. 3.5b*

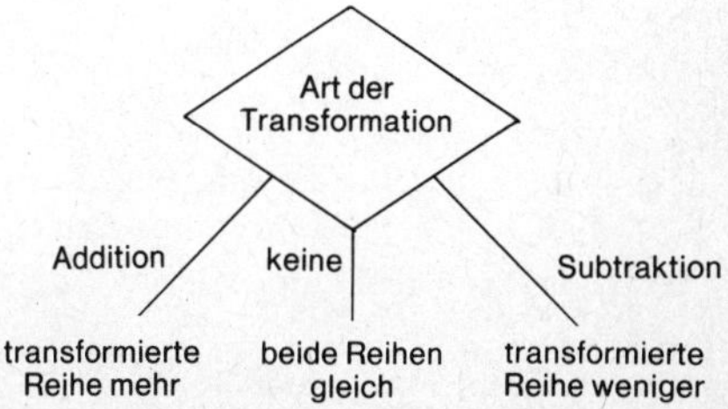


*Abb. 3.5c*

greifen sie für zahlenmäßig *kleine Reihen* auf die Möglichkeit zurück, die Reihen *abzuzählen* und kommen dann zum korrekten Schluß, daß die Reihe mit der größeren Anzahl an Elementen (und nicht etwa die längere Reihe) die gesuchte ist. Aus der altersentsprechenden Repräsentation des Zahlenkonzepts läßt sich ableiten, daß Reihen bis zu etwa fünf Elementen dieser höheren kognitiven Operation unterzogen werden, während für größere Reihen der Wahrnehmungseindruck das Antwortverhalten steuert. Fehler können aber auch beim Vergleich kleiner Reihen auftreten, nämlich einmal aufgrund der sehr inkonsistenten Zuordnung von konkreten Zahlen (untere Ebene) zu den Größenbezeichnungen (mittlere Ebene) oder andererseits durch inkorrekte oder fehlende »nächste«-Relationen zwischen den konkreten Zahlen.

Die Verbesserung dieser beiden Schwachstellen in der Repräsentation des Zahlenbegriffs durch Präzisierung und Ausweitung in der Zeit von drei bis fünf Jahren ermöglicht fünfjährigen Kindern ein *quantifizierendes Vorgehen* auch bei zahlenmäßig großen Reihen (vgl. Abbildung 3.5b). Dieses Verhalten fehlt aber noch für Problemstellungen, in welchen die Kinder den Eindruck erhalten, daß eine mengenirrelevante Veränderung vorgenommen wurde. In diesem Fall verlassen sie sich weiterhin auf den Wahrnehmungseindruck.

Während diese Entwicklung (von drei bis fünf Jahre) sehr stark am Aufbau der Binnenstruktur des Zahlenbegriffs orientiert scheint, erfährt die prozessuale Fortentwicklung in den nächsten Jahren einen dramatischen, eher strukturunabhängigen Impuls. Abbildung 3.5c läßt erkennen, daß die Verarbeitung der Information nun nicht mehr auf der Ebene des Abzählens abläuft, ein Prozeß, der die untere Begriffsebene zur Basis hat, sondern daß nach der Art der Transformation gefragt wird, wodurch sich das Abzählen erübrigt. Mit den Worten von Brainerd (1983, vgl. Punkt 3.1.2) wäre dieser Sachverhalt als ein Defizit an Verarbeitungsregeln bei den Drei- bis Fünfjährigen zu kennzeichnen, welches bei den Neunjährigen nicht mehr vorliegt. Ein relativ komplexer, gleichzeitig aber auch fehlerträchtiger Verarbeitungsprozeß wird in diesem Falle also durch einen einfacheren und sicheren kognitiven Ablauf ersetzt.

### *3.2.2.3 Zahlengrößenvergleich*

Die zweite kognitive Operation im Zusammenhang mit dem Zahlenbegriff bezieht sich auf den Zahlengrößenvergleich bzw. auf die Zahlengrößenbenennung. Die Standardprozedur für den Vergleich besteht in der Frage nach der größeren von zwei simultan dargebotenen Zahlen. Für die Zahlen 1 bis 9 ergeben sich demgemäß 36 Paarvergleiche: 1–2, 1–3, ... 4–5, ... 8–9. Die

Autoren untersuchten Kinder im Alter von drei bis fünf Jahren. Mit 56 Prozent korrekter Entscheidungen lagen die Dreijährigen im Zufallsbereich, während die Vier- und Fünfjährigen mit 81 bzw. 90 Prozent Leistungsniveaus erreichten, die die ausgeprägte Weiterentwicklung des Zahlengrößenkonzepts (»nächste«-Relation) in diesem Altersbereich eindrucksvoll belegen. Mit Hilfe multipler Skalierungsverfahren analysieren die Autoren die Binnenstruktur der Paarvergleichsergebnisse weiter und finden vier Zahlengruppen (vgl. Abbildung 3.6).

Obwohl es sich hier um Problemstellungen zum Zahlengrößenvergleich handelt, wird durch die *Benennung der »cluster«* bereits das Zahlengrößenbenennungsproblem aktualisiert. Die betrachteten Zahlen sind offensichtlich in die Bereiche »sehr kleine Zahl«, »kleine Zahlen«, »mittlere Zahlen« und »große Zahlen« untergliedert. Direkte Bestätigung erfährt diese Interpretation durch eine Versuchsanordnung von Siegler & Robinson (1982), in welcher die Kinder die Anweisung erhielten, daß sie einige Fragen zu den Zahlen 1 bis 9 zu beantworten hätten. Einige dieser Zahlen seien klein, einige mittel und einige groß. Die konkrete Aufgabe bestand darin zu sagen, ob die jeweils genannte Zahl klein, mittel oder groß ist. Obwohl beim Zahlengrößenvergleich auf dem Zufallsleistungs-

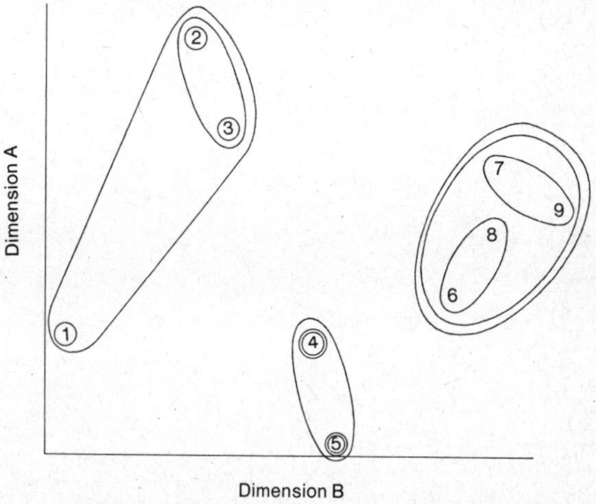


*Abb. 3.6:* Die zweidimensionale Binnenstruktur der Zahlen 1 bis 9 auf der Grundlage von paarweisen Zahlengrößenvergleichen, modifiziert nach Siegler & Richards (1983, S. 72).

niveau, demonstrierten selbst dreijährige Kinder diesbezügliches Wissen. Zwar liegen die Mittelwerte der drei Klassen mit 3.14, 5.15 und 6.00 recht eng zusammen, dennoch sind sie im Sinne der Benennung gereiht. Die korrespondierenden Werte der Fünfjährigen (2.16, 5.12 und 7.75) dagegen zeigen schon volle Übereinstimmung mit den Gruppenmittelwerten von 1 bis 3, 4 bis 6 und 7 bis 9. Während also die Dreijährigen aus ihrem Anfangswissen zur Zahlengrößenbenennung keinen Vorteil ziehen können, weisen Siegler und Robinson nach, daß für die vier- und fünfjährigen Kinder ein solcher Zusammenhang besteht.

Ungeklärt bleibt bei solchen Korrelationsstudien jedoch die Frage, ob sich die Leistungen gegenseitig bedingen. Die Autoren fanden in einer Trainingsstudie, daß Übung im Umgang mit dem begrifflichen

**Repräsentation**

| **Kategorie** | **Zahl** | | | | | | | | |
|---|---|---|---|---|---|---|---|---|---|
| | 1 | 2 | 3 | 4 | 5 | 6 | 7 | 8 | 9 |
| Kleinste | .7 | | | | | | | | |
| Klein | .2 | .72 | .61 | .22 | .06 | | | .06 | |
| Mittelgroß | .1 | .28 | .33 | .67 | .72 | .67 | .56 | .27 | .44 |
| Groß | | | .06 | .11 | .22 | .33 | .44 | .67 | .56 |

*Abb. 3.7a*

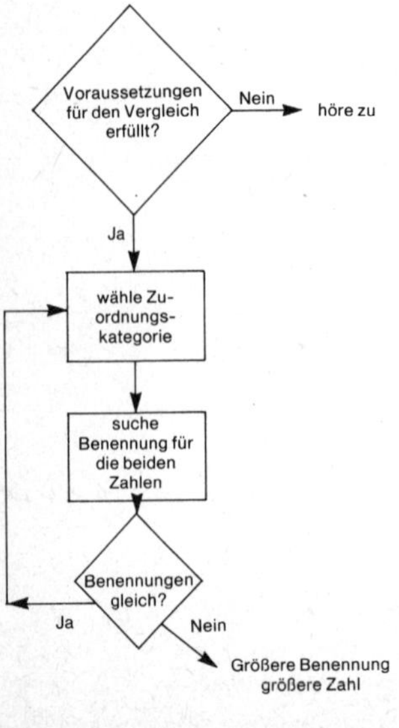


*Abb. 3.7:* Der Zahlengrößenvergleichsprozeß bei (a) Vier- und (b) Fünfjährigen mit den jeweils relevanten Ausschnitten aus der strukturellen Repräsentation, modifiziert nach Siegler & Richards (1983, S. 76–77).

Schema »kleine Zahlen« (1 bis 3), »mittlere Zahlen« (4 bis 6) und »große Zahlen« (7 bis 9) die Leistungen in einem sich anschließenden Zahlengrößenvergleichsexperiment tatsächlich erheblich verbessert. Trainierte Vierjährige gaben 96 Prozent korrekter Antworten und lagen damit erheblich über dem Niveau der altersgleichen Kontrollgruppe, die in 79 Prozent der Fälle richtig urteilten. Aufschlußreich ist dabei auch die *Verteilung der Fehler*. In der Trainingsgruppe entfielen 65 Prozent (der nur noch sehr wenigen Fehler) auf jene neun Vergleiche, die Zahlenpaare innerhalb der drei Gruppen betreffen (bsw. 2–3, 5–6, 7–8). Dagegen lag diese Zahl für die Kontrollgruppe bei 29 Prozent. Zu interpretieren ist diese Trainingskonsequenz als Verbesserung der Größenunterscheidung vor allem *zwischen* den drei benannten Gruppen. Die verbleibende

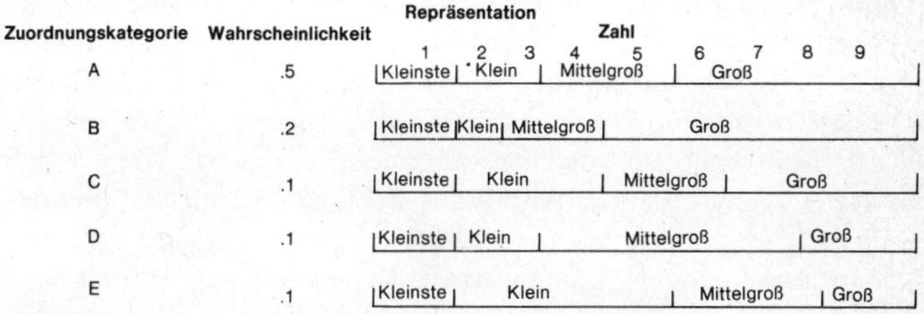


*Abb. 3.7b*

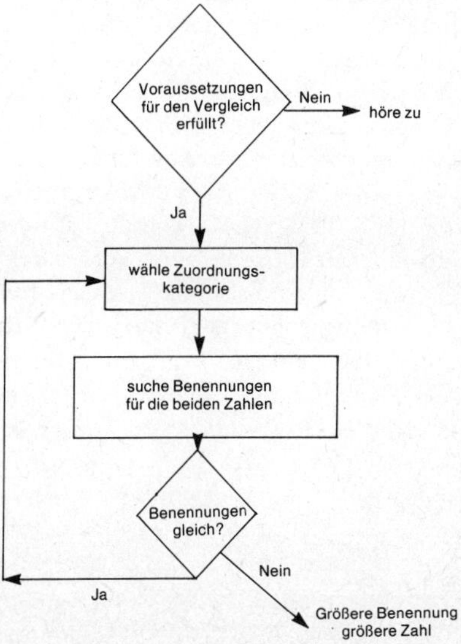

Unsicherheit bezieht sich zu zwei Dritteln auf Vergleiche von Zahlenpaaren, die aus *einer* Klasse kommen. Das Trainingsprogramm stärkte also die Relationen zwischen den Benennungen auf der mittleren Ebene und die Eindeutigkeit der Zuordnung der konkreten Zahlen (der unteren Ebene) zu den Klassen (der mittleren Ebene).

Aus dieser Vielzahl von Befunden leiten Siegler und Richards Modelle zum Prozeß des Zahlengrößenvergleichs ab. Aus den empirisch gewonnenen Erkenntnissen folgt für die Dreijährigen ein diesbezügliches Rateverhalten, obwohl die strukturelle Repräsentation des Zahlenbegriffs in diesem Alter (vgl. Abbildung 3.4a) Informationen enthält, die bessere Ergebnisse zulassen würden. Die Weiterentwicklungen bei den Vier- und Fünfjährigen sind in Abbildung 3.7 festgehalten.

Daraus ist zu folgern, daß eine Quelle der Leistungsverbesserungen gerade der bei den Dreijährigen vermißte Einbezug des Strukturwissens ist. Die Vierjährigen wählen bereits für beide Zahlen eine Benennung, deren Vergleich bei Ungleichheit zur Entscheidung führt, bei Gleichheit eine Neubenennung erfordert. Wie aus der internen Repräsentation (Abbildung 3.7a) zu erkennen ist, können sich Fehler beim ersten Durchgang als auch bei weiteren erforderlichen Durchgängen ergeben, da die Benennungszuordnung noch *isoliert* geschieht und die Wahrscheinlichkeitszuordnungen noch *keine Organisation* erfahren haben. Bei den Fünfjährigen dagegen scheinen diese Defizite weitgehend überwunden zu sein. Die Zuordnungsproblematik ist durch eine *kategoriale Organisation* insofern gelöst, als in Bezug auf das Gesamtspektrum der Zahlen mehrere Benennungsmöglichkeiten existieren, diese aber eine *hierarchische Wahrscheinlichkeitsstruktur* besitzen (vgl. die Abbildungen 3.7b und 3.4b). Der auf diese verbesserte Struktur zurückgreifende Prozeß nutzt die kategoriale Information im ersten Schritt (die wahrscheinlichste Klasse wird aufgerufen). Danach wird beiden Zahlen im Sinne dieser Klasse eine – folglich nicht mehr isolierte – Benennung zugeordnet und eine Entscheidung gefällt. Im Falle gleicher Benennungen erfolgt die Auswahl einer anderen Kategorie usw., bis sich die Benennungen unterscheiden.

Zusammenfassend ist den Studien von Siegler & Richards (1983) zu entnehmen, daß sowohl das Fakten- als auch das Veränderungswissen einer Entwicklung unterworfen sind. Altersbezogene Verbesserungen in den Leistungen bezüglich eines vorliegenden Problems können dabei auf die Anreicherung, Differenzierung und Integration eines oder beider Wissensbestandteile zurückzuführen sein. Dabei kann es auch vorkommen, daß (a) strukturelle

Verbesserungen sich nicht unmittelbar auch auf Leistungsebene niederschlagen bzw. (b) sich deutliche Leistungssteigerungen ergeben, obwohl strukturelle Veränderungen nicht vorliegen. Zieht man jedoch einen hinreichend großen Zeitraum zur Beobachtung kognitiver Entwicklungsvorgänge heran, so dominiert der Eindruck des harmonischen Miteinanders des Aufbaus von Fakten- und Veränderungswissen, also der epistemischen und heuristischen Struktur.

### 3.2.3 Simulation zum Erwerb des Proportionalitätsbegriffs

Während Siegler und Richards in ihren Untersuchungen zum Zahlenkonzept bemüht waren, die Entwicklungsperspektive sowohl auf das Faktenwissen wie auch auf die damit arbeitenden kognitiven Operatoren zu richten und deren Zusammenwirken zu beschreiben und zu erklären, konzentriert sich z. B. Klahr (1981) in seinen Studien zum Erwerb des *Proportionalitätskonzepts* sehr stark auf die Operatorseite. Interessant ist die Studie an dieser Stelle aus dreierlei Gründen:

1) sie ermöglicht einen differenzierten Einblick in eine weitere komplexe kognitive Operation,
2) sie verwendet die Methode der Computersimulation und
3) sie ermöglicht eine Teilintegration der bisher referierten Erkenntnisse.

Klahr verwendet das in der Entwicklungspsychologie wohlbekannte *Waagebalkenproblem* zur Analyse des Proportionalitätsbegriffs. Die Aufgabe der Vp besteht dabei darin vorherzusagen, welcher Hebelarm eines Waagebalkens sich senkt, wenn auf dem Balken unterschiedliche Gewichte mit unterschiedlichem Abstand zum Drehpunkt plaziert werden. Klahr verwendet eine Variante von Siegler (1976), der den Hebelarm in gleiche Abstände einteilt und an jeder Seite bis zu vier gleich schwere Gewichte anbringt (vgl. Abbildung 3.8).
Abbildung 3.9 zeigt vier *Entscheidungsmodelle*, die dem Verhalten fast aller untersuchten Kinder zugrunde liegen. Klahr beschreibt sie mit den Worten:

»Die jüngsten Kinder (Modell a) beachten nur das Gesamtgewicht beiderseits des Drehpunkts und vernachlässigen völlig die Entfernung vom Drehpunkt. Die am meisten fortgeschrittenen Kinder setzen die richtige Regel ein: Multiplikation des Abstands vom Drehpunkt mit Anzahl der Gewichte auf diesem Hebelarm und, sofern an mehreren Stiften des Hebelarms Gewichte befestigt sind, Addition dieser Produkte, anschließend Vergleich der Produktsummen beider Hebelarme (Modell d).« (1981, S. 141).

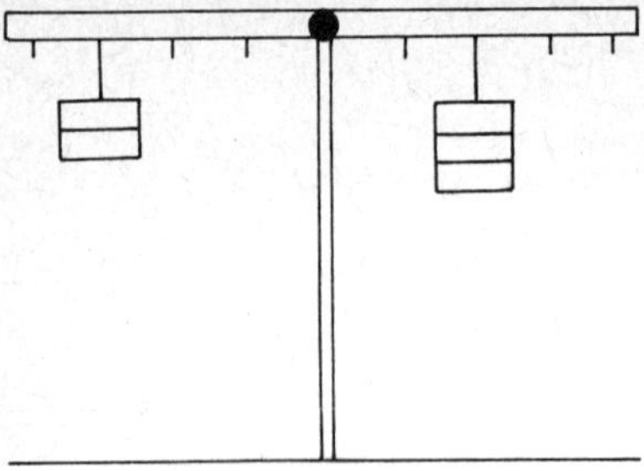

*Abb. 3.8:* Beispiel eines von Klahr (1981) verwendeten Waagebalkenproblems (Notation: 0200/0300).

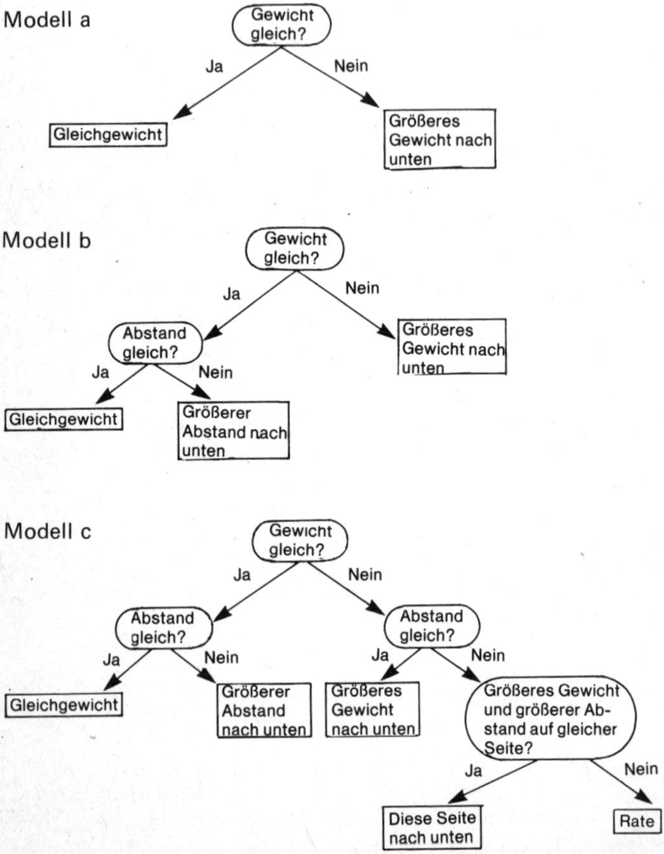

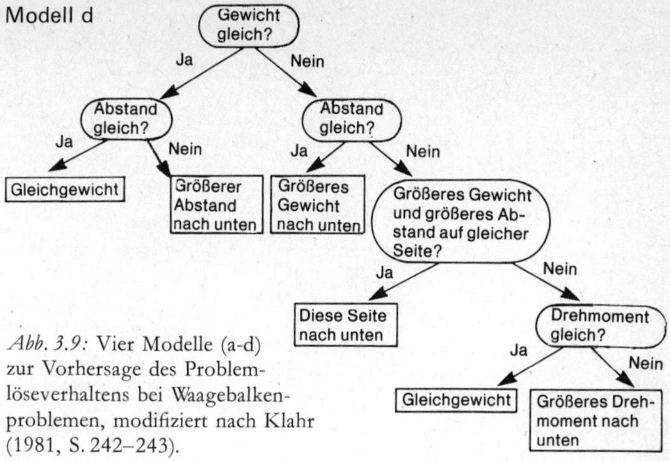


*Abb. 3.9:* Vier Modelle (a-d) zur Vorhersage des Problemlöseverhaltens bei Waagebalkenproblemen, modifiziert nach Klahr (1981, S. 242–243).

In Tabelle 3.3 sind sechs spezifische Problemtypen zum Proportionalitätsbegriff charakterisiert, realisierbar mit Hilfe des Waagebalkenparadigmas.

*Tab. 3.3:* Beschreibung von sechs Typen zum Waagebalkenproblem

| *Benennung* | *Abkürzung* | *Kennzeichnung* |
|---|---|---|
| Gleichgewicht | GL | Gleichgewicht zwischen Hebelarmen |
| Gewicht | G | Unterschiedliches Gewicht auf beiden Hebelarmen bei gleichem Abstand |
| Abstand | A | Unterschiedlicher Abstand auf beiden Hebelarmen bei gleichem Gewicht |
| Konflikt-Gleichgewicht | KGL | Unterschiedliche Gewichte und Abstände auf beiden Hebelarmen, aber es resultiert Gleichgewicht |
| Konflikt-Gewicht | KG | Unterschiedliche Gewichte und Abstände, aber es dominiert das schwerere Gewicht |
| Konflikt-Abstand | KA | Unterschiedliche Gewichte und Abstände, aber es dominiert der größere Abstand |

Die vier Modelle lassen bezüglich dieser Problemtypen unterschiedliche Vorhersagen zu. Tabelle 3.4 enthält eine Zusammenstellung dieser modellspezifischen Vorhersagen.

*Tab. 3.4:* Vorhersage des Prozentsatzes korrekter Antworten für Personen, die sich gemäß eines der vier Modelle (a–d) verhalten, modifiziert nach Klahr (1981, S. 244).

| *Problem-typ* | *Modell* | | | | *prädizierter* Verlauf |
|---|---|---|---|---|---|
| | *a* | *b* | *c* | *d* | |
| GL | 100 | 100 | 100 | 100 | keine Veränderung |
| G | 100 | 100 | 100 | 100 | keine Veränderung |
| A | 0 a | 100 | 100 | 100 | Verbesserung |
| KGL | 0 b | 0 b | 33 c | 100 | Verbesserung |
| KG | 100 | 100 | 33 c | 100 | Leistungseinbruch |
| KA | 0 b | 0 b | 33 c | 100 | Verbesserung |

a) Vorhersage: Gleichgewicht
b) Vorhersage: rechts (links) runter
c) Zufallsantwort

Siegler (1976) untersuchte Kinder im Alter zwischen 5 und 17 Jahren mit Hilfe solcher Probleme. Die Ergebnisse sind in Tabelle 3.5 mitgeteilt.

*Tab. 3.5:* Prozentsatz korrekter Antworten in den sechs Problemtypen für Vpn der vier Altersbereiche, modifiziert nach Klahr (1981, S. 245)

| *Problemtyp* | *Alter (Jahre)* | | | |
|---|---|---|---|---|
| | *5–6* | *9–10* | *13–14* | *16–17* |
| GL | 94 | 99 | 99 | 100 |
| G | 88 | 98 | 98 | 98 |
| A | 9 | 78 | 81 | 95 |
| KGL | 7 | 17 | 26 | 40 |
| KG | 86 | 74 | 53 | 51 |
| KA | 11 | 32 | 48 | 50 |

Vergleicht man die modellspezifischen Vorhersagen (Tabelle 3.4) mit diesen beobachteten Leistungen, so kann man folgern, daß sich die meisten Kinder der Altersgruppe zwischen fünf und sechs Jahren gemäß Modell a verhielten (vgl. Abbildung 3.9a). Ein Großteil der neun- bis zehnjährigen dagegen scheint nach Modell b

vorgegangen zu sein, während Modell c dem Verhalten der Mehrzahl der 13- bis 14jährigen entspricht. Auch die 16- bis 17jährigen kannten die Produkt-Summen-Regel – enthalten in Modell d – noch nicht, was sich vor allem an den suboptimalen Leistungen in den Konfliktproblemen zeigt.
Diese Ergebnisse legen die Vermutung nahe, daß nach und nach – *in logischer Weise* – jene kognitiven Operatoren erworben werden, die den Proportionalitätsbegriff bestimmen. Modell a erfaßt dabei jenen Zustand, in dem das Gewicht die Entscheidung determiniert. In Modell b kommt hinzu, daß bei gleichem Gewicht der größere Abstand maßgebend ist. Eine Addition von größerem Gewicht und größerem Abstand (bei gleichzeitigem Fehlen der Kompensation von größerem Gewicht und geringerem Abstand) bestimmt Modell c. Der Erwerb der *Produkt-Summen-Regel* schließlich entspricht der notwendigen Anreicherung der kognitiven Operationen für optimales Verhalten (Modell d). Wie allerdings eine Reihe von Studien von Spada & Kluwe (1981) zum gleichen Sachverhalt zeigten, ist diese These kaum haltbar und auch insofern unergiebig, als keine Aussagen über die beteiligten Gedächtnis- und Verarbeitungsprozesse (En- und Dekodierung, Speichern, Suchen, Abrufen, Verarbeiten) im Sinne von Brainerd (1983, vgl. Punkt 3.1.2) möglich sind. Deshalb versucht Klahr durch Simulation der gesamten Problemlösesituation mehr Aufschluß über die psychologisch relevanten Veränderungen zu sammeln. Zwar ist es nicht möglich, an dieser Stelle ausführlich auf das konkrete Vorgehen und Details der Programmgestaltung einzugehen, doch soll versucht werden, einen Eindruck zu vermitteln.
Klahr verwendet als zentrales Element seiner Simulationsstudien das *Produktionssystem* (production system). Eine Produktion besteht in der Verknüpfung einer *Bedingung* (bzw. Bedingungen) und einer *Aktion*. Das Produktionssystem für Modell a bsw. lautet:

P 1: ((Same Weight) → (Say »balance«))
P 2: ((Side X more W) → (Say »X down«))

Die Produktion P 1 besagt, daß immer dann, wenn auf beiden Hebelarmen gleiches Gewicht vorliegt (Bedingungskomponente), Gleichgewicht herrscht (Aktionskomponente). Die Enkodierungs- und Speicherprozesse führen z. B. bei GL-Problemen zu einem Informationsstand im Gedächtnis, der der Bedingungsseite der Produktion P 1 entspricht und in den Abruf der Aktionskomponente (interpretierbar als Operator aus der heuristischen Struktur) mündet, also konkretes Vorhersageverhalten initiiert (Dekodierungsprozeß). Dagegen bewirkt bsw. die Vorgabe des G-Problems

die Erfüllung der Bedingungsseite von P 2, woraufhin diese Aktionsseite zum Tragen kommt.
Modell b unterscheidet sich von a allein durch die Hinzunahme von

P 3: ((Same W) (Side X more *D*istance) → (Say »X down«)).

P 3 ist also ein Spezialfall von P 1, da eine zweite Bedingungskomponente hinzukommt. Bei A-Problemen ist hier also P 3 und P 1 erfüllt, da aber nur eine Produktion zur Anwendung kommen kann, muß dieser Konflikt gelöst werden. Das *konfliktlösende Prinzip* lautet: spezielle Fälle haben Vorrang vor allgemeinen Fällen. Damit ist bei A-Problemen P 3 erfüllt und die entsprechende Aktionskomponente regelt das Verhalten.
Für Modell c werden zwei weitere Produktionen (als Spezialfälle von P 2) benötigt:

P 4: ((Side X more W) (Side X less D) → (Guess)) und
P 5: ((Side X more W) (Side X more D) → (Say »X down«)).

Damit ist das Zufallsverhalten in allen Konfliktproblemen beschrieben und erfaßt. Die Auflösung dieses Zufallsverhaltens (Modell d) geschieht durch die Modifikation von P 4 und die Hinzunahme von P 6 und P 7.

P 4′: ((Side X more W) (Side X less D) → (get Torques)),
P 6 ((Same Torque) → (Say »balance«)) und
P 7 : ((Side X more Torque) → (Say »X down«)).

Auf Vorhersageebene unterscheiden sich die vier Modelle (a bis d), dargestellt durch Produktionssysteme oder *Entscheidungsbäume* (Abbildung 3.9) nicht, wohl aber hinsichtlich der Analyse der Anforderungen, »die mit Enkodierungsoperationen und Produktionen zur Verarbeitung der dadurch erzeugten Symbole verbunden sind.« (Klahr 1981, S. 251). Klahr meint damit, daß die Bedingungskomponenten der Produktionen die Enkodier- und Speicheroperationen, welche bei der Problembearbeitung anfallen, schon näher spezifizieren, als dieses in der Entscheidungsbaumdarstellung geleistet wird. So umgeht letztere bsw. die Frage nach der Menge der Steuerinformation, die zur Bewältigung eines Problems erforderlich ist, während diese im Produktionssystemansatz thematisiert wird.
Im Vergleich zu den Vorstellungen, die bisher zum Problemlösen referiert wurden, tragen Produktionen als Elemente menschlicher Informationsverarbeitung allerdings eine Annahme in sich, die bisher eher negiert wurde, nämlich die *feste Verknüpfung* von Bedingungs- und Handlungswissen. Vielmehr war sowohl im

SPIV-Modell (Hussy 1983) als auch im Modell zum Arbeitsgedächtnis (Brainerd 1983) die Annahme enthalten, daß der Inhalt des Arbeitsgedächtnisses (bei Brainerd KZG) die Operatorsuche zwar steuert, eine feste Verknüpfung jedoch nicht existiert. Eine eingehende Diskussion dieser Frage muß hier unterbleiben. Anstelle dessen soll ein konkretes Beispiel den Wert des Computersimulationsansatzes auch in der Erforschung der kognitiven Entwicklung verdeutlichen. Klahr entnahm dazu dem Datensatz von Siegler (1976) das Beispiel eines achtjährigen Mädchens, welches Training in der Bearbeitung von Waagebalkenproblemen erhielt. Tabelle 3.6 zeigt, daß das Kind im Vortest (nur Vorhersagen, *keine Rückmeldung)* in seinem Vorhersageverhalten dem Modell b entspricht.

*Tab. 3.6:* Ergebnisse des Vortests eines achtjährigen Mädchens und der Vergleich mit dem Modell b, modifiziert nach Klahr (1981, S. 253).

| *Problem* | | | *Vorhersage* | |
|---|---|---|---|---|
| *Nr.* | *Notation* | *Typ* | *Vp* | *Modell b* |
| 1 | 100/100 | A | L | L |
| 2 | 010/300 | KG | R | R |
| 3 | 100/200 | KA | R | R |
| 4 | 010/020 | G | R | R |
| 5 | 020/002 | A | R | R |
| 6 | 200/400 | KA | R | R |
| 7 | 100/200 | KA | R | R |
| 8 | 030/020 | G | L | L |

Dabei bedeutet die Problemnotation 100/100, daß auf dem dritten Stift des linken und auf dem ersten Stift des rechten Hebelarms eine Gewichtsscheibe befestigt ist; es liegt somit ein A-Problem mit der Antwort »links (L) nach unten« vor. Die Trainingsserie unterscheidet sich von der Vortestserie dadurch, daß das Kind sieht, wie sich der Hebelarm tatsächlich bewegt; es erhält also *Rückmeldung* und kann lernen. Die Ergebnisse sind in Tabelle 3.7 zusammengefaßt. Sie legen die Interpretation nahe, daß das Kind typisches »Modell c«-Verhalten zeigt, denn bei den elf Konfliktproblemen antwortet es – quasi zufällig – fünfmal mit Gewichts- und sechsmal mit Abstandsbeachtung. Dagegen ergeben sich sieben Abweichungen von Modell b und sechs Abweichungen von Modell d.
Klahr gibt sich nun aber nicht damit zufrieden, sondern untersucht, wie das Kind im Konfliktproblem zur Antwort kommt, differenziert also das Zufallsverhalten (in Tabelle 3.7 mit * symbolisiert).

*Tab. 3.7:* Ergebnisse der Trainingsserie eines achtjährigen Mädchens und der Vergleich mit verschiedenen Modellvorhersagen, modifiziert nach Klahr (1981, S. 253)

| *Problem* | | | *Vorhersage* | | | | | *Rückmeldung* | *Kriterium* |
|---|---|---|---|---|---|---|---|---|---|
| *Nr.* | *Notation* | *Typ* | *Vp* | *Mb* | *Mc* | *Md* | *Mc'* | | |
| 1 | 0200/0200 | A | L | L | L | L | L | + | g |
| 2 | 0020/0200 | GL | GL | GL | GL | GL | GL | + | g |
| 3 | 0020/3000 | KA | R | R | * | L | R | — | g |
| 4 | 0003/0100 | KG | L | L | * | L | L | + | a |
| 5 | 0200/0400 | KG | L | R | * | R | L | — | a |
| 6 | 0102/2010 | GL | GL | GL | GL | GL | GL | + | g |
| 7 | 0003/0020 | KA | L | L | * | R | L | — | g |
| 8 | 0100/0200 | KG | L | R | * | R | L | — | a |
| 9 | 0040/1020 | KG | L | L | * | L | L | + | g |
| 11 | 0001/2000 | G | R | R | R | R | R | + | g |
| 12 | 0013/1020 | KA | L | L | * | R | L | — | g |
| 13 | 0120/2200 | KA | L | R | * | L | L | + | a |
| 14 | 0200/1300 | KG | L | R | * | R | L | — | a |
| 15 | 0002/0010 | KA | R | L | * | R | R | + | g |
| 16 | 0023/1110 | KG | R | L | * | L | L | — | g |

* = Zufallsverhalten
a = Abstand
g = Gewicht

Aus Intro- und Retrospektionsdaten (vgl. Band 1, Punkt 1.2.4) isoliert er das sogenannte *Dichotomisierungsprinzip*, welches besagt, daß die Dimensionen Gewicht und Abstand immer als »groß« oder »klein« klassifiziert werden. Bis zu zwei Gewichtsscheiben an einem Hebelarm gelten als »klein«, mehr als »groß«. Entsprechend gilt ein Abstand bis zu zwei Einheiten vom Drehpunkt als »klein«, bei mehr Einheiten als »groß«. Basierend auf dieser Tendenz entwickelt Klahr ein Programm (Modell c', vgl. Tabelle 3.7), welches zu prüfen beginnt, wenn weder Gewicht noch Abstand gleich sind, also Konfliktprobleme vorliegen. Aus Abbildung 3.10, einer Entscheidungsbaumdarstellung dieses Simulationsprogramms, geht hervor, daß immer dann, wenn entweder das Gewicht oder der Abstand, nicht aber beide gleichzeitig als »groß« gelten, die Seite mit dem »großen Wert« ausschlaggebend ist.
Nun verbleibt noch in jenem Fall Unsicherheit, wenn auf beiden Hebelarmen gleichzeitig »große Werte« vorliegen. An dieser Stelle führt Klahr ein zweites Prinzip ein, um zu konkreten Vorhersagen

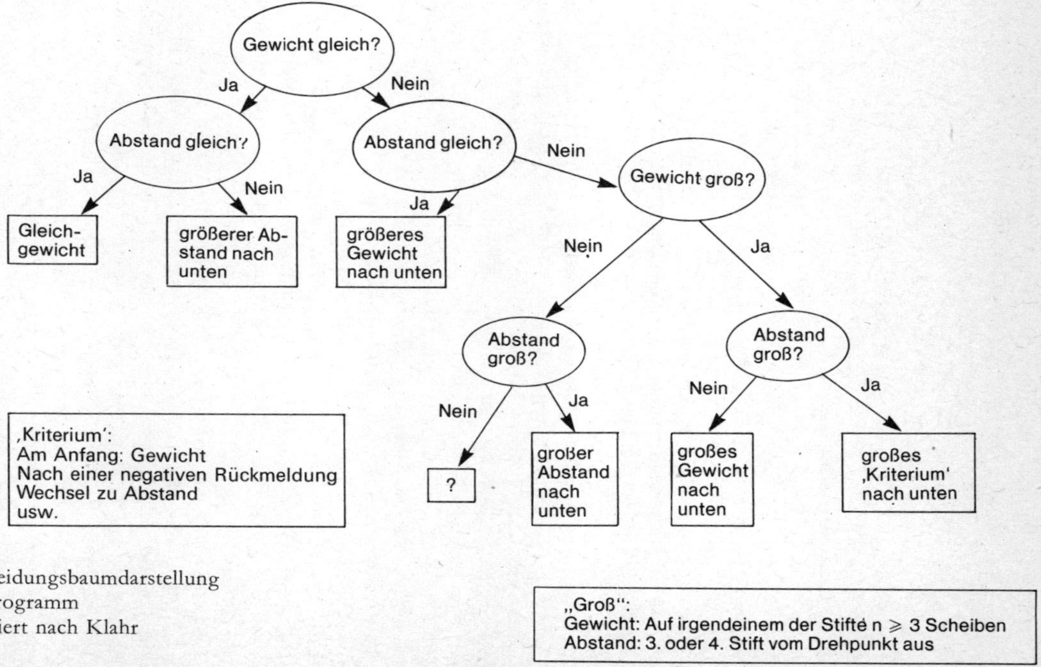


*Abb. 3.10:* Entscheidungsbaumdarstellung
zum Simulationsprogramm
Modell c', modifiziert nach Klahr
(1981, S. 257).

kommen zu können, nämlich den Rückgriff auf ein gerade *dominierendes Entscheidungskriterium*, also Gewicht oder Abstand (in Tabelle 3.7 mit g und a symbolisiert). Zusätzlich nimmt er an, daß »Gewicht« *voreingestellt* ist, ähnlich wie Clark & Chase (1972) in ihrem Modell zum Bild-Text-Vergleich (vgl. Band 1, Punkt 4.3.1.2) die Ja-Entscheidung als voreingestellt postulieren. Erfährt die Vp allerdings, daß ihre Vorhersage falsch war (negative Rückmeldung), dann wechselt das Kriterium. Klahr nimmt diese Prinzipien (und weitere Informationen) in das Produktionssystem Modell c′ auf und erzielt die in Tabelle 3.7 aufgeführten Vorhersagen, die denen des trainierten achtjährigen Mädchens beinahe perfekt entsprechen.

Wir können nicht auf weitere Details dieses komplexen Simulationsprogramms auf der Basis von Produktionssystemen eingehen, sondern abschließend nur noch die Annahmen und den Wert dieses Ansatzes diskutieren. Bezüglich der Annahmen zu den konfliktlösenden Prinzipien könnte man mit Recht einwenden, daß Intro- und Retrospektion eine recht subjektive Datenbasis darstellen und daß andere Prinzipien möglicherweise ebenfalls zu einer perfekten Datenanpassung geführt hätten. Allerdings haben wir mit den referierten Studien von Brainerd (1983) und Siegler & Richards (1983) Befunde kennengelernt, die sowohl die Tendenz zum Kriterienwechsel als auch die zur Dichotomisierung als durchaus plausible und begründete psychologische Annahmen erscheinen lassen. So hatte Brainerd gezeigt, daß bei Wahrscheinlichkeitsbeurteilungsproblemen bei positiver Rückmeldung eine Perseverationstendenz (beibehalten der vorhergesagten Ereignisklasse) und bei negativer Rückmeldung eine Alternationstendenz (wechseln der vorhergesagten Ereignisklasse) auch bei Sieben- bis Achtjährigen erkennbar bleibt (vgl. Punkt 3.1.2). Von daher kann man diese Annahme von Klahr *im Nachhinein auch inhaltlich untermauern* und nicht allein mit dem guten Modellfit rechtfertigen. Ähnliches gilt für die Dichotomisierungstendenz. Siegler & Richards (1983) Studien zeigen, daß der Zahlenbegriff auf mittlerer Hierarchieebene Größenbenennungen enthält, die in Bezug auf die konkreten Zahlen 1 bis 4 durchaus einer Dichotomisierung entsprechen. Die Gruppen »kleinste« und »kleine« Zahlen erfahren ihre Benennung auf dem Hintergrund der Zahlen von 1 bis 9. Gilt es dagegen, die Zahlen von 1 bis 4 zu klassifizieren, so entspricht die Dichotomisierung »klein« (1, 2) und »groß« (3, 4) diesem Rahmen. Zumindest aber kann man aus den Befunden ableiten, daß das Mädchen eine interne Repräsentation des Zahlenbegriffs besitzt, wie es die Modelle nahelegen, und daß es beim Umgang mit den Waagebalkenproblemen, in welchen Zahlen verarbeitet werden müssen, vor allem dann auf dieses Wissen zurückgreift, wenn andere Entscheidungsmöglichkeiten fehlen, also keine entsprechenden kognitiven Operatoren (Produkt-Summen-Regel) zur Verfügung stehen. Der besondere Wert dieser Studie liegt aus dieser Sicht letztlich darin, gezeigt zu haben, daß die Entwicklung des Proportionalitätsbegriffs nicht etwa allein einem logischen Auf- und Ausbau durch das Hinzufügen und Differenzieren von Operatoren entspricht, sondern daß es Entwicklungsstadien gibt, die *nicht logisch aber psychologisch*, d. h. unter Rückgriff auf Konzepte wie »Arbeitsgedächtnis«, »epistemische und heuristische Struktur« usw., zu erklären sind.

## 3.3 Entwicklung der evaluativen Struktur

Wenn wir eingangs zu diesem Kapitel festgestellt haben, daß die Untersuchung der Entwicklung des Problemlösens erst in jüngster Zeit stark vorangetrieben wird, so gilt dies in verstärktem Maße für den Bewertungsaspekt. Das Schwergewicht der Ausführungen zu diesem Thema liegt deshalb auf einem neueren Ansatz von Hussy & Köhl (1982a, b) und auf der Reinterpretation einer klassischen Untersuchung von Bruner, Olver & Greenfield (1966).

### 3.3.1 Veränderungen in der Informationsselektion

Einen ersten Versuch, den kognitiven Aspekt des Bewertungsvorgangs beim Problemlösen einer entwicklungspsychologischen Analyse zu unterziehen, unternahmen Hussy & Köhl (1982a, b). Sie lehnen sich dabei eng an das bereits mehrfach betrachtete sequentielle Problemlöseparadigma an (vgl. die Punkte 3.1 und 3.2, sowie Band 1, Abbildung 4.28), in welchem es gilt, möglichst viele korrekte Vorhersagen – bezogen auf eine gegebene Matrix mit Symbolen – in Folge zu treffen. Um zu erkennen, ob man mit dem eigenen Vorhersageverhalten dem Ziel näherkommt, muß aus diesem eigenen Verhalten – und den Rückmeldungen – Information ausgewählt werden, z. B. die Anzahl an Treffern in den letzten zehn im Vergleich zu den ersten zehn Vorhersagen. Die solchermaßen *selektierten Informationen entsprechen Bewertungsmaßstäben* und die Entwicklung wäre analog zur heuristischen Struktur in einer Anreicherung, Differenzierung und Integration zu verstehen.

#### *3.3.1.1 Evaluationsparadigma*

Um den Bewertungsaspekt erfassen zu können, entwickeln Hussy & Köhl (1982a, b) ein sogenanntes Evaluationsparadigma. Ihre Vpn

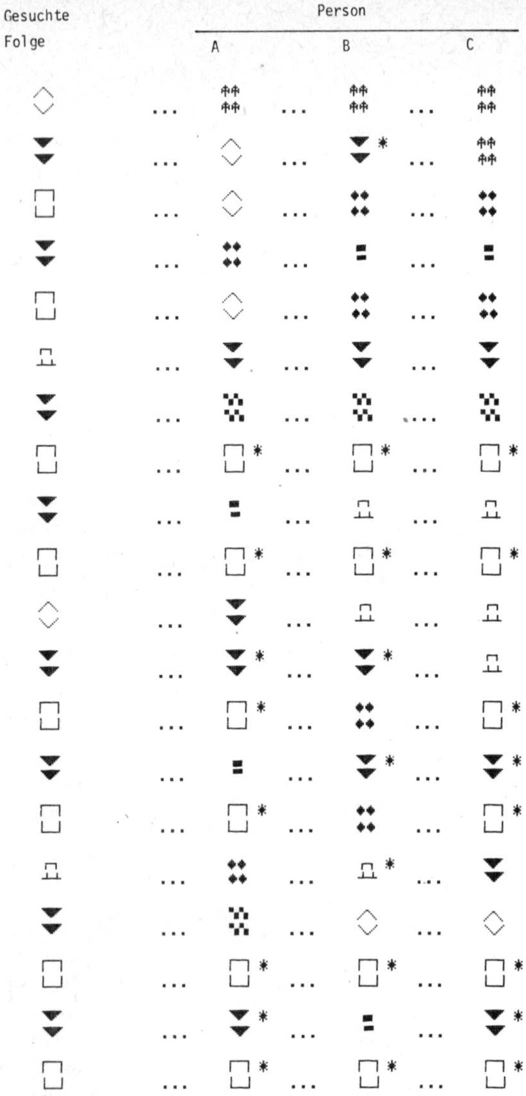


*Abb. 3.11:* Vorlage zu einem Bewertungsproblem, wobei eine Rangreihe der Personen A, B und C bezüglich der Zielnähe (= gesuchte Folge) zu bilden ist, modifiziert nach Hussy & Köhl (1982a, S. 67). Treffer (= korrekte Vorhersagen) der drei Personen sind mit * hervorgehoben.

bearbeiten zunächst das genannte sequentielle Problem und erhalten danach eine Vorlage in Form von Abbildung 3.11.
Sie enthält die jeweils letzten zwanzig Vorhersagen von drei Personen (A, B und C), zusammen mit der gesuchten Folge, die – wie erwähnt – zuvor von den Pbn selbst bearbeitet wurde, also bekannt ist. Die Aufgabe besteht darin, diese drei Personen in eine *Rangreihe* zu bringen, und zwar in Bezug auf die Zielnähe, d. h. Rangplatz 1 erhält jene Person, von der die Vp annimmt, daß sie der Lösung des Problems am nächsten ist usw. Mit den Worten des SPIV-Modells handelt es sich hier also um den Evaluationsprozeß oder den *Ist-Soll-Vergleich*.
Wie sehen nun die dazu benötigten Bewertungskriterien im einzelnen aus? Ein offensichtlicher Maßstab ist die *Trefferzahl*. Allerdings zeigt ein genaueres Auszählen, daß sich die Personen A, B und C hinsichtlich dieses Aspekts nicht unterscheiden. Nimmt man jedoch ein zweites Kriterium hinzu, so liefert die Trefferzahl durchaus Unterscheidungsmöglichkeiten, nämlich die *Phase* (der Abschnitt innerhalb der insgesamt zwanzig Vorhersagen), in welcher die Treffer erzielt wurden. Tabelle 3.8 enthält Informationen für die Phase 1 (Anfang, Vorhersage 1–7), Phase 2 (Mitte, 8–13) und Phase 3 (Ende, 14–20).

*Tab. 3.8:* Treffer- (Tr) und Zeicheninformation (fZ) zu den Personen A, B und C, für die drei Phasen der Vorhersagesequenz und die Gesamtsequenz

| | *Phase* | | | | | | | |
|---|---|---|---|---|---|---|---|---|
| *Person* | *1 (Anfang)* | | *2 (Mitte)* | | *3 (Ende)* | | *Gesamtfolge* | |
| | *Tr* | *fZ* | *Tr* | *fZ* | *Tr* | *fZ* | *Tr* | *fZ* |
| A | 0 | 3 | 4 | 1 | 4 | 3 | 8 | 7 |
| B | 1 | 6 | 3 | 1 | 4 | 2 | 8 | 9 |
| C | 0 | 6 | 3 | 0 | 5 | 0 | 8 | 6 |

Sie belegen, daß Person C im letzten Abschnitt (und nur dieser ist für die Zielnähe als Kriterium relevant) durchaus schon sehr gute Leistungen zeigt, vor allem wenn man zusätzlich berücksichtigt, daß sie keine *falschen Zeichen* (in Tabelle 3.8 mit fZ symbolisiert) mehr verwendet, also Symbole, die in der objektiven Folge nicht vorkommen. Diesbezüglich ist primär die Person A stark im Hintertreffen (drei falsche Zeichen), aber auch Person B hat das korrekte Zeichenrepertoire noch nicht vollständig gespeichert (fZ = 2).

Unter Verwendung transinformationsanalytischer Maße (vgl. Hussy 1982) erstellen die Autoren für die drei Phasen die objektiven Rangfolgen der drei Personen, zunächst abgestellt auf den *Trefferaspekt*. Aus der Diskrepanz zwischen den drei »objektiven« Rangreihen und der »subjektiven« Rangreihe der Vpn erhält jeder Pb drei Güteindizes für die Evaluationsleistung, also E 1 als Index für die Bewertungsgüte gemessen am Folgenanfang, E 2 für die Folgenmitte und E 3 für das Ende. Entsprechend verfahren Hussy und Köhl für die *Zeicheninformation* und erhalten analog die Maße E 4, E 5 und E 6. Tabelle 3.9 systematisiert dieses Auswertungssystem und gibt für die sechs Indizes die jeweils optimale Rangreihe.

*Tab. 3.9:* Die Beschreibung der sechs Evaluationsindizes und ihr optimaler Ausprägungsgrad bezüglich der sechs möglichen Rangreihen

| *Informations-art* | *Informations-abschnitt* | *Index* | *mögliche Rangreihen* | | | | | |
|---|---|---|---|---|---|---|---|---|
| | | | *ABC* | *ACB* | *BAC* | *BCA* | *CAB* | *CBA* |
| Treffer | Anfang | E 1 | 1 | | 1 | | | |
| | Mitte | E 2 | | | | | 1 | |
| | Ende | E 3 | | | | | | 1 |
| Zeichen | Anfang | E 4 | | 1 | | | | |
| | Mitte | E 5 | | | | | | 1 |
| | Ende | E 6 | | | | | | 1 |

Zwei Beispiele sollen diese Angaben und die Auswertungslogik illustrieren. Eine Vp, die primär den Folgenanfang und die Treffer berücksichtigt, um zu ihrer Bewertung zu kommen, erstellt die Rangfolge ABC oder BAC. Sie erhält dafür den optimalen Wert von 1 (Minimalwert = 0) für den Index E 1. Dagegen kommt ein Pb, der den Endabschnitt und die Zeichen zur Beurteilung heranzieht, zur Rangreihe CBA und erhält dafür auf Index E 6 den Optimalwert. Die Autoren interpretieren nun, sozusagen im *Umkehrschluß*, hohe Werte in E 1 und/oder E 4 als Hinweis für die Selektion des Folgenanfangs als Beurteilungsgrundlage bzw. in E 3 und/oder E 6 für das Ende.

### *3.3.1.2 Altersunterschiede*

Aus der Vielzahl möglicher Analysen sollen hier exemplarisch zwei herausgegriffen werden, nämlich die varianzanalytischen Ergebnisse zu E 1 und E 6. Beide erbringen einen überzufälligen Alterseffekt (untersuchte Altersgruppen: 8-, 10-, 12-, 15-, 20-, 40- und

60jährige), dessen jeweilige Bedeutung aus Abbildung 3.12 zu entnehmen ist.
Ersichtlich sind es in erster Linie die Acht- und Zehnjährigen, die den Folgenanfang und die Treffer als Quellen der Information zur Erstellung der Rangreihen auswählen (vgl. Abbildung 3.12a), während vor allem die Werte der Fünfzehn- und Zwanzigjährigen zeigen, daß sie diese Kriterien nicht heranziehen. Vielmehr gelten für diese beiden Altersgruppen (und für die Vierzigjährigen) eher das Folgenende und die korrekten Zeichen (neben den Treffern) als die eigentlich relevanten Evaluatoren (Abbildung 3.12 b). Hussy &

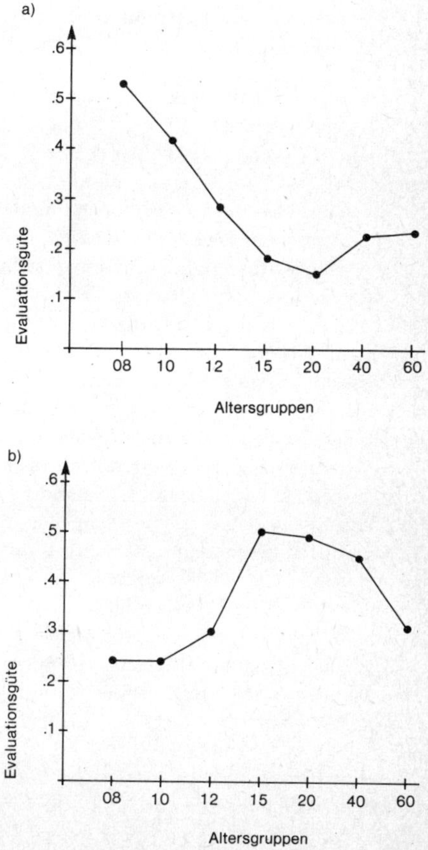


*Abb. 3.12:* Altersunterschiede in den Gruppenmittelwerten von (a) E1 (Folgenanfang, Treffer) und (b) E6(Folgenende, Zeichen), modifiziert nach Hussy & Köhl (1982b, S. 23 und 31).

Köhl kommen aufgrund ihrer Ergebnisse zu folgendem Gesamtbild:

»Insgesamt ergibt sich im ... Evaluationsparadigma das erwartete ... Bild der Altersunterschiede hinsichtlich der Verwendung definierter Evaluatoren. Die Auswahl geeigneter Evaluatoren zur Beurteilung des Zielabstandes gelingt mit zunehmendem Alter immer besser. 15- und 20jährige erreichen hier die Spitzenleistung sowohl in der Selektion der relevanten Folgenausschnitte als auch in der Aufnahme der Hinweise dafür, inwieweit die Problemlösung (zum Teil) gelungen ist. Der Leistungsabfall für die 40- und 60jährigen bewegt sich im Zufallsbereich, doch zeigen die Ergebnisse gerade für die 60jährigen in Richtung eines dem Aufbau entgegenlaufenden Abbauprozesses.« (1982 b, S. 36 und 37).

### 3.3.2 Beeinflußbarkeit von Informationsselektionsstrategien

Neben einigen Kritikpunkten am Datenerhebungsinstrument (vgl. Funke 1982) bleibt die Frage, ob mit dem von Hussy und Köhl gewählten Vorgehen tatsächlich der im Problemlöseprozeß enthaltene Evaluationsanteil erfaßt wird, d. h. ob die mit Hilfe des Fragebogens *nachträglich* erhobenen und isolierten Evaluatoren jenen entsprechen, die bei der *aktuellen* Problembearbeitung eingesetzt werden. Direktere Information dazu liefert die bereits bekannte Untersuchung von Bruner, Olver & Greenfield (1966, vgl. Band 1, Punkt 4.5.3). Die Aufgabe der Pbn (im Alter zwischen drei und neun Jahren) bestand darin, aus vier Mustervorlagen jenes herauszufinden, welches durch den Vl festgelegt war. Dazu konnten sie versuchen, durch Berühren von Lämpchen (eines 5 × 5 Lampenfeldes) die Muster frühzeitig zu erschließen, denn wenn das berührte Lämpchen aufleuchtete, war es Bestandteil des zu findenden Musters. Die Idealstrategie bestand also im Austesten diskriminativer Information, d. h. von Lämpchen, die nicht Bestandteil *aller* Muster waren (redundante Wahlen), sondern nur von einem oder wenigen Mustern. Die optimale *Selektionsstrategie* konnten die Autoren jedoch nur bei einigen wenigen Neunjährigen finden. Vielmehr dominiert im Altersbereich zwischen fünf und neun Jahren die sogenannte *Nachbildungsstrategie*, gekennzeichnet durch den Versuch des systematischen Nachbildens je eines der vier Muster. Das Vorgehen der Dreijährigen benannten sie als *planloses Suchverhalten*.

Allerdings ergab sich eine deutliche Veränderung, wenn die Pbn nach jeder Wahl gefragt wurden, ob sie nun schon wüßten, welches Muster gemeint ist. Durch diese *Betonung des Bewertungsaspekts* (Ist-

Soll-Vergleich) kommen alle Neunjährigen und 80 Prozent der Siebenjährigen zur optimalen Strategie. Auch ein kleiner Teil der Fünfjährigen wechselte zu dieser Vorgehensweise. Allein die jüngste Altersgruppe veränderte ihr Verhalten nicht.
Auch diese Studie belegt die Annahme, daß mit zunehmendem Alter verstärkt zielrelevante Information zur Bewertung des Operatoreinsatzes herangezogen wird. Darüber hinaus differenziert sie das Bild insofern, als der Aufbau mit dem Alter nicht nur darin besteht, daß solche Kriterien *erworben werden* bzw. *konstruierbar sind*, sondern daß auch für die Evaluatoren – ähnlich wie für die Operatoren (vgl. Punkt 3.1) – ein *Abrufdefizit* vorliegen kann, welches mit zunehmendem Alter geringer wird bzw. ganz verschwindet.

## 3.4 Zusammenfassende Bewertung

### 3.4.1 Fundamentalentwicklungshypothese

Das hier präsentierte Bild zur Entwicklung des Problemlösens ist in vielerlei Hinsicht unvollständig. So fehlen gesamte *inhaltliche Bereiche* (z. B. zentraler Prozessor, vgl. Hussy 1986), die jeweils betrachteten *Altersausschnitte* schwanken erheblich und besitzen allenfalls im unteren Altersbereich Überlappungen. Schließlich variieren auch die verwendeten *Problemlöseparadigmen* sehr stark, lassen sich damit nicht in einen systematischen Bezug zueinander bringen und umfassen auch nicht das Geamtspektrum, vernachlässigen z. B. das komplexe Problemlösen (vgl. Hussy 1986). Nicht zuletzt bleibt der häufig beobachtbare *Abbau* ab einem bestimmten Alter ohne spezielle Aufmerksamkeit, obwohl nicht davon ausgegangen werden kann, daß sich Auf- und Abbauprozesse inhaltlich immer voll entsprechen. Dennoch liegen viele Anhaltspunkte zu einer *Fundamentalentwicklungshypothese* vor, die lauten könnte: Bis zu einem bestimmten Alter, welches von der Art der Problemstellung abhängt, zeigt sich eine zunehmende Problemlösequalität. Dieser Aufbau bezieht sich primär auf eine *Anreicherung, Differenzierung und Integrierung* der langfristigen Informationsverarbeitungsstrukturen und -prozesse durch *Erfahrungserwerb*. Eine gleichzeitig ablaufende *Erweiterung der Kapazität* der mittelfristigen Speichermedien ist denkbar, aber von vergleichsweise *geringerer Bedeutung*. Ab diesem problemabhängigen optimalen Alter ist eine Abnahme der Problemlösequalität festzustellen. Dieser Abbau fällt umso *geringer aus* und setzt umso *später ein*, je stärker das Faktenwissen am Lösungsprozeß beteiligt ist. Die zugrundeliegenden Prinzipien sind noch weitgehend ungeklärt, sind aber *keinesfalls deckungsgleich* mit denen zum Aufbau. Vielmehr muß u.a. an fehlende *Übung* im Umgang mit Problemlösesituationen, an *erschwerte Verfügbarkeit* problemrelevanten Wissens und an eine *eingeengte Aufmerksamkeitsspanne* gedacht werden.

### 3.4.2 Vorverarbeitung- versus Kapazitätshypothese

Den den Aufbau betreffenden Hypothesenteil wollen wir abschließend zu diesem Kapitel herausnehmen und einer zusätzlichen Analyse unterziehen. Dazu greifen wir die eingangs bereits zitierte Studie von Hussy & von Eye (1986) nochmals auf und referieren zusätzlich jene Anteile, die für diese Fragestellung von Belang sind. Wie bekannt existieren Altersunterschiede in der Behaltensleistung für sinnfreies (R 1) und sinnvolles Material (R 2, vgl. Punkt 3.1, Abbildung 3.1). Diese sind als abhängig von einer altersentsprechenden Veränderung der Kapazität des KZS *(Kapazitätshypothese)* oder vom Aufbau der langfristigen Verarbeitungsstrukturen im

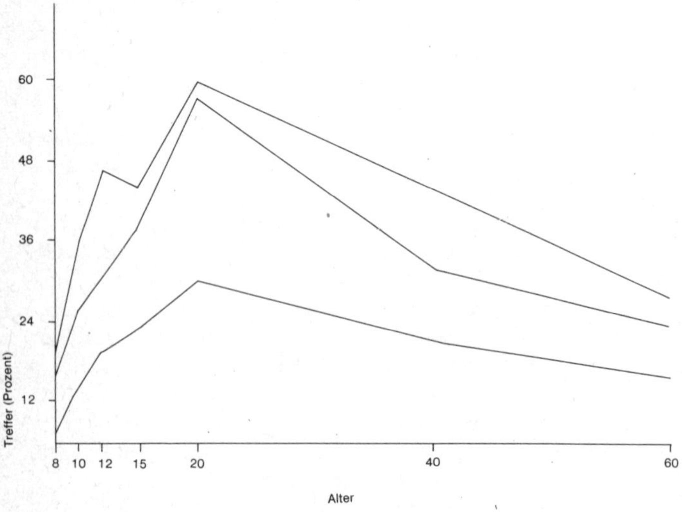


*Abb. 3.13:* Effizienz des Abrufs und der Anwendung des Operators ›Superzeichenbildung erster (S 1), dritter (S 3) und fünfter Ordnung (S 5)‹ in den verschiedenen Altersgruppen, operationalisiert am Trefferprozent im Vorhersageproblem T 1, modifiziert nach Hussy & von Eye (1986).

Sinne der besseren Vorverarbeitbarkeit der zu speichernden Informationen *(Vorverarbeitungshypothese)* interpretierbar. Hussy und von Eye postulieren, daß die Leistungsunterschiede aus der altersabhängigen Entwicklung der heuristischen Struktur, also aus dem Veränderungswissen erklärbar sind, präferieren somit die Vorverarbeitungshypothese. Sie verwenden zur Bestimmung des Entwicklungsstandes der Operationsstruktur das bereits hinlänglich bekannte sequentielle Problemlöseparadigma (vgl. Punkt 3.1 und 3.3, sowie Band 1, Punkt 4.5.2). Abbildung 3.13 enthält die graphische Veranschaulichung der Vorhersageleistungen der verschiedenen Altersgruppen (8-, 10-, 12-, 15-, 20-, 40- und 60jährige) im leichteren Problem T1. Gemessen wird der Prozentsatz der gebildeten Superzeichen erster (T1S1), dritter (T1S3) und fünfter Ordnung (T1S5).

Der Aufbau der Effizienz des Operators »Superzeichenbildung« – im Sinne der Etablierung bedingter Wahrscheinlichkeiten unterschiedlichen Ordnungsgrades – bis zu einem Alter von zwanzig Jahren ist nicht zu übersehen. Dieses gilt sowohl für den Aspekt der Abrufbarkeit, als auch für den Aspekt des Vorhandenseins dieser Verarbeitungsregeln (vgl. Brainerd 1983, Punkt 3.1.2). Offensichtlich sind Achtjährige noch *nicht in der Lage*, Superzeichen fünfter Ordnung zu bilden, wohl aber die Zwanzigjährigen. Andererseits sind bereits Achtjährige in der Lage, bedingte Wahrscheinlichkeiten erster Ordnung zu erkennen, erreichen dabei aber *nicht die Leistungsebene* der Zwanzigjährigen. Vierzigjährige zeigen demgegenüber die bereits bekannten Defizite im Veränderungswissen (vgl. Punkt 3.2), da die Problemstellung kaum auf die epistemische Struktur bezogen ist. Die Bearbeitung eines zweiten, schwierigeren Problems (T2) erbrachte vergleichbare Ergebnisse.

Mit Hilfe der *Strukturgleichungsmethode* (EQS) von Bentler (1983, 1984) überprüfen die Autoren ihre Vorverarbeitungshypothese. Tabelle 3.10 faßt die inhaltlichen Annahmen und die zugehörigen mathematischen Formulierungen zusammen, wobei in erster Linie die Annahmen 5 und 6 die Korrespondenz zur zentralen Hypothese herstellen. Die mathematischen Gleichungen stehen somit für das *hypothetische Entwicklungsmodell*, das anhand des Datensatzes überprüft wird.

Die Ergebnisse, die in Abbildung 3.14 zusammengestellt sind, besagen, daß das Modell dem Datensatz weitgehend entspricht. Bezogen auf die Annahmen 5 und 6 bedeutet dieser Sachverhalt, daß die Behaltensfähigkeit (operationalisiert durch die Behaltensleistungen R1 und R2) allein durch den Operator »Superzeichenbildung‹ (operationalisiert durch T1S1 bis T2S5) bedingt ist und daß

*Tab. 3.10:* Erläuterung der Überprüfung der Vorverarbeitungshypothese mit Hilfe der Strukturgleichungsmethode EQS von Bentler (1983, 1984) durch die inhaltliche und mathematische Beschreibung der Annahmen (nach Hussy & von Eye 1986)

| *Annahme* | *Inhaltliche Formulierung* | *Mathematische Formulierung* | *Zugelassene Korrelationen* |
|---|---|---|---|
| 1 | Den Leistungen beim Problemlösen liegt eine gemeinsame kognitive Operation (Faktor F1) zugrunde, genannt Superzeichenbildung | | |
| 2 | Die gemessenen Leistungen dieser Superzeichenbildung (S1, S3, S5) in den beiden Schwierigkeitsstufen (T1, T2) werden durch F1 bedingt, bilden aber für T1 und T2 unterscheidbare Unterklassen | T1 S1 = a1 F1 + b1 E1<br>T1 S3 = a2 F1 + b2 E2<br>T1 S5 = a3 F1 + b3 E3<br>T2 S1 = a4 F1 + b4 E4<br>T2 S3 = a5 F1 + b5 E5<br>T3 S5 = a6 F1 + b6 E6 | E1–E2,<br>E1–E3,<br>E2–E3,<br>E4–E5,<br>E4–E6,<br>E5–E6 |
| 3 | Den Leistungen beim Lernen liegt eine gemeinsame kognitive Operation (Faktor F2) zugrunde, genannt Behaltensfähigkeit | | |
| 4 | Die gemessenen Leistungen dieser Behaltensfähigkeit bei sinnvollem (R2) und sinnfreiem Material (R1) werden durch F2 bedingt, bilden aber unterscheidbare Unterklassen | R1 = a8 F2 + b8 E7<br>R2 = a9 F2 + b9 E8 | |
| 5 | Behaltensfähigkeit (F2) wird allein durch Superzeichenbildung (F1) bedingt | F2 = a7 F1 + b7 D2 | |
| 6 | Alter (A) korreliert nur mit Superzeichenbildung (F1) | | F1–A |

wobei E1–E8 und D2: Fehlerwerte
b1–b9: Gewichte der Fehlerwerte
a1–a9: Pfadkoeffizienten (Stärke der Kausalbeziehung)

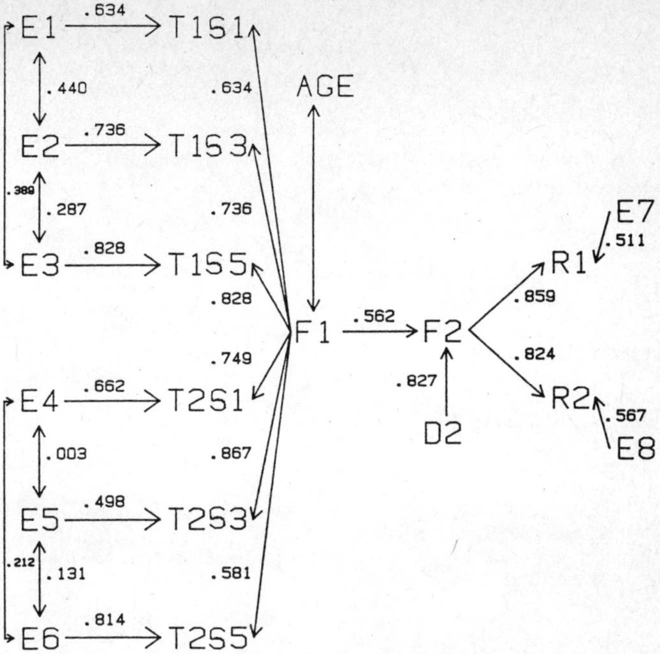


*Abb. 3.14:* Veranschaulichung der Ergebnisse zur Überprüfung der ›Vorverarbeitungshypothese‹ mit Hilfe der Strukturgleichungsmethode von Bentler (1983, 1984), modifiziert nach Hussy & von Eye (1986).

Altersunterschiede in den Behaltensleistungen somit auf den Zusammenhang von Alter und Superzeichenbildung zurückführbar sind.

Bleibt die Frage zu klären, in welcher Weise der Operator »Superzeichenbildung« zur Vorverarbeitung des Lernmaterials beitragen kann. Beim sequentiellen Problemlösen besteht die Verarbeitung der Informationen durch diesen Operator im Zusammenfassen der Einzelelemente zu Gruppen von zwei, drei und mehr Elementen zur Abbildung bestimmter Gesetzmäßigkeiten. Der Analyseschwerpunkt wechselt von der Betrachtung eines einzelnen Elementes über zur Etablierung von Gruppierungen. Es sind somit *Klassifikations-* und *Abstraktionsschritte*, die beim Bilden der bedingten Wahrscheinlichkeiten vollzogen werden. Genau jene kognitiven Prozesse verdichten auch das Material der Wort- bzw. Silbenlisten.

Auch bei inhaltlichen oder phonetischen Klassifikationen des Materials findet der *Wechsel in der Betrachtungseinheit* statt, auch hier sind Abstraktionsleistungen zu vollbringen. Je effektiver diese kognitiven Operationen – sowohl hinsichtlich des Vorhandenseins als auch der Abrufbarkeit – sind, desto besser die Vorverarbeitung (Informationsreduktion, -verdichtung) und folglich auch die Behaltensleistung.

## 3.5 Weiterführende Literatur


Chi,M.T.H. (Hrsg.). 1983. Trends in memory development and research. Basel: Kargers.

Foppa, K. & Groner, R. (Hrsg.). 1981. Kognitive Strukturen und ihre Entwicklung. Bern: Huber.

Klahr, D. & Wallace, J.G. 1976. Cognitive development: an information processing view. Hillsdale, N.J.: Erlbaum.

Oerter, R. 1981. Cognitive socialization during adolescence. International Journal of Behavioral Development 4, 61–76.

Weinert, F. & Kluwe, R.H. (Hrsg.). 1984. Metakognition, Motivation und Lernen. Stuttgart: Kohlhammer.

Wippich, W. 1984. Lehrbuch der angewandten Gedächtnispsychologie. Band 1. Stuttgart: Kohlhammer.

# 4 Denken und Aufmerksamkeit

Als zu Beginn der achtziger Jahre dieses Lehrbuch geplant wurde, war für das anstehende Kapitel eine Abhandlung zum Zusammenwirken von Denken und Motivation vorgesehen worden. Während jedoch der Erkenntniszuwachs in diesem Bereich ein nur relativ gemäßigtes Tempo aufweist, trat ein anderes Gebiet nahezu kometenhaft in den Mittelpunkt wissenschaftlichen Interesses: die *Aufmerksamkeit*. Wir haben uns deshalb entschlossen, dieses hochinteressante Thema aufzugreifen und den motivationalen Aspekt nur in diesem Zusammenhang abzuhandeln.

Wenn von einem kometenhaften Auftauchen der Aufmerksamkeitsforschung die Rede war, so müßte man eigentlich präziser von einem Wiederauftauchen sprechen, denn bereits zur Jahrhundertwende beschäftigte sich bsw. Titchener (1908) mit diesen Inhalten. So formulierte er das Gesetz der »frühen Aufnahme« (law of prior entry), welches besagt, daß zwei simultan dargebotene Stimuli (z.B. ein Licht- und ein Tonsignal) als nacheinander auftretend wahrgenommen werden, wobei meist der Eindruck entsteht, daß das visuelle dem akustischen Signal vorausgeht. Man kann sich die potentielle Bedeutung dieses Effekts im Zusammenhang mit Zeugenaussagen vor Gericht leicht verdeutlichen. Allerdings verschwand das Interesse an solchen Fragestellungen unter dem Eindruck des aufkommenden Behaviorismus und es dauerte bis zum Anfang der fünfziger Jahre, ehe einige britische Wissenschaftler den Faden wieder aufgriffen. Cherry (1953) war es, der damals die Aufmerksamkeit auf das Konzept der *Aufmerksamkeit* lenkte, als er vom »cocktail party«-Phänomen berichtete. Im Kern geht es dabei um die Tatsache, daß menschliche Individuen in der Lage sind, einem Gespräch selbst dann zu folgen, wenn – wie auf einer lauten Party – in unmittelbarer Nähe gleichzeitig eine Vielzahl weiterer Gespräche geführt werden. In den letzten zehn Jahren schließlich avancierte die Aufmerksamkeit gerade auf dem nordamerikanischen Kontinent zu einem der am intensivsten untersuchten Themen der Kognitionspsychologie.

Dennoch fällt den Wissenschaftlern eine Definition ihres Untersuchungsgegenstands schwer. Zweifellos befindet sich eine aufmerksame Person in einem bestimmten kognitiven Zustand. Dieser bezieht sich auf in der Person ablaufende Wahrnehmungs- und Denkprozesse und ist dadurch gekennzeichnet, daß er der *Auswahl* und *Bereithaltung* von Informationen aus der Umwelt (und aus der Person selbst) zur weitergehenden Verarbeitung dient. Dabei ist nichts darüber ausgesagt, ob die Aufmerksamkeit zentriert ist, z. B. auf die Überwachung eines Bildschirms, oder verteilt ist, bsw. auf die Beobachtung spielender Kinder auf einem Spielplatz. In beiden Fällen sind relevante Informationen zu beachten und irrelevante Informationen zu negieren.

Ganz eindeutig steht die *Informationsselektionsfunktion* im Mittelpunkt des Forschungsinteresses. Der folgende Abschnitt 4.1 ist diesem Thema gewidmet. Eng damit verbunden ist die in Abschnitt 4.2 behandelte Frage nach der *Aufmerksamkeitskapazität*, also wieviele Reize (Informationen, Signale) gleichzeitig mit Aufmerksamkeit belegt und somit bewußt gemacht und bewußt gehalten werden können. Die Verwandtschaft dieser Frage mit Kapazitätserwägungen im Bereich der mittelfristigen Speichermedien (Kurzzeitspeicher, Arbeitsgedächtnis) ist nicht zu übersehen. Dabei gehen wir auch auf die Unterscheidung zwischen Aufmerksamkeit fordernden *(kontrollierten)* und nicht fordernden *(automatisierten)* Prozessen ein und beleuchten danach die *Interaktion von Aufmerksamkeit und Aktivation* (Abschnitt 4.3). Das Kapitel schließt mit einem *Integrationsversuch* unter Betonung der *Steuerungsfunktion* (Abschnitt 4.4).

## 4.1 Reiz- und Reaktionsauswahlmodelle

Die ersten Modellvorstellungen zur Aufmerksamkeit beschäftigen sich mit der Art und dem Zeitpunkt der Informationsauswahl. Daß Selektion notwendig ist, ergibt sich allein aus der Tatsache, daß über alle Sinneskanäle pro Zeiteinheit eine Unmenge an Informationen aufgenommen werden und damit eine Überforderung für ein menschliches Individuum im Sinne einer *Informationsüberflutung* einhergeht: aufgrund der begrenzten Verarbeitungskapazität muß eine Auswahl der wesentlichen Wahrnehmungsinhalte erfolgen. Vergegenwärtigt man sich bsw. die Situation beim Lesen dieser Zeilen, so nimmt man nicht allein über den visuellen Kanal Reize auf, sondern kann sich durch einen Wechsel der Aufmerksamkeit überzeugen, daß auch Geräusche in der Umwelt existieren (z. B. gibt es Zeitzeichen), daß die Kleidung Wahrnehmungseindrücke erzeugt (vielleicht drückt der Gürtel), daß eine bestimmte Temperatur im Raum herrscht (man hat z. B. kalte Hände) usw. All diese Eindrücke werden jedoch erst bei der *Aufmerksamkeitszuwendung* bewußt, im Zuge einer intensiven Beschäftigung – etwa mit dem vorliegenden Text oder bei einem interessanten Gespräch – jedoch ausgeblendet. Die konkrete Frage heißt demnach: »*Wie* werden *welche* Informationen zu *welchem* Zeitpunkt der Verarbeitung selektiert?«

### 4.1.1 Reizselektion

Das uns bereits bekannte *Filtermodell* von Broadbent (1958, vgl. Band 1, Punkt 4.4.3.1) repräsentiert den ersten Versuch der Beantwortung dieser Fragen. Die hier interessierenden vier Kernannahmen lauten:

1) *alle* Umweltreize, die auf die Sinnesorgane treffen, werden registriert;
2) sie werden sinneskanalspezifisch in den sogenannten *sensorischen Registern* für eine kurze Zeit *vollständig* präsent gehalten, im optischen Kanal (ikonisches Gedächtnis) z.B. für etwa 0.25 Sekunden;
3) ein *selektiver Filter*, der auf *Kanalbasis* arbeitet, übernimmt die *Informationsauswahl;*
4) die *verbleibenden* Informationen werden durch einen Kanal mit begrenzter Kapazität der weiteren Verarbeitung zugeleitet.

Bezüglich der beiden ersten Annahmen ist eigentlich nur noch hinzuzufügen, daß bei Überschreitung der Behaltensdauer der sensorischen Register die Informationen zerfallen, es sei denn, sie werden mit Aufmerksamkeit belegt, somit selektiert und vor dem Vergessen bewahrt. Neisser (1967) hat für Informationen, die sich im visuellen sensorischen Register (ikonisches Gedächtnis) befinden, den Begriff *»icon«* geprägt. Entsprechend hat man Namen für die anderen Register vorgeschlagen, etwa *»echo«* für die Informationen im Register des akustischen Kanals. Im weiteren Verlauf des Texts sprechen wir in jedem Fall von Icon, unabhängig vom betroffenen Sinneskanal. In der zentralen dritten Annahme postuliert Broadbent, daß diese Selektion die Sinneskanäle betrifft, d. h. daß z.B. der akustische Kanal mit Aufmerksamkeit bedacht wird und die darüber einlaufenden Informationen zur weiteren Verarbeitung – etwa zur semantischen Anreicherung – zum Kanal mit begrenzter Kapazität weiterfließen. Alle anderen Informationen gehen verloren, erfahren also keine zusätzliche Verarbeitung.
Zur Überprüfung dieser These entwickelte Broadbent eine spezielle Version der Methode des *dichotischen Hörens*, welche schon Cherry verwendet hatte. Beim dichotischen Hören (dichotic listening) erhält die Vp über Kopfhörer zwei unterschiedliche Nachrichten (z.B. zwei Texte) in beide Ohren gespielt und hat die Aufgabe, *eine* dieser Nachrichten nachzusprechen, also quasi *nur einen* Informationskanal zu beachten. Diese Prozedur ist unter dem Namen *»shadowing«* (unter Beachtung halten) in die Literatur eingegangen. In der von Broadbent (1954) gewählten *»split-span«*-Version geht es

nicht um die Beachtung eines einzelnen Kanals, sondern um die effizienteste Form des Abrufs der Informationen aus beiden Kanälen. Dazu legte er simultan bsw. die Zahlen 2, 7, 5 auf das rechte und 6, 3, 8 auf das linke Ohr und erwartete die Reproduktion auf zwei Arten: einmal kanalgeordnet, d.h. zunächst das rechte, dann das linke Ohr und das andere Mal eingabegeordnet, d.h. paarweise das erste Ziffernpaar (also 2, 6), dann das zweite (7, 3) und das dritte (5, 8).

Die Ergebnisse entsprachen Broadbents Erwartungen. Die kanalgeordnete Wiedergabe fiel den Pbn wesentlich leichter als die eingabegeordnete, die einen ständigen, *zeitkonsumierenden* Aufmerksamkeitswechsel zwischen den beiden akustischen Kanälen erforderte und von daher Leistungseinbußen mit sich brachte. Dagegen benötigt die kanalgeordnete Reproduktion nur einen jener Aufmerksamkeitswechsel. Daß nach dem Abruf der auf das rechte Ohr gegebenen Daten auch noch einige der auf das linke Ohr gelegten Informationen erinnert werden konnten, spricht für die Existenz der postulierten sensorischen Register. Der Kerngedanke, den Broadbent aus diesen Ergebnissen ableitete, bestand in der Annahme, daß menschliche Individuen nur *einen* Sinneskanal mit Aufmerksamkeit belegen und andere Informationen erst durch einen *Aufmerksamkeitswechsel* bewußt machen können: d.h. *Informationsselektion durch Kanalauswahl.*

Wenn die Annahme von Broadbent, daß diese Selektion auf Iconebene, also vor der Bedeutungszuordnung durch den Vergleich mit Inhalten des Langzeitgedächtnisses stattfindet, zutrifft, dann dürften nur Inhalte des selektierten Kanals erinnert werden, nicht aber die übrigen Informationen. Die Ergebnisse von Cherry (1953) scheinen diese Annahmen zu bestätigen. Seine Vpn konnten im Anschluß an das Experiment einige Informationen des beachteten Kanals reproduzieren (wenngleich erstaunlich wenig), hatten aber keinerlei Erinnerung an die Inhalte des nichtbeachteten Kanals. Weitere interessante Aufschlüsse lieferten folgende Modifikationen in der experimentellen Anordnung. Die *mittlere Passage* des Textes des nichtbeachteten Kanals wurde a) durch eine weibliche Stimme gesprochen (vorher und hinterher männlich), b) rückwärts abgespielt oder c) durch einen einzelnen Ton ersetzt. Auch in diesen Fällen konnten sich die Vpn an keinerlei Inhalte des unbeschatteten Kanals erinnern (sie waren nicht einmal sicher, daß ein englischer Text vorlag). Selbst die durch Bedingung (b) gesetzten Effekte fielen nur sehr wenigen Pbn auf. Dagegen erkannten nahezu alle Beteiligten die Abweichungen in den Bedingungen (a) und (c), also *deutliche physikalische Reizveränderungen* im nichtbeachteten Kanal. Im

Prinzip stehen auch diese Erkenntnisse in Einklang mit Broadbents Modell: nicht mit Aufmerksamkeit belegte Informationen zerfallen, es sei denn, daß es sich um einschneidende Veränderungen mit Blick auf die physikalischen Reizmerkmale handelt. Im übrigen übertrugen zwischenzeitlich Neisser & Becklen (1975) die shadowing-Methode vom akustischen (selektives Hören) auf den optischen Kanal (selektives Sehen) und fanden vergleichbare Resultate. Den Versuchsteilnehmern gelang es durchaus, eine von zwei ineinander projizierte Szenen zu verfolgen, erinnerten dann aber nicht die Inhalte der anderen Szene, selbst wenn diese inhaltliche Eigentümlichkeiten enthielt. Offensichtlich handelt es sich beim selektiven Wahrnehmen durchaus um ein generelles, die meisten (alle?) Sinneskanäle betreffendes Prinzip. Menschliche Individuen besitzen die Möglichkeit zur Fokusierung ihrer Aufmerksamkeit, allerdings mit dem Preis der damit einhergehenden eingeschränkten Aufnahmefähigkeit für andere Informationen.

In der Folgezeit gab es zunehmend empirische Evidenz dafür, daß auch *nichtbeachtete Informationen in semantischer Form* verarbeitet werden müssen. So konnte schon Moray (1959) zeigen, daß der eigene Name einer Vp im Text des nichtbeachteten Kanals bemerkt wurde, ein Hinweis dafür, daß auch dort eine Bedeutungszuordnung stattgefunden haben mußte. In die gleiche Richtung deuten die Ergebnisse einer Studie von Gray & Wedderburn (1960). In einem mit der split-span-Methode durchgeführten Experiment (rechts: Katze, sieben, Maus; links: vier, fraß, elf) fiel es den Vpn leichter, inhaltlich geordnet zu reproduzieren (Katze fraß Maus, vier sieben elf), als kanalgeordnet. Dieser Befund steht in krassem Gegensatz zu Broadbents (1954) entsprechendem Experiment, wonach die kanalgeordnete Wiedergabe aufgrund der geringeren Anzahl an Aufmerksamkeitswechseln die wesentlich besseren Leistungen bringt. Die semantische Verarbeitung auch der nichtbeachteten Informationen muß also dieses zusätzliche Hindernis überwogen haben. Schließlich macht eine Untersuchung von Treisman (1960) diesen kritischen Punkt in Broadbents Modell besonders deutlich. Sie verwendete die shadowing-Prozedur mit einem Prosatext auf dem rechten (zu beachtenden) und einem biologischen Fachtext auf dem linken Ohr. In der Mitte der Darbietung wechselten die beiden Texte, d. h. der Prosatext wurde auf dem linken und der Fachtext auf dem rechten Ohr fortgeführt. Als Folge davon blieben die meisten Vpn vorübergehend beim Prosatext, *wechselten also den Kanal*. Um diesen Effekt eindeutig interpretieren zu können, kontrollierte Treisman den generellen Effekt des Textwechsels auf dem beachteten Kanal, *ohne* entsprechenden Wechsel im nichtbeachteten Kanal. In dieser Anordnung fehlte der Kanalwechsel, was belegt, daß der Inhalt und damit die semantische Verarbeitung des nichtbeachteten Kanals den Effekt im ersten Fall herbeigeführt hatte.

Treisman (1960, 1964) kam aufgrund dieser und einer Vielzahl weiterer, in die gleiche Richtung zeigender Befunde zu der Überzeugung, daß auch die nichtbeachteten Informationen eine Weiterverarbeitung erfahren. Sie modifizierte Broadbents Modell insofern, als sie postulierte, daß neben den mit Aufmerksamkeit belegten auch die übrigen Informationen die Chance besitzen, in den Kanal mit begrenzter Kapazität zu gelangen und damit Bedeutung erlangen können. Die nichtbeachteten Informationen werden somit nicht einfach – nach Verstreichen der Behaltensdauer im sensorischen Register – vergessen, sondern fließen – wie in Abbildung 4.1 angedeutet – in *gedämpfter Form* (attenuated) weiter. Worin im einzelnen jedoch dieser Dämpfungsvorgang besteht, ob es sich dabei möglicherweise um einen automatischen, also unbewußten Selektionsprozeß handelt, oder ob vielleicht die Reizintensität verringert wird, bleibt ungeklärt.

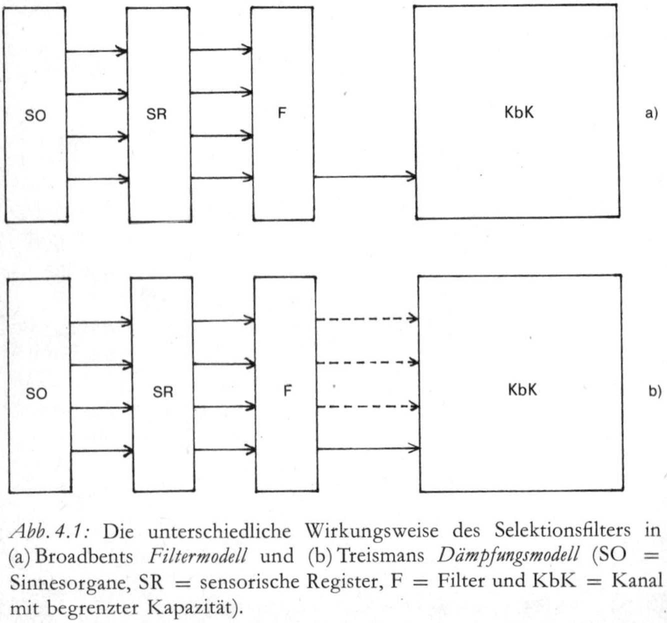


*Abb. 4.1:* Die unterschiedliche Wirkungsweise des Selektionsfilters in (a) Broadbents *Filtermodell* und (b) Treismans *Dämpfungsmodell* (SO = Sinnesorgane, SR = sensorische Register, F = Filter und KbK = Kanal mit begrenzter Kapazität).

Ziel dieses Dämpfungsvorgangs ist in jedem Fall eine *Verringerung* der Menge einlaufender Informationen aus den nichtbeachteten Kanälen, um eine Überlastung des »limited capacity canal« zu vermeiden. Ungeklärt bleiben aber auch hier Fragen wie »Ist der kapazitätsbegrenzte Verarbeitungskanal mit den Informationen des selektierten Sinneskanals nicht ausgelastet?« oder »Welche konfliktlösenden Prinzipien steuern die Auswahl der nichtselektierten Informationen?«.

### 4.1.2 Reaktionsselektion

Diese Probleme waren auch ausschlaggebend dafür, daß man nach neuen Modellvorstellungen suchte, die zwar einerseits die Selektionsfunktion der Aufmerksamkeit enthalten, andererseits aber auch plausibel machen können, daß nicht mit Aufmerksamkeit belegte Informationen bewußt werden und die kontrollierten Verarbeitungsprozesse beeinflussen können. Der von Deutsch & Deutsch (1963) sowie Norman (1968) eingeschlagene Weg zur Lösung dieser Probleme liegt, allgemein ausgedrückt, in einer *Verlagerung des Selektionszeitspunkts* in die Phase nach der *Bedeutungszuordnung*, oder mit Murch & Woodworth (1978) gesprochen, nach vollzogener *Perzeptbildung*. Dieser Verarbeitungsschritt besteht in einem Vergleich der Inhalte der sensorischen Register (Icone) mit dem im Langzeitgedächtnis repräsentierten Wissen und führt – sozusagen in einem Vorgang des Wiedererkennens – dazu, daß die Sinnesempfindungen bewußt und damit auch semantisch angereichert werden. Während also die Reizselektionsmodelle von Broadbent und Treisman den Selektionsvorgang auf die zu diesem Zeitpunkt erstellten *Icone* beziehen, einem sehr wahrnehmungsnahen Zustand (early selection models), gehen die sogenannten Reaktionsselektionsmodelle von einer Auswahl im (späteren) Verarbeitungsstadium des *Perzepts* (late selection models) aus.
Betrachten wir uns stellvertretend für andere Theorien aus dieser Gruppe den Ansatz von Norman (1968) etwas genauer. Die Strukturen und Prozesse bis zur Phase der Iconbildung bleiben im Vergleich zum Filtermodell unverändert. Im nächsten Schritt aber ergibt sich bereits eine entscheidende Veränderung: der Weiterfluß der Informationen mündet nicht in einem Kanal mit begrenzter Kapazität, sondern im Langzeitgedächtnis. Dort wird der angesprochene Vergleich von Iconen und internen Wissensrepräsentationen vollzogen. Er resultiert in einer *zeitbegrenzten Aktivation* der passenden Gedächtnisinhalte, ohne daß diese temporäre Aktivation einen Bewußtseinsgrad erreichen würde, da der Vergleich *automati-*

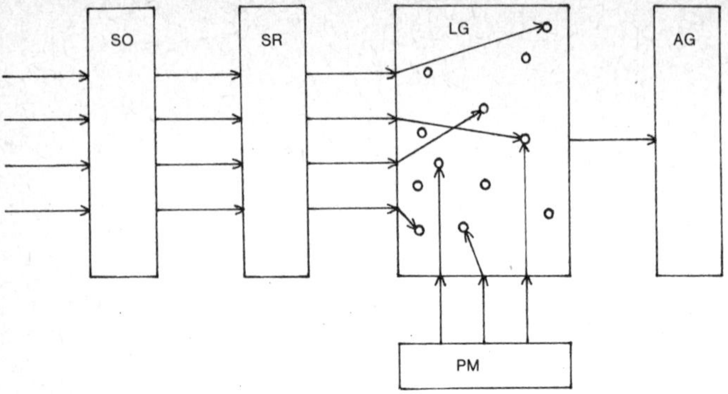


*Abb. 4.2:* Der Informationsfluß von der Reizaufnahme bis zur Wiedererkennung (nach Norman 1968; SO = Sinnesorgane, SR = sensorische Register, LG = Langzeitgedächtnis, PM = Pertinenzmechanismus, AG = Arbeitsgedächtnis).

*siert*, also ohne Aufmerksamkeitszuwendung abläuft. Zusätzlich postuliert Norman einen in dieser Phase hinzutretenden *Pertinenzmechanismus*, ein weiterer gravierender Unterschied zum Filtermodell. Er aktiviert permanent oder auch temporär jene Gedächtnisinhalte, die für die jeweilige Person augenblicklich oder generell wichtig sind. Augenblickliche Bedeutung kann im jeweiligen Kontext entstehen, z. B. Nahrungsmittel im Zustand des Hungers, von permanenter Bedeutung ist andererseits etwa der eigene Name. Diese beiden Aktivationskomponenten *summieren* sich und jene Inhalte, die zusammen den höchsten Grad erreichen, dringen ins Bewußtsein. Abbildung 4.2 soll helfen, diese Annahmen nochmals anschaulich nachzuvollziehen.

Wo bleibt nun in diesem Modell die Selektionsfunktion der Aufmerksamkeit? Die Perzeptbildung verläuft automatisiert, also ohne Aufmerksamkeitszuwendung. Dennoch ist – wie aus Abbildung 4.2 hervorgeht – darin bereits eine erste Selektion enthalten, denn nur die am stärksten aktivierten Fakten werden an das Arbeitsgedächtnis weitergeleitet. Danach setzt der zweite Selektionsvorgang ein, nämlich im Sinne einer Auswahl aus diesen Perzepten durch die Belegung mit Aufmerksamkeit, denn nicht alle anstehenden Perzepte können berücksichtigt und verarbeitet werden. Die Bezeichnung »Reaktionsselektionsmodell« bezieht sich exakt auf diesen Punkt: die Perzepte werden als potentielle Verhaltensauslöser betrachtet und mit der Auswahl ist eine Ent-

scheidung über potentielle Reaktionen verbunden. Wählt das Individuum bsw. das Perzept »eigener Name« aus, so ist damit möglicherweise eine Orientierungsreaktion verbunden, etwa die Suche nach der Quelle dieser Information. Folgt das Individuum dagegen weiter einem anstehenden Gespräch (ebenfalls eine Reaktion), so ist dieses die Folge der Auswahl anderer, nämlich gesprächsbezogener Perzepte.
Welches sind die Gemeinsamkeiten und Unterschiede zwischen den »frühen« und »späten« Selektionsmodellen? Gemeinsam ist beiden Ansätzen die Annahme des schnellen Zerfalls von Informationen, die nicht mit Aufmerksamkeit belegt werden. Der an dieser Stelle ansetzende Unterschied besteht in den verschiedenen Verarbeitungszuständen, in denen sich diese Informationen zum Zerfallszeitpunkt befinden: in einem Fall gehen Icone, im anderen Fall Perzepte verloren. Verbunden damit ist die letztlich entscheidende Konsequenz, daß nur im zweiten Fall die semantische Verarbeitung nicht mit Aufmerksamkeit belegter Informationen möglich ist. Für die Existenz dieses Phänomens wollen wir uns abschließend zwei weitere, beeindruckende Belege ansehen.
Das erste Beispiel bezieht sich auf die Möglichkeit, daß durch Wörter auf dem nichtbeachteten Kanal (in einem shadowing-Experiment) *psychogalvanische Hautwiderstandsreflexe* ausgelöst werden können. In einer Reihe entsprechender Untersuchungen (z.B. Dawson & Schell 1982) lernen die Pbn eine Reihe von Wörter, die zum Teil mit einem leichten elektrischen Schock gekoppelt sind. Nach einer Reihe von Lerndurchgängen (Konditionierung) löst die alleinige Präsentation (ohne Elektroschock) eines konditionierten Worts eine Veränderung im psychogalvanischen Hautwiderstand aus. In der zweiten Phase nahmen die Pbn an einem shadowing-Experiment teil, in welchem auf dem beachteten Kanal Prosatext geboten und auf dem nichtbeachteten Kanal eine Wortliste eingespielt wurden. Diese Liste enthielt u.a. auch die in der ersten Phase schockkonditionierten Wörter. Genau jene Wörter lösten auch jetzt eine Veränderung im Hautwiderstand aus, obwohl sich die Vpn an die Präsentation jener Wörter nicht erinnern konnten und die Leistung an diesen kritischen Punkten nicht abfiel. Dieser Befund wird noch eindeutiger als Hinweis für die Verarbeitung nichtbeachteter Informationen interpretierbar, wenn man darüber hinaus zur Kenntnis nimmt, daß auch semantisch verwandte Wörter (z.B. anstelle von ROSE das Wort TULPE) ähnliche Effekte auslösen. Dieser Effekt der *kategorialen Generalisierung* ist mit dem Norman-Modell durchaus verträglich, denn man kann annehmen, daß mit der Aktivation eines Begriffs im Langzeitgedächtnis damit vernetz-

te Begriffe (ROSE – TULPE über den Überbegriff BLUME) eine wenngleich geringere Aktivierung erfahren (vgl. das Aktivationsausbreitungsmodell von Collins & Loftus (1975), Band 1, Punkt 3.4.3.3). Er setzt aber unabdingbar primär die semantische Verarbeitung des Originalstimulus (ROSE) voraus.
Nicht weniger beeindruckend – ja für einige Zeitgenossen sogar beängstigend – sind die Ergebnisse einer Reihe von Studien zur Beeinflussung der bewußten Informationsverarbeitung durch nichtbeachtete Informationen (z. B. Mackay 1973). Erneut ist es die shadowing-Methode, die zur Anwendung kam. Die beachteten Informationen bestehen in diesem Fall aus Sätzen, die mehrere Interpretationen zulassen, z. B. »Sie warfen heute Steine auf die Bank!«. Für *Interpretationsspielraum* sorgt in diesem Beispiel der *mehrdeutige* Begriff BANK: hiermit kann sowohl ein Geldinstitut als auch eine Sitzgelegenheit im Park gemeint sein. Genau diese Mehrdeutigkeit wird angezielt, wenn simultan zur Präsentation dieses Begriffs auf dem nicht mit Aufmerksamkeit belegten Kanal die Wörter GELDINSTITUT oder PARK einlaufen. Wurden die Pbn im nachhinein nach ihrer Interpretation befragt, so korrespondierte sie mit dem jeweiligen Begriff auf dem unbeschatteten Kanal. Auch in diesen Untersuchungen waren die Teilnehmer nicht in der Lage, den Inhalt der nichtbeachteten Informationen zu erinnern. Interessant ist auch, daß kein Fall berichtet wird, in dem beim Nachsprechen des Textes das mehrdeutige Wort (BANK) durch die gleichzeitig präsentierten Alternativbegriffe (GELDINSTITUT, PARK) ersetzt wurde. Den Vpn war es also völlig unbewußt, wie sie zu ihren Interpretationen der mehrdeutigen Sätze kamen. Diese Untersuchungsergebnisse legen die Auffassung nahe, daß unbewußte Information nicht nur mit Bedeutung versehen werden kann, sondern darüber hinaus auch – *völlig unbemerkt* – das eigene Denken und Handeln beeinflußt. Letzteres ist – wie schon erwähnt – für viele eine beängstigende Vision, da sie impliziert, daß die bewußte Steuerung und Kontrolle des eigenen Verhaltens durchaus von unbekannten Größen abhängig und/oder überlagert sein kann.

## 4.2 Kapazitätstheorien

Anfangs der siebziger Jahre konnte man einen einschneidenden Wechsel in der Betrachtungsweise von Aufmerksamkeitsprozessen beobachten. Nicht mehr die *Fokusierung* der Aufmerksamkeit (und damit die Selektionsfunktion), sondern die *Möglichkeit der Verteilung* der Aufmerksamkeit auf verschiedene, gleichzeitig ablaufende

Prozesse (und damit die Kapazitäts- und Steuerungsproblematik) stand nunmehr im Mittelpunkt des Interesses. Wir wollen der Inspektion dieser Theorien die Schilderung eines Experiments vorausschicken, das allgemein großes Erstaunen und Neugierde an diesen Sachverhalten hervorgerufen hat.
Die Rede ist von einer Untersuchung von Spelke, Hirst & Neisser (1976), die zwei Studenten über einen Zeitraum von 17 Wochen täglich fünf Stunden üben ließen, zwei – jeweils für sich genommen – komplexe Tätigkeiten, nämlich Lesen und Schreiben, *gleichzeitig* auszuführen. Die Studenten empfanden es anfangs als ungeheuer schwierig, englische Prosatexte zu lesen und gleichzeitig diktierte Wortlisten niederzuschreiben. Die Tätigkeiten störten sich gegenseitig und folglich kam es zu einer deutlichen Verlangsamung der Lese- und Schreibgeschwindigkeit, zu vielen Fehlern in beiden Tätigkeiten, zu einer Verschlechterung der Handschrift bis hin zur Unleserlichkeit und zu Verständnis- und Erinnerungsdefiziten sowohl bezüglich des gelesenen Texts, als auch der geschriebenen Wörter. Aber bereits nach einem sechswöchigen Training hatte sich das Bild drastisch verändert. Die beiden Tätigkeiten schienen nicht mehr zu *interferieren*, denn sie lasen unter der Doppelbelastungsbedingung den Text ebenso flüssig und mit Verständnis wie bei alleinigem Lesen. Gleichzeitig hatten sich die Schreibgeschwindigkeit und das Schriftbild normalisiert. Deutliche Defizite existierten lediglich hinsichtlich des Erinnerungsvermögens an die geschriebenen Worte. Diese Schwäche verschwand mit weiterem Training immer mehr. Am Ende der siebzehnten Woche war nicht nur eine normale Reproduktionsleistung erreicht, sondern die Studenten waren sogar in der Lage, anstelle der diktierten Wörter deren Überbegriffe zu notieren (also bsw. BLUME für das diktierte Wort ROSE). Spelke et al. kommentieren diese Leistung mit folgenden Worten: »... they achieved a true division of attention: they were able to extract meaning simultaniously from what they read and from what they heard.« (1976, S. 229).
Wir kommen später noch einmal ausführlicher auf diese Untersuchung zurück, wollen aber an dieser Stelle rekapitulierend nur auf die Schwierigkeiten hinweisen, die die Reaktionsselektionsmodelle mit diesen Befunden bekommen, denn sie gehen davon aus, daß jeweils nur *eine von mehreren konkurrierenden Reaktionen* selektier- und ausführbar ist. Dieser klare Gegenbeweis (?!) stimulierte die Fragen nach der Aufmerksamkeitskapazität und der Möglichkeit ihrer Verteilung auf verschiedene, gleichzeitig ablaufende Tätigkeiten.

### 4.2.1 Verteilungsmodell der Aufmerksamkeit

Kahneman (1973) war einer der ersten Wissenschaftler, der von der Selektionszeitpunktdebatte abrückte und ein Modell entwickelte, welches davon ausgeht, daß eine bestimmte (begrenzte) *Aufmerksamkeitskapazität* zur Verfügung steht, die auf die anstehenden kognitiven Anforderungen *verteilt* werden kann *(allocation model)*. Die dafür verantwortliche *Verteilungsinstanz (allocation policy)* unterliegt vier Gruppen von Einflußgrößen:

a) *überdauernde Dispositionen*, die die Aufmerksamkeitszuwendung in unbewußter Weise regulieren, so z.B. beim Auftauchen neuer und/oder intensiver Reize;
b) *momentane Absichten*, sich bsw. nicht von einer als wesentlich erachteten Tätigkeit ablenken zu lassen;
c) *Beurteilung der kognitiven Anforderung* durch eine oder mehrere Aufgaben, die zu bewältigen sind, also etwa eine Entscheidung für Lesen, wenn gleichzeitiges Lesen und Schreiben als zu schwierig beurteilt werden und
d) *Auswirkungen äußerer Stressoren*, wie eine zunehmende Tendenz, sich auf wenige relevante Reize zu konzentrieren, eine abnehmende Fähigkeit, zwischen relevanten und irrelevanten Informationen zu unterscheiden und eine zunehmende Aufmerksamkeitslabilität.

Die Haupteinflußgröße stellt die Beurteilung des notwendigen *kognitiven Aufwands* (c) dar. Je schwieriger ein Problem, desto größer der kognitive Aufwand und gleichzeitig die benötigte Aufmerksamkeit. Abbildung 4.3 vermittelt eine Vorstellung zu den

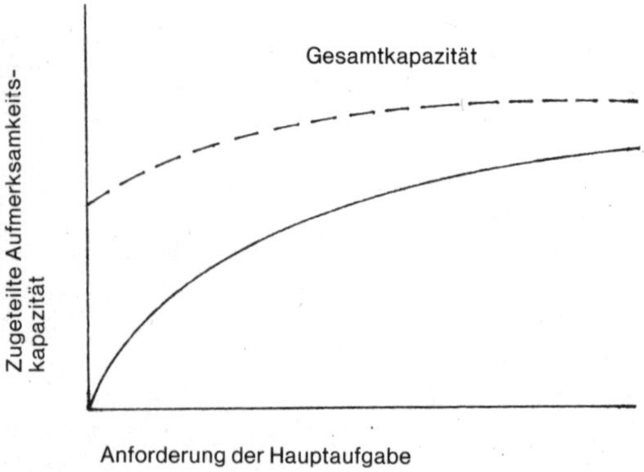


*Abb. 4.3:* Aufmerksamkeitszuteilung in Abhängigkeit von der zentralen Aufmerksamkeitskapazität und der vorliegenden Problemschwierigkeit nach Kahneman (1973).

Zusammenhängen zwischen Aufmerksamkeitskapazität, dem notwendigen kognitiven Aufwand und dem zugeteilten Kapazitätsanteil.

Eine interessante Studie von Kahneman et al. (1969) zu einem *Zahlentransformationsproblem* illustriert und belegt diese Vorstellungen. Den Vpn wurden im Sekundenabstand vier Zahlen vorgetragen (bsw. 4, 2, 6, 1), auf die nach einer Pause von zwei Sekunden gemäß einer Transformationsregel zu reagieren war. Für die erste Gruppe bestand das Problem darin, die Zahlen in der vorgegebenen Reihenfolge zu wiederholen (also keine Transformation), die zweite Gruppe mußte zuvor zu jeder der vier Zahlen eine »1« addieren (Antwort: 5, 3, 7, 2) und die dritte Gruppe die »3« (Antwort: 7, 5, 9, 4). Die drei Untersuchungsgruppen repräsentieren somit aufsteigende Stufen der *Problemschwierigkeit* bzw. der *kognitiven Anforderung*. Neben dieser *Hauptaufgabe* galt es, eine *nebengeordnete Tätigkeit* zu erfüllen, nämlich einen Monitor zu beobachten und dabei auf kritische Zeichen (z.B. auf den Buchstaben »A«) zu reagieren (z.B. mit Tastendruck). Die Autoren erhoben den *Pupillendurchmesser* als Maß für die subjektiv erlebte Schwierigkeit und berichteten die in Abbildung 4.4 abgedruckten Ergebnisse.

Betrachtet man in Abbildung 4.4a zunächst allein die Gruppe 1 (+ 0), so zeigt sich ein Anstieg des Durchmessers in der *Pause vor der Reproduktion* und eine Verringerung mit dem Voranschreiten der Reproduktion. Die *Präsentation* der Zahlen verursachte keine nennenswerten Effekte (keine Transformation!), wie auch insgesamt die Auslenkung von der Ausgangslinie gering war. Dagegen ergaben sich für die zweite (+ 1) und – besonders ausgeprägt – für die dritte Gruppe (+ 3) kontinuierliche Pupillenerweiterungen bis zum Beginn der Reproduktion, die den Aufwand bei der vorzunehmenden Transformation reflektieren. Danach signalisiert der Kurvenverlauf eine stetig abnehmende Beanspruchung.

Nach dem Aufmerksamkeitsverteilungsmodell müßte mit zunehmendem Aufwand *mehr* Aufmerksamkeit an diese Tätigkeit durch die Verteilungsinstanz zugeteilt werden (vgl. Abbildung 4.3) und damit gleichzeitig *weniger* Kapazität für die Nebenaufgabe (Zeichenerkennen) verfügbar sein (aufgrund der begrenzten Kapazität), wodurch es zu *Leistungseinbußen* kommen kann. Abbildung 4.4b belegt diese Annahmen: die Detektionsleistung in der ersten Gruppe bleibt unabhängig vom Präsentationszeitpunkt des kritischen Stimulus – er kann zusammen mit der ersten, zweiten, dritten oder vierten Zahl auftreten – weitgehend unbeeinflußt. Dagegen erkennt man einen deutlichen Abfall der Trefferzahl in der zweiten Gruppe, wenn der kritische Stimulus in der Phase der zunehmenden

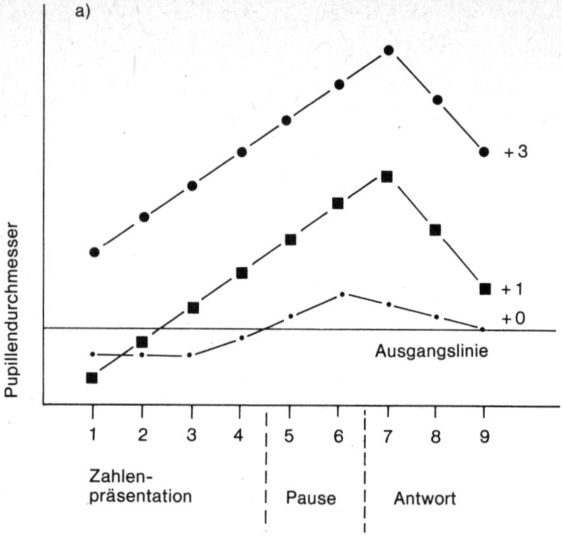


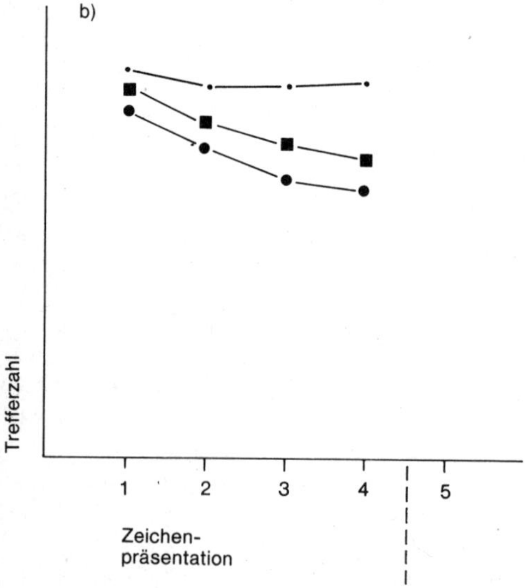


*Abb. 4.4:* Der Pupillendurchmesser (a) und die Trefferzahl (b) in Abhängigkeit vom Präsentations- und Reproduktionszeitpunkt sowie von der Problemschwierigkeit, vereinfacht nach Kahneman et al. (1969).

Belastung auftritt, ein Effekt, der erwartungsgemäß besonders deutlich in der dritten Gruppe ausfällt, da diese die höchste Beanspruchung durch die Hauptaufgabe erfährt.
Kahnemans Modell geht von einer *aktiven Verteilung* der Aufmerksamkeitsressourcen aus. Die Selektion von Information ist nicht eine Frage des Zeitpunkts oder des Verarbeitungszustands, sondern in Abhängigkeit von der Entscheidung des Individuums für die Bewältigung der einen oder anderen kognitiven Herausforderung zu sehen. Aus der Begrenztheit der Ressourcen ergibt sich, daß nicht beliebig viele kognitiven Prozesse simultan ablaufen können. Erfordern solche Prozesse wenig Aufwand, so können mehrere gleichzeitig erfolgreich bewältigt werden. Mit zunehmender Anforderung beeinträchtigen sich diese Vorgänge gegenseitig. Bei einer gezielten Mehrzuteilung aufgrund einer *momentanen Absicht* für einen dieser Vorgänge entsteht allerdings keine gegenseitige Beeinträchtigung, sondern – wie im berichteten Experiment gezeigt – eine Aufrechterhaltung der Leistung in der Hauptaufgabe (momentane Absicht) zuungunsten der Leistung in der Nebenaufgabe. Das geschilderte Experiment von Spelke et al. (1976) wäre auf diesem theoretischen Hintergrund als *allmähliche, trainingsbedingte Reduktion der kognitiven Anforderung* in der Diktataufgabe (oder der Leseaufgabe) zu sehen, die dazu führt, daß für die anderen kognitiven Vorgänge entsprechend mehr Kapazität zur Verfügung steht.
Kahneman betont noch einen zweiten Aspekt: die Aufmerksamkeitskapazität ist *keine fixe Größe*, sondern unterliegt erheblichen Schwankungen. Abbildung 4.3 macht bsw. den *positiven* (!) Einfluß des erforderlichen kognitiven Aufwands auf die Gesamtkapazität deutlich. Wir werden diesen Aspekt im Zusammenhang mit dem Zusammenwirken von Aufmerksamkeit und Aktivation noch einmal ausführlicher aufgreifen, wollen uns aber zunächst das Kapazitätsmodell von Shiffrin & Schneider (1977) ansehen.

### 4.2.2 Kontrollierte und automatisierte Prozesse

Die Interpretation der Ergebnisse des Experiments von Spelke und Mitarbeitern im Sinne einer allmählichen, trainingsbedingten Reduktion der kognitiven Anforderungen bis hin zur automatisierten Ausführung entspricht dem Verständnis von Shiffrin & Schneider (1977) hinsichtlich ihrer Unterscheidung zwischen *automatisierten und kontrollierten Prozessen*, aus denen sich jeder kognitive Vorgang zusammensetzt. Im folgenden Abschnitt wollen wir diese Differenzierung etwas näher betrachten.

Zur Demonstration des Unterschieds zwischen automatisierten und kontrollierten Prozessen verwendeten Schneider & Shiffrin (1977) eine Kombination aus einem *Gedächtnissuchproblem* und einem *visuellen Suchproblem*. Zum besseren Verständnis wollen wir uns kurz diese Paradigmen in das Gedächtnis zurückrufen. Das Gedächtnissuchproblem haben wir in Band 1 (Punkt 4.3.1.1) als Sternberg-Paradigma bereits kennengelernt. Sternberg (z. B. 1975) gab seinen Vpn eine Reihe von Zeichen (Buchstaben, Zahlen) vor, die sie behalten sollten. Unmittelbar danach folgte ein weiteres Zeichen (*Testitem* auf einem Display) und die Vpn mußten entscheiden, ob dieses Testitem zu jenen Zeichen gehört, die sie im Gedächtnis hatten. Sie waren also zu einem Vergleich zwischen einem visuell vorgegebenen und mehreren gedächtnismäßig repräsentierten Zeichen gezwungen. Die Ja- oder Nein-Entscheidung sollte so schnell

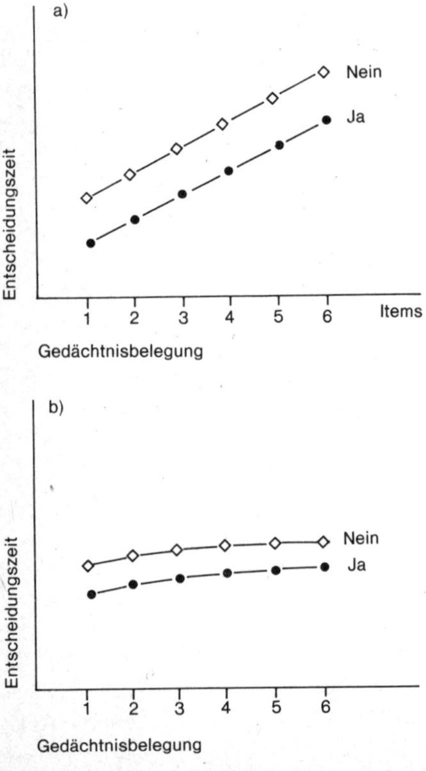


*Abb. 4.5:* Entscheidungszeit in Abhängigkeit von der Gedächtnisbelastung in einem Gedächtnissuchexperiment für a) untrainierte und b) intensiv trainierte Vpn.

wie möglich erfolgen. Sternberg schloß aus den Ergebnissen (vgl. Abbildung 4.5 a) auf der Grundlage der Faktoradditionsmethode, daß es sich dabei um einen seriellen Zeichen-für-Zeichen-Vergleich handelt und daß sich die Entscheidungszeit mit jedem zusätzlichen Zeichen im Gedächtnis um einen *konstanten* Betrag (ca. 40 msec) verlängert.
Daß die Nein-Entscheidungen immer um einen konstanten Zeitbetrag über jenen von Ja-Entscheidungen liegen, haben Clark & Chase (1974, vgl. Band 1, Punkt 4.3.1.2) mit zusätzlich notwendigen, kognitiven Prozessen erklärt. Die Auffassung von Sternberg, daß es sich bei dieser Art der Gedächtnissuche um einen bewußten, gesteuerten Prozeß handelt (also kontrolliert), kam ins Wanken, als man bemerkte, daß nach intensivem Training dieser konstante zusätzliche Zeitbetrag für jedes weitere Zeichen im Gedächtnis bei weitem geringer ausfiel als erwartet (vgl. Abbildung 4.5 b).
Beim visuellen Suchproblem handelt es sich um eine *Umkehrung der Gedächtnissuchprozedur:* ein Zeichen befindet sich im Gedächtnis und über das Display (Monitor) erscheinen eine Reihe von Testitems. Die Aufgabe besteht darin zu entscheiden, ob das Zeichen im Gedächtnis Bestandteil der visuell präsentierten Testitems ist. Die Ergebnisse entsprechen in verblüffender Weise denen der Gedächtnissuche, so daß sich die Idee zur *Kombination* der beiden Paradigmen anbot. In Tabelle 4.1 ist der von Schneider und Shiffrin gewählte experimentelle Aufbau dargestellt und veranschaulicht.

*Tab. 4.1:* Der experimentelle Aufbau – mit Beispielen zu den einzelnen Bedingungen – der Untersuchung von Schneider & Shiffrin (1977).

| *Belegung* | | *konsistent* | | | *variabel* | | |
|---|---|---|---|---|---|---|---|
| *Ged.* | *Disp.* | *Ged.* | *Disp.* | *Reak.* | *Ged.* | *Disp.* | *Reak.* |
| 1 | 1 | 5 | B | – | B | C | – |
| 1 | 4 | 8 | C8FZ | + | 8 | C872 | + |
| 4 | 1 | 3427 | 4 | + | 3G2F | G | + |
| 4 | 4 | 1987 | GQRS | – | LS72 | 5H91 | – |

Ged. = Gedächtnis, Disp. = Display, Reak. = Reaktion

Die Autoren realisierten vier mögliche Kombinationen, z. B. die einfachste Bedingung mit einem Gedächtnis- und einem Displayzeichen bzw. die schwierigste Bedingung mit vier Gedächtnis- und vier Displayitems. Interessant ist nun die auch in Tabelle 4.1 enthaltene Unterscheidung zwischen *konsistentem* und *variablem*

*Vergleich.* In der Konsistenzbedingung entstammen die Gedächtnisitems immer dem gleichen Zeichensatz (bsw. immer Zahlen). Die Displayzeichen (Distraktoren) bestehen dann aus einem jeweils anderen Zeichensatz (bsw. Konsonanten), wobei es immer zu einer Ja-Reaktion kommt, wenn sich zwischen den Distraktoren eine Zahl befindet. Dagegen konnten in der »variabel«-Bedingung die beiden Zeichensätze in beliebig gemischter Weise sowohl für das Gedächtnis als auch für das Display zusammengestellt sein.
Die Ergebnisse sprechen eine eindeutige Sprache. Abbildung 4.6a verdeutlicht, daß die Entscheidungszeiten in der Konsistenzbedingung für alle realisierten Kombinationsstufen gleich waren, mit dem bekannten Zuschlag für Nein-Antworten. Da es hier nur auf die Unterscheidung zwischen Buchstaben und Zahlen ankommt,

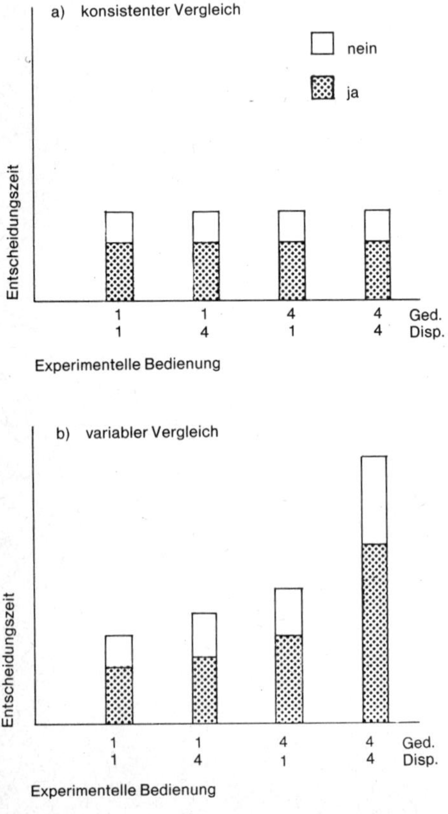


*Abb. 4.6:* Die Ja- und Nein-Entscheidungszeiten im kombinierten Suchexperiment von Schneider & Shiffrin (1977), aufgeteilt nach (a) konsistentem und (b) variablem Vergleich.

spielt die absolute Anzahl der Zeichen keine Rolle (weder im Gedächtnis, noch im Display und auch nicht in der Kombination). Dagegen ergeben sich die erwarteten verlängerten Entscheidungszeiten beim variablen Vergleich (vgl. Abbildung 4.6 b). Besonders in der schwierigsten Bedingung ist der Effekt deutlich erkennbar: sowohl für die Ja- als auch die Nein-Entscheidungen verdoppelt sich die Bearbeitungszeit im Vergleich zur Konsistenzbedingung.

In der Konsistenzbedingung liegt nach den Autoren ein automatisierter Prozeß vor. Die Pbn haben im Laufe ihres Lebens in extensiver Weise das Erkennen (und Unterscheiden) von Buchstaben und Zahlen geübt. Was anfangs – beim Beginn des Schulbesuchs – ein *mühsamer, zeitaufwendiger und kontrollierter Prozeß* war, verwandelte sich mit zunehmender Übung in einen *schnellen, mühelosen und somit automatisierten Vorgang.* Dagegen müssen in der anderen Bedingung kontrollierte Prozesse zum Einsatz kommen, denn dort sind sowohl Vergleiche innerhalb der Zeichensätze als auch zwischen ihnen vorzunehmen, und das benötigt mit zunehmender Anzahl von Vergleichen entsprechend mehr Zeit.

Während also automatisierte Prozesse ohne bewußte Aufmerksamkeitszuwendung ablaufen, benötigen kontrollierte Prozesse diese Aufmerksamkeit. Nach Kahneman interpretiert zapfen somit kontrollierte Prozesse die insgesamt zur Verfügung stehende Kapazität an, nicht dagegen die automatisierten Prozesse. Für die von Kahneman et al. (1969) verwendete Mehrfachaufgabe bedeuten diese Überlegungen, daß ein intensives Training der Detektionsaufgabe, welches zu einer Automatisierung führt, die Situation insofern verändert, als trotz steigender Belastung durch die Hauptaufgabe die Detektionsleistung dann nicht länger beeinträchtigt sein dürfte, da sie nicht mehr kapazitätswirksam ist. Dabei muß beim Versuch der Automatisierung darauf geachtet werden, daß möglichst *konstante Bedingungen* in den einzelnen Übungsvorgängen vorliegen. So hätten Spelke und Mitarbeiter kaum ihre beiden Vpn zur letztendlich gezeigten Leistung gebracht, wenn sie als Diktat einmal Wörter, dann zusammenhängende Texte und wieder ein anderes Mal numerisches Material angeboten hätten. Nur infolge von *intensivem Überlernen weitgehend konstanter Situationen* kann es zu Automatisierungen kommen, wobei sich die Konstanz auf den Detailaufbau der beteiligten, kognitiven Prozesse und den berührten Ausschnitten der betroffenen, kognitiven Strukturen bezieht.

Die Erforschung der Grenzen der Automatisierung kognitiver Prozesse ist eine Herausforderung, die sich aus den jüngsten Bemühungen zur Analyse von Aufmerksamkeitsprozessen ergibt.

Sicherlich ist es für das schnelle und effiziente Ablaufen kognitiver Vorgänge enorm wichtig, daß automatisierte Prozesse die Gesamtkapazität nicht belasten, sehr schnell sind und sich gegenseitig nicht stören; wie gesehen interferieren sie auch nicht mit den kontrollierten Prozessen. Allerdings weisen sie auch ein Merkmal auf, welches der Bewältigung einer gestellten Situation im Wege stehen kann. Schon Stroop (1935) hat auf ein Phänomen aufmerksam gemacht, welches seither als *Stroop-Effekt* bekannt ist. Legt man einer Vp eine Liste vor, die Farbnamen enthält (rot, gelb, grün, blau, gelb, grün, schwarz usw.) und läßt sie diese vorlesen, so wird sie damit wenig Schwierigkeiten haben (Lesefähigkeit natürlich vorausgesetzt). Das gleiche gilt auch dann noch, wenn diese Namen in unterschiedlichen Farben gedruckt sind. Zu Problemen kommt es erst dann, wenn sie nicht die Namen lesen, sondern die Farben, in denen sie gedruckt sind, nennen soll. Um es an obigem Beispiel zu verdeutlichen: sie soll nicht rot, gelb usw. lesen, sondern schwarz, grün, gelb usw. sagen, wenn letzteres den Druckfarben entspricht. Die Schwierigkeiten sind nicht zu übersehen: die Pbn benötigen eine erstaunlich lange Zeit und machen immer wieder Fehler, die darin bestehen, daß sie »lesen« anstelle von »nennen«.
Hier *interferieren zwei Prozesse in negativer Weise*, nämlich ein kontrollierter Benennungsvorgang und ein automatisierter Lesevorgang. In dieser Aufgabenstellung ist es erforderlich, den Lesevorgang zu *unterdrücken*, eine Tätigkeit, die viel Aufmerksamkeit erfordert. Man spricht deshalb auch davon, daß automatisierte Prozesse – im Gegensatz zu kontrollierten Prozessen – sehr *rigide* sind, also sehr starr nach dem gleichen Schema ablaufen, unter welchen Bedingungen auch immer. Schneider & Shiffrin (1977) belegten auch dieses Phänomen mit dem schon bekannten Kombinationsparadigma. Unter Konsistenzbedingungen enthielten die Gedächtnisitems immer nur Konsonanten zwischen B und L, die Displayitems solche zwischen Q und Z. Unter ansonsten konstanten Bedingungen konnte durch intensives Training (2100 Durchgänge) die Vergleichsleistung von anfänglich 55 Prozent auf etwa 80 Prozent verbessert werden, der kontrollierte kognitive Vorgang also an eine Automatisierung angenähert werden. Danach kehrten die Autoren die beiden Konsonantengruppen um, d. h. Q–Z für das Gedächtnis und B–L für das Display. Infolge dieser Maßnahme sank die Leistung auf 30 Prozent, also deutlich unter das Startniveau; die Pbn setzten somit (automatisiert) den Vergleich mit den alten Buchstabenkombinationen fort. Erst nach weiteren 1000 Durchgängen konnte die Ausgangsleistung von 55 Prozent wieder erreicht werden.

In Tabelle 4.2 sind kontrollierte und automatisierte Prozesse hinsichtlich einiger wesentlicher Merkmale verglichen. Während die meisten Dimensionen in den bisherigen Ausführungen bereits erörtert wurden, steht eine Kommentierung des *Lern- und Behaltensaspekts* noch aus.

*Tab. 4.2:* Vergleichende Betrachtung einiger wesentlicher Merkmale kontrollierter und automatisierter Prozesse.

| | *kontrollierte Prozesse* | *automatisierte Prozesse* |
|---|---|---|
| 1 | benötigen Aufmerksamkeit | benötigen keine Aufmerksamkeit |
| 2 | langsam | schnell |
| 3 | flexibel | rigide |
| 4 | führen zu Lernen | führen nicht zu Lernen |
| 5 | anstrengend | nicht anstrengend |
| 6 | interferieren miteinander | interferieren nicht |
| 7 | aktivationsabhängig | nicht aktivationsabhängig |

In Position 4 von Tabelle 4.2 wird festgestellt, daß kontrollierte Prozesse zu Effekten im Langzeitgedächtnis führen, während diese bei automatisierten Prozessen ausbleiben. Den theoretischen Hintergrund für diese Annahmen haben wir bei der Behandlung der nicht mit Aufmerksamkeit belegten Informationen in den Reiz- bzw. Reaktionsselektionsmodellen bereits besprochen. Es muß als erwiesen betrachtet werden, daß auch nichtbeachtete Informationen eine frühe Form der semantischen Verarbeitung erfahren, überdauernde Effekte, und geht es nur um Behaltensleistungen von einigen wenigen Sekunden, treten allein bei einer Belegung der Informationen mit Aufmerksamkeit auf.

## 4.3 Aufmerksamkeit und Aktivation

In Tabelle 4.2 ist ein weiteres Unterscheidungsmerkmal zwischen kontrollierten und automatisierten Prozessen angesprochen, und zwar ihre Beeinflußbarkeit durch *Aktivation* (Position 7). Dabei versteht man unter Aktivation »eine psychophysiologische Variable, die sich einerseits in bestimmten körperlichen Symptomen als Grad der Bereitschaft des Organismus oder einzelner Funktionssysteme zum Handeln bzw. zum Energieeinsatz ausdrückt, andererseits im Erleben als Gespanntheit oder Erregung zur Geltung kommen kann.« (Arnold, Eysenck & Meili 1976, S. 49). Aktivation zeigt sich bsw. in einer Desynchronisation des EEG-Musters, in der Pulsfrequenz, der Leitfähigkeit der Haut oder dem Pupillendurchmesser und verändert sich durch interne und/oder externe Reizung. Sie variiert in ihrem Ausprägungsgrad zwischen »sehr gering« im Schlafzustand bis »sehr hoch« bei intensiven Emotionen (Angst, Wut) oder Belastungssituationen körperlicher oder geistiger Art (Streß) und wird daher häufig auch als Dimension emotionalen und motivationalen Geschehens angesehen. In den folgenden Abschnitten wollen wir den motivationalen Aspekt aufgreifen und in Beziehung zur Aufmerksamkeitsselektion (Punkt 4.3.1) sowie zur Aufmerksamkeitskapazität (Punkt 4.3.2) setzen; bei dieser Gelegenheit kommen wir auch auf Position 7 der Tabelle 4.2 zu sprechen. Der gemeinsame Fragehintergrund für beide Bereiche ist der *Zusammenhang von Motivation und kognitiver Leistung.*

### 4.3.1 Aufmerksamkeitsselektion durch Aktivation

Immer wenn die Frage nach dem Zusammenhang zwischen Denken und Motivation gestellt wird, taucht ein Gesetz auf, das schon zu Beginn des Jahrhunderts aufgestellt wurde: Yerkes & Dodson (1908) postulierten eine *umgekehrt u-förmige Beziehung* zwischen den beiden Konzepten. Dieses sogenannte *Yerkes-Dodson-Gesetz* besagt im einzelnen, daß mit zunehmender Motivation (damals im Tierexperiment erhoben anhand von Deprivationsmaßen wie Zeitdauer des Nahrungsentzugs) die kognitive Leistungsfähigkeit ansteigt, um dann bei weiter wachsender Motivation wieder zu sinken (vgl. Abbildung 4.7a).

Die zweite Komponente des Gesetzes bezieht die *Problemschwierigkeit* mit ein. Sie postuliert, daß es für jeden Schwierigkeitsgrad ein unterschiedlich optimales Motivationsniveau gibt, u.z. liegt es umso niedriger, je schwieriger das Problem ist (vgl. Abbildung 4.7b).

Für einige Jahrzehnte in den Hintergrund getreten, erlebten diese Gesetzmäßigkeiten 1957 eine glänzende Wiederauferstehung, als Broadhurst eine maßgeschneiderte Untersuchung mit Ratten vorlegte, deren Ergebnisse volle Bestätigung brachten. Die Tiere wurden trainiert, unter Wasser ein Y-Labyrinth zu erlernen. Am Ende des einen – hellen – Y-Arms gelangten die Tiere ins Freie, der andere – dunkle – Arm führte in eine Sackgasse. In einem sich anschließenden *Diskriminationsexperiment* fanden die Tiere drei *unterschiedliche Schwierigkeitsgrade* vor. In der leichten Bedingung gab es einen sehr deutlichen Helligkeitsunterschied zwischen den beiden Armen, in der mittleren Bedingung war dieser weniger ausgeprägt und schließlich fast nicht mehr wahrnehmbar in der schwierigsten Bedingung. Außerdem waren die Tiere in *unterschiedlichem Ausmaß sauerstoffdepriviert.* Sie wurden vor dem Start in das Labyrinth 2, 4, 6 oder 8 Sekunden lang unter Wasser gehalten und waren damit unterschiedlich stark bestrebt (aktiviert), ins Freie zu gelangen. Abbildung 4.8 belegt, daß die Ergebnisse die Annahmen von Yerkes & Dodson (1908) weitgehend stützen.

Eine schier unübersehbare Anzahl an Studien befaßte sich zwischenzeitlich mit diesem Thema, wobei die Vpn häufig Mehrfachprobleme zu bearbeiten hatten. Die Ergebnisse sind sehr uneinheitlich. Wie Tabelle 4.3, die die Befunde von etwa 50 Untersuchungen grob zusammenfaßt, zum Ausdruck bringt, hängt es sehr stark von der *Art der Aktivation* ab, ob die erwarteten Effekte auch auftreten. Am ehesten lassen sich noch die Ergebnisse der Untersuchungen mit *aversiver* Aktivationsquelle im Sinne des Yerkes-Dodson-Gesetzes interpretieren. Hohe Aktivationsgrade wirken sich hier

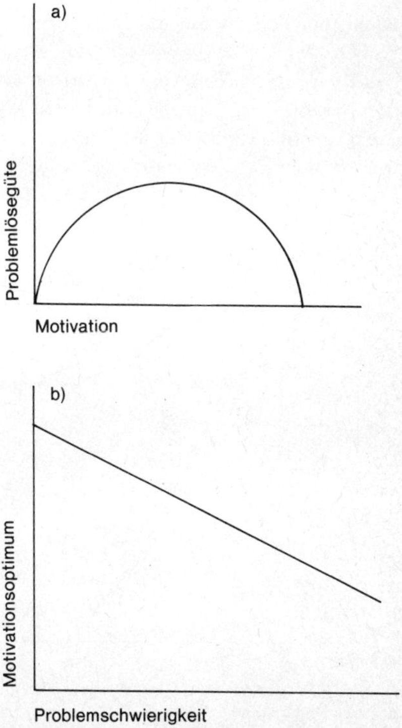


*Abb. 4.7:* Die Beziehung zwischen Problemlösegüte, Problemschwierigkeit und Motivation nach dem Yerkes-Dodson-Gesetz.

*Tab. 4.3:* Die Effekte hoher Ausprägungsgrade verschiedener Aktivationsquellen auf die Leistung im Haupt- und Nebenproblem, kondensiert aus etwa 50 Untersuchungen des Zeitraums zwischen 1960 und 1984).

| *Aktivationsquelle* | *Hauptproblem* | *Nebenproblem* |
|---|---|---|
| aversiv (z. B. E-Schock) | keine Veränderung | überwiegend Verschlechterung |
| neutral (z. B. Lärm) | Verbesserung in etwa einem Viertel der Fälle | Verschlechterung in etwa zwei Drittel der Fälle |
| appetitiv (z. B. Belohnung) | Verbesserung in etwa einem Drittel der Fälle | gemischt; keine Veränderung in etwa der Hälfte der Fälle |

nicht auf das Hauptproblem, wohl aber, u. z. in der erwarteten Richtung, negativ auf die Leistungen im Nebenproblem aus.

Neben der *Abhängigkeit von der Art der vorliegenden Aktivation* (Motivation) hat das Yerkes-Dodson-Gesetz das weitere Problem, die Vorhersagen nicht begründen zu können. In diese Lücke stieß Easterbrook (1959), der als Ursache eine *Aufmerksamkeitseinengung* mit steigender Aktivation postuliert. Demnach gelangen mit

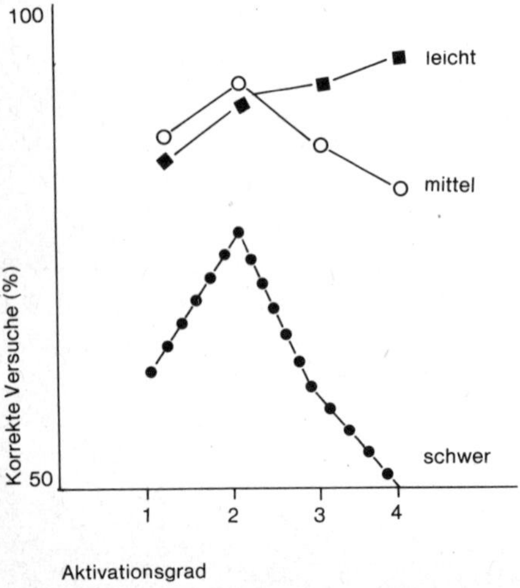


*Abb. 4.8:* Die Diskriminationsleistung in Abhängigkeit von Schwierigkeit und Aktivation nach Broadhurst (1957).

steigender Aktivation weniger Informationen in das Bewußtsein; folglich können dann auch weniger verarbeitet werden. Bei leichten Problemen kann das recht vorteilhaft sein, denn hier gibt es nur – per definitionem – *wenige problemrelevante Fakten*, und eine Selektion bewirkt hier primär das Ausschalten irrelevanter Information. Daher profitieren die Leistungen bei einfachen Problemen von einer (begrenzten) Erhöhung der Aktivation. Prinzipiell anders verhält es sich mit schwierigen Problemen, die durch eine *große Anzahl relevanter Informationen* gekennzeichnet sind. Hier bewirkt eine Aufmerksamkeitseinengung schon sehr schnell das Übersehen von für das Problemlösen wesentlichen Fakten.
Offensichtlich handelt es sich bei der Aufmerksamkeitseinengung aber nicht nur um einen unsystematischen Auswahlvorgang, der in Abhängigkeit vom Quotienten zwischen dem Umfang relevanter und irrelevanter Informationen mehr oder weniger schnell zu einem Aktivationsoptimum führt, sondern ein weiteres Merkmal besteht darin, daß bei einem hohen Grad an Aktivation *nicht zwischen verschiedenen relevanten und irrelevanten Informationen differenziert* wird. Aber gerade bei sehr schwierigen Problemen, die sehr reich sind an wesentlichen Informationen, ist es wichtig, eine Einordnung in sehr wichtige, weniger und unwichtige Informationen vornehmen zu können. Und gerade diese Strukturierungsleistung scheint unter hoher Aktivation zu leiden und die Fokusierung sich auf ein *beliebiges, auffallendes Merkmal* des Problems zu beziehen. Broadbent (1971) berichtet eine Untersuchung, die solche Vermutungen belegt. Er legte seinen Pbn sehr kurz eine Zahlenreihe vor, die aus roten und weißen Ziffern bestand. Ihre Aufgabe lautete, möglichst viele einer genannten Farbe zu reproduzieren. Diese Wiedergabeleistung sank unter Lärmbelastung, während die unspezifizierte Gesamtreproduktionsleistung durch die entsprechende Bedingung zunahm, ein Hinweis also für die Schwierigkeit der *gezielten Informationsselektion* unter hohen Aktivationsbedingungen.

### 4.3.2 Aufmerksamkeitsverteilung und Aktivation

Sicherlich stellt die *Easterbrook-Hypothese* bereits einen ersten Schritt zur Begründung des im Yerkes-Dodson-Gesetz postulierten Zusammenhangs zwischen Aktivation (Motivation) und kognitiver Leistungsfähigkeit dar, indem die Aufmerksamkeitsselektion mit einbezogen wird. Die in Tabelle 4.3 zusammengestellten Befunde zeigen aber, daß diese Annahme nicht ausreicht. Auch ein zweiter Gedanke verdeutlicht, daß Aktivation und Aufmerksamkeitsselek-

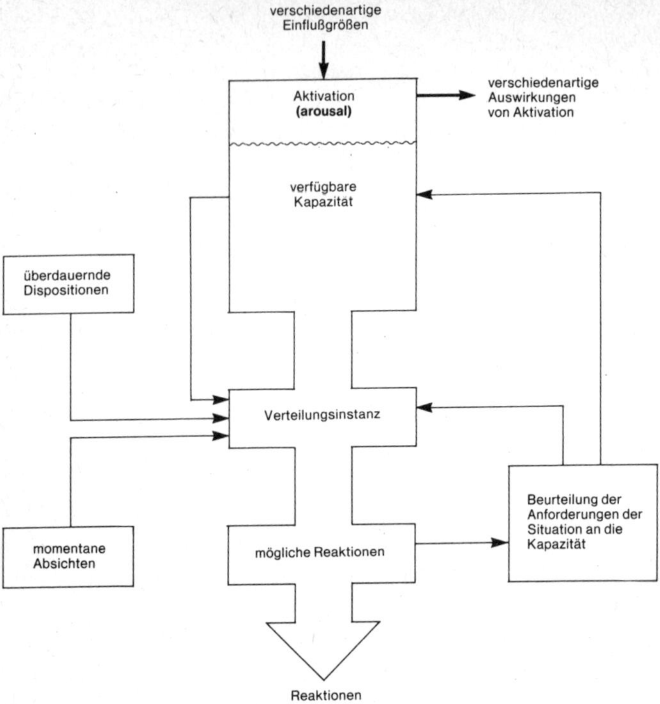


*Abb. 4.9:* Das Kapazitätsmodell der Aufmerksamkeitsverteilung, modifiziert nach Kahneman (1973, S. 10).

tion nur eine von mehreren Beziehungen im Gefüge von Denken und Motivation darstellen: dem Konzept der *Problemschwierigkeit* liegen unterschiedliche Determinanten zugrunde. Wie wir im Punkt 4.3 (Band 1) sahen, kann man zwei Gruppen von Einflußgrößen unterscheiden: *Person- und Problemmerkmale*. Es ist einsichtig, daß eine Erhöhung der Aktivation durch Lärm sich anders auswirkt, wenn die Schwierigkeit einmal durch den Problemumfang, das andere Mal durch die Nichtverfügbarkeit des Faktenwissens gesteigert wird. Als Beispiel mögen das Turm-von-Hanoi-Problem (Band 1, Punkt 4.5.3) und das Wasserumschütt-Problem (Band 1, Punkt 4.5.1) dienen. Die Steigerung der Schwierigkeit im Turm-von-Hanoi-Problem folgt aus der Hinzunahme weiterer Scheiben (3-Scheibenversion vs. 5-Scheibenversion), wobei das Lösungs-

prinzip – und damit auch die Anzahl wesentlicher Informationen – unverändert bleibt; das gleiche Prinzip ist lediglich öfters anzuwenden. Lärm sollte sich daher für unterschiedliche Schwierigkeitsgrade *in vergleichbarer Weise* (Selektion) auswirken. Dagegen wird im Wasserumschütt-Problem ein einmal gefundenes Lösungsprinzip verstärkt, in einem Fall bsw.durch *drei* und im anderen Fall durch *sechs* weitere Beispiele. Die unterschiedliche Schwierigkeit resultiert hier aus der differentiellen Verfügbarkeit alternativer Lösungswege; im zweiten Fall ist die Verfügbarkeit zweifellos weiter reduziert. Hier bewirkt die Aufmerksamkeitsselektion durch einen Lärmfaktor die Fokusierung auf den bekannten Lösungsweg und damit gerade *im zweiten Fall eine Leistungseinbuße*. Wir wollen im folgenden deshalb überlegen, ob das uns bereits bekannte Aufmerksamkeitsverteilungsmodell von Kahneman (1973) Hilfestellungen für die Überwindung solcher Schwierigkeiten bietet.
Abbildung 4.9 zeigt in anschaulicher Weise das bisher dazu Gesagte. Mit ihrer Hilfe soll das Gesamtgefüge nochmals systematisch dargestellt und stellenweise ergänzt werden.
Startpunkt der Betrachtung sind die potentiellen Reaktionen. Damit schließt das Modell exakt an jenem Punkt an, in welchem auch das Norman-Modell den Ansatzpunkt der Aufmerksamkeit ansiedelt. Die vorausgegangenen, nicht mit Aufmerksamkeit belegten Analysen sind im Kahneman-Modell nicht spezifiziert, können aber im Sinne von Norman (1968) mitgedacht werden. Nur jene Aktivitäten kommen nun zur Ausführung, denen aus der begrenzten Gesamtkapazität Aufmerksamkeit zugeteilt wird. Nach Shiffrin & Schneider (1977) kommen dafür, wie gezeigt, nur kontrollierte Prozesse in Frage; die automatisierten Prozesse belasten die Aufmerksamkeit nicht. Ein zentrales Element des Modells besteht in der Beurteilung der kognitiven – und damit auch der kapazitären – Anforderungen der potentiellen Reaktionen. Das Ergebnis dieses Beurteilungsprozesses beeinflußt zum einen die zur Verfügung stehende Kapazität, zum anderen aber auch die Verteilungsinstanz. Letztere ist – wie bereits beschrieben – weiter abhängig von überdauernden Dispositionen, momentanen Absichten und von der verfügbaren Kapazität. Die Auswahl der Reaktionen aufgrund der Entscheidung der Verteilungsinstanz führt zu einer mentalen Belastung, die von »gering« bis »sehr groß« variiert. Wie in Abbildung 4.3 gezeigt und implizit in Abbildung 4.9 enthalten, bewirkt diese Anforderung eine *Veränderung in der verfügbaren Aufmerksamkeitskapazität:* bei wenig Anforderungen erfolgt die Zuteilung von nur wenig Kapazität, bei hoher Anforderung von entsprechend viel Kapazität. Im letzteren Fall wird aufgrund der

Aktivationswirkung gleichzeitig positiver Einfluß auf die Gesamtkapazität genommen, ein Effekt, der seinerseits wieder auf die Verteilungsinstanz zurückwirken kann. Abbildung 4.3 macht darüber hinaus deutlich, daß immer ein *Restanteil* an Kapazität übrigbleibt. Diese Aufmerksamkeitsreserve, im hohen Belastungsfall sehr gering, sorgt für die Möglichkeit der Kontrolle der Umwelt hinsichtlich der überdauernden Dispositionen und momentanen Absichten.

Diesen Entscheidungs- und Verteilungsvorgängen sind nun *weitere Aktivationsquellen* aufgeschaltet, die auf die momentan verfügbare Kapazität Einfluß nehmen. Angst, Furcht, Ärger, Erfolg, Ermüdung, Drogen usw. determinieren das Aktivationsniveau und nur dieses Gesamtbild ermöglicht die Vorhersage des Effekts des Aktivationsgrads auf die kognitive Leistung. Die in Tabelle 4.3 mitgeteilten *differentiellen Effekte* der verschiedenen Aktivationsquellen sind in dem Modell nicht enthalten, aber durchaus integrierbar. Allein die Zusatzannahme einer direkten Beeinflussung von »momentanen Absichten« und »Beurteilung der kognitiven Anforderungen« durch Faktoren wie »Erfolg«, »Bestrafung« oder »Ermüdung« und die daraus resultierenden Auswirkungen auf die Verteilungsinstanz beinhalten Beschreibungs- und Erklärungsmöglichkeiten.

Beim Versuch der Ergebnis- und Theorieintegration (Punkt 4.4) kommen wir nochmals auf diesen Aspekt zurück. Einige Beispiele der Determination der Aufmerksamkeitsverteilung durch unterschiedliche Aktivationslagen sollen die Darstellung zuvor abschließend ergänzen. Beginnen wir mit der *undifferenzierten Selektion* unter hoher Aktivation. Kahneman postuliert hierfür Unterbrechungen in der Aufmerksamkeitszuteilung, also mit anderen Worten eine Aufmerksamkeitslabilität. »In terms of the capacity model, the allocation of capacitiy becomes both more uneven and less precise when arousal is high.« (Kahneman 1973, S. 40). Mandler (1975) macht dafür die Zuwendung des Individuums zu internen Reizen verantwortlich, die durch die aktivationsverursachende Quelle ausgelöst werden. Daß diese Handlungstendenz in ihrer Stärke von der Art der Quelle (aversiv, neutral, appetitiv) mitbestimmt wird, erscheint plausibel und eröffnet weitere Erklärungsmöglichkeiten für deren differentiellen Effekte auf die Leistungsgüte. Sehr niedrige Aktivation (z. B. Müdigkeit) dagegen könnte einmal dazu führen, daß eine Problemstellung nicht übernommen (momentane Absicht) oder hinsichtlich ihres kognitiven Aufwands falsch eingeschätzt wird, so daß die resultierende *Aufmerksamkeitsverteilung probleminadäquat* ausfällt. In beiden Fällen ergeben sich daraus Leistungsdefizite.

Zum Schluß noch ein Wort zur Abhängigkeit automatisierter Prozesse vom Grad der Aktivation. Nachdem sie ohne Aufmerksamkeitszuwendung ablaufen, kann man postulieren, daß sie durch den Aktivationsgrad nicht beeinflußt werden; sie laufen auch bei sehr niedriger oder sehr hoher Aktivation präzise ab. Die Schlußfolgerung, daß man die Tätigkeiten von Berufsgruppen mit überdurchschnittlicher Wahrscheinlichkeit für *Krisensituationen* (Feuerwehrleute, Flugzeugpiloten usw.) möglichst *weitgehend automatisieren* sollte, ergibt sich aus diesen Überlegungen. Ob es sich bei automatisierten und kontrollierten Prozessen tatsächlich um *dichotome Gruppen*, wie bisher aufgefaßt, oder um ein *Kontinuum* mit allen denkbaren Zwischenstufen handelt (Hasher & Zacks 1979), ist in diesem Zusammenhang von untergeordneter Bedeutung, denn die Beziehung dieser Dimension zur Aktivation kann entsprechend kontinuierlich angelegt werden, d. h. die benötigte Kapazität sinkt mit dem Grad der Automatisierung.

## 4.4 Integrationsversuch

Wenn man die Modellentwicklung und -fortentwicklung im Bereich der Aufmerksamkeit verfolgt – wie wir es getan haben –, so kann man den Eindruck gewinnen, daß entweder das eine oder das andere Modell gilt. Angemessener erscheint jedoch die Position, daß all diese verschiedenen theoretischen Vorstellungen ihre Berechtigung besitzen, aber nur auf bestimmte *Teilaspekte* des Gesamtgeschehens beziehbar sind. In dem abschließenden Kapitel soll nun versucht werden, eine Modellintegration zu erreichen. Diese bezieht sich zunächst auf die besprochenen Aufmerksamkeitsmodelle, darüber hinaus aber auch auf den gesamten Problemlöseprozeß. Das SPIV-Modell (Hussy 1983, vgl. auch Band 1, Punkt 4.4.3.3) stellt dabei den theoretischen Hintergrund dar und erfährt bei dieser Gelegenheit einige Veränderungen bzw. Präzisierungen.

Abbildung 4.10 repräsentiert die erste Stufe des Integrationsversuchs. Die Umweltreize treffen auf die Sinnesorgane und erfahren dort eine verlustfreie Umwandlung in eine organismusadäquate, neuronale Erregungsform. Diese sinnesnahe interne Repräsentationsform der Umweltinformation nennen wir Icon. In den sensorischen Registern können diese Icone – sinneskanalspezifisch – für sehr kurze Zeiträume präsent gehalten werden (von daher der manchmal verwendete Name »Ultrakurzzeitspeicher«). Bis zu dieser Verarbeitungsstufe herrscht zwischen den besprochenen –

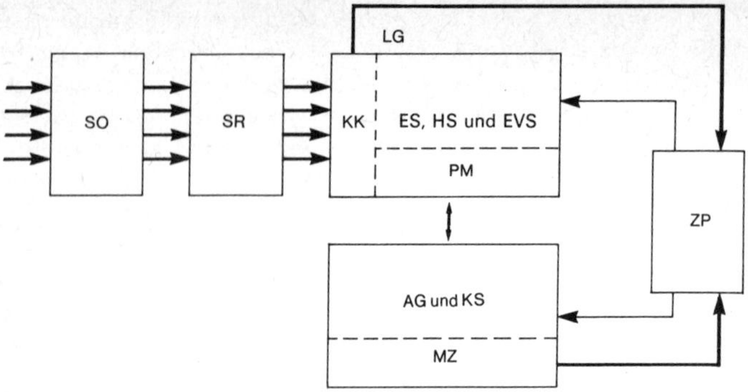


*Abb. 4.10:* Der Fluß der Informationen (fett gezeichnete Pfeile) in der Phase der Icon- und Perzeptbildung bzw. Perzeptauswahl und -erhaltung. Dabei bedeuten: SO = Sinnesorgane, SR = sensorische Register, LG = Lang zeitgedächtnis, KK = Kontrollkarten, ES = epistemische Struktur, HS = heuristische Struktur, EVS = evaluative Struktur, PM = Pertinenzmechanismus, AG = Arbeitsgedächtnis, KS = Kurzzeitspeicher, MZ = momentane Ziele und ZP = zentraler Prozessor. Normal gezeichnete Pfeile repräsentieren Steuer- und Kontrollbefehle.

und der Mehrzahl der übrigen – Modelle Einvernehmen. Für die sich anschließende Phase der Perzeptbildung folgen wir den Vorstellungen von Norman (1968), wonach die komplette Information in das Langzeitgedächtnis weiterfließt, um dort in einem Vergleichsprozeß mit dem vorhandenen Wissen Bedeutung zu erlangen. Dieser Vorgang zeigt Verwandtschaft mit dem Wiedererkennungsprozeß und läuft weitgehend automatisiert ab. Damit wird den Beobachtungen Rechnung getragen, daß auch jene Informationen, die nicht mit Aufmerksamkeit belegt sind, Bedeutung erlangen bzw. die Weiterverarbeitung beeinflussen können. Der Vorgang der Bedeutungszuordnung resultiert in einer kurzfristigen Aktivation der durch die Icone gefundenen Inhalte. Sind darunter auch solche Informationen, die durch den Pertinenzmechanismus (PM) ohnehin voraktiviert sind (bsw. solche, die einen direkten Selbstbezug aufweisen), so erhöht sich deren Aktivationsgrad (Aktivationssummation). Zur Auswahl stehen dann jene Perzepte an, die gerade den höchsten Grad aufweisen. Die nichtausgewählten Perzepte zerfallen wieder und hinterlassen keine Erinnerungsspuren, wenngleich sie – wie z.B. von Dawson & Schell (1982) und Mackay (1973) gezeigt – weitere Verarbeitungsschritte mitbeeinflussen können.

Beim Übergang von der Icon- zur Perzeptbildung vollzieht sich ein zweiter Prozeß, der der *Kontrolle globaler Reizcharakteristika* gilt. Sokolov (1969) postuliert sogenannte *Kontrollkarten (KK)* für die verschiedenen Sinnesorgane, die den Istzustand bezüglich des jeweiligen Sinneskanals repräsentieren. Die Kontrollkarte für den visuellen Kanal enthält bsw. Informationen über die herrschende Helligkeit, die des akustischen Kanals zum momentanen Geräuschpegel und die für die Sinnessysteme der Haut u. a. zur aktuellen Temperatur. Alle eintreffenden Informationen durchlaufen diese Kontrollkarten. Diese üben insofern eine ständige Kontrollfunktion (monitoring) aus, als es zu einem *Vergleich* (matching-model) der Werte kommt. Im *Deckungsfall* (match) entsteht keine Störung, im anderen Fall (mismatch, z. B. ein sehr viel lauteres Geräusch oder ein Blitz) passieren zwei Dinge: a) es wird ein Signal zum zentralen Prozessor (ZP) geschickt, dessen Stärke die *Größe der Abweichung* repräsentiert und b) die entsprechende Karte wird auf den *neuesten Stand* gebracht, also die alten durch die neuen Kennwerte ersetzt (up-dating). In Abbildung 4.10 ist diese Kontrollstruktur und der monitoring-Vorgang an das Langzeitgedächtnis gebunden, da sie möglicherweise langfristige Speichercharakteristik hat. Allerdings ist es auch denkbar, diese Kontrollstrukturen und -prozesse an die sensorischen Register zu binden, nämlich dann, wenn man annimmt, daß der up-dating-Vorgang sich *permanent* vollzieht und somit keine längerfristige Speicherung erforderlich ist, da ständig Daten einlaufen.

Obwohl sowohl der Pertinenz- als auch der Kontrollmechanismus unbewußt ablaufen, tragen sie sowohl zur Informationsselektion (im ersten Fall) bzw. zur Aufmerksamkeitssteuerung (im letzten) Fall bei. Vereinfachend könnte man vom *Pertinenzmechanismus als einem bedeutungsbezogenen Alarmsystem* und vom *Kontrollmechanismus als einem auf physikalische Reizeigenschaften bezogenen Alarmsystem* sprechen. Während allerdings die inhaltlich relevanten Informationen nach dem Modell einen direkten Einfluß auf die zur Auswahl anstehenden Perzepte nehmen, löst der andere Mechanismus eine Aufmerksamkeitszuwendung im Sinne einer Orientierungsreaktion aus. Mit anderen Worten formuliert: ein Signal entsprechender Stärke an den zentralen Prozessor bewirkt die Belegung dieser Information mit Aufmerksamkeit und somit ihre Übernahme in das Arbeitsgedächtnis (AG).

Dorthin gelangen auch jene Perzepte, die durch Aufmerksamkeitsbelegung über den zentralen Prozessor vor dem Zerfall bewahrt werden. Die Funktion des ZP erinnert an dieser Stelle an die der *Verteilungsinstanz* im Kapazitätsmodell von Kahneman (1973). In

Abhängigkeit von den momentanen Absichten (MZ) und der Einschätzung der benötigten Kapazität für die zu bewältigende Aufgaben- bzw. Problemstellung erfolgt die Perzeptauswahl. Die momentanen Absichten sind dabei in diesem Modell als Inhalte der mittelfristigen Speichermedien (AG und KS) zu betrachten, wobei sie beim Beginn des Problemlösens primär in den *erstellten Zielkriterien* zu sehen sind. Damit knüpfen wir an den bereits elaborierten Teil des SPIV-Modells an, der sich mit der weiteren Problembearbeitung beschäftigt. Das bisher besprochene und in Abbildung 4.10 zusammengefaßte Modell differenziert also die vorgeschalteten elementaren Informationsverarbeitungsprozesse, etikettierbar mit dem Titel: *Phase der Icon- und Perzeptbildung bzw. Perzeptauswahl.* Im weiteren Verlauf der Problembearbeitung übernehmen die momentanen Absichten, die sich durch die ständige Neubildung von Zwischenzielen auf der Grundlage der Bewertung der vollzogenen Operationen fortwährend verändern, sowie die ebenfalls variierenden Kapazitätseinschätzungen *steuernde Wirkung* bei der Aufteilung der Aufmerksamkeitskapazität zum Zweck der Problemlösung.
Die mehr oder weniger große *Restkapazität* nimmt Einfluß auf die *Schwellensetzung* des Kontrollmechanismus (KK) und der *Auswahl* neuer Perzepte. Bei einer geringen Restkapazität (hohe Problemschwierigkeit) werden höhere Abweichungswerte erforderlich sein, um Aufmerksamkeit zuzuteilen, als bei einer hohen Restkapazität. Ähnlich muß der Aktivationsgrad eines Perzepts dann sehr hoch sein, um eine Auswahlchance zu erhalten, wenn die Restkapazität sehr gering ist. Die daraus ableitbaren Konsequenzen in Form von Aufmerksamkeitsschwankungen bei leichten Daueraufgaben (*Vigilanz*aufgaben, z. B. Monitor überwachen) bzw. Blockaden bei der Bearbeitung sehr schwieriger Probleme können wir an dieser Stelle leider nicht mehr weiter verfolgen.
Ein letztes Wort zum Thema »Denken und Motivation«. Den kapazitätsfördernden Aspekt durch steigende Aktivation aus der Beschäftigung mit einem (schwierigen) Problem können wir aus dem Kahneman-Modell übernehmen und auf das SPIV-Modell übertragen. Wie sieht es aber mit der Beschreibung der differentiellen Wirkung *verschiedener externer Aktivationsquellen* (Tabelle 4.3) aus? Eine Möglichkeit besteht darin, den *Bewertungsprozeß* (SPIV-Modell: Phase der Suche und Anwendung von Evaluatoren) bezüglich *motivations- und persönlichkeitspsychologischer Variablen* zu ergänzen. Ein entsprechender theoretischer Ansatz (vgl. Hussy 1983) ist in Abbildung 4.11 skizziert.
Daraus ist zu entnehmen, daß die durch den Evaluatoreinsatz festgestellte Ist-Soll-Diskrepanz einem weiteren Vergleich unterzo-

gen, der »numerische Wert« somit psychologisch angereichert wird. Grundlage für diese Anreicherung ist die Aktualisierung eines *Vergleichsstandards* (bin ich dem Ziel näher gekommen und – wenn ja – in befriedigender Weise?), welcher seinerseits durch die *Leistungs-*

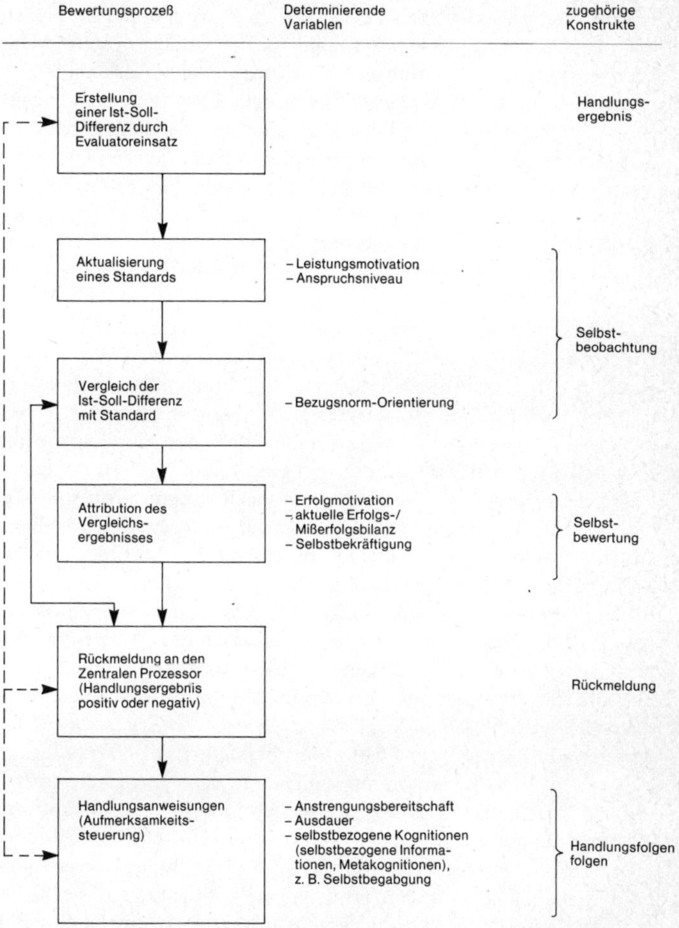


*Abb. 4.11:* Die Beeinflussung der Entscheidungen für andauerndes Problemlöseverhalten im Anschluß an einen Ist-Soll-Vergleich durch motivations- und persönlichkeitspsychologische Variablen, modifiziert nach Hussy (1983, S. 59).

*motivation* und das *Anspruchsniveau* bzw. die *Bezugsnormorientierung* (vergleiche ich mich mit den Leistungen anderer Personen oder vorausgegangenen eigenen Leistungen, und – wenn ja – jeweils mit welchen?) des Individuums mitbedingt wird. Es folgt eine entsprechende *Ergebnisinterpretation* (»erfolgreich« versus »nicht erfolgreich«) und *-attribution* (»ich kann das nicht« versus »das Problem ist unklar gestellt« im Mißerfolgsfall, bzw. »solche Probleme liegen mir« versus »da habe ich aber Glück gehabt« im Erfolgsfall). »Das Vergleichs- und Attributionsergebnis wird an den ZP zurückgemeldet, von wo aus die *Handlungsfolgen* gesteuert werden. Bei gleicher Ist-Soll-Differenz aufgrund des Evaluatoreinsatzes kann es folglich in Abhängigkeit vom Grad der Ausprägung der determinierenden Variablen zu völlig unterschiedlichen Rückmeldungen an den ZP kommen.« (Hussy 1983, S. 58f.). Als Konsequenz daraus resultieren verschiedene Handlungsanweisungen, im Fall der Beschäftigung mit einem Problem bsw. differentielle Kapazitätszuweisungen.

Auf diesem Hintergrund lassen sich die bereits des öfteren angesprochenen unterschiedlichen Auswirkungen verschiedener externer Aktivationsquellen durchaus beschreiben. Neutrale externe Stimulierung (Lärm) aktivierte im Sinne einer intensiveren Beschäftigung mit einem vorliegenden Problem (der Lärm muß abgewehrt werden). Bis zu einem bestimmten Ausmaß an Lärm kommt die zusätzlich freigesetzte Kapazität dem Problemlösen (Hauptaufgabe) zugute, wenngleich erwartungsgemäß die Nebenaufgabe beeinträchtigt ist. Die Bezeichnung »neutrale externe Stimulierung« reflektiert damit die Tatsache, daß der in Abbildung 4.11 angenommene motivations- und persönlichkeitspsychologische Prozeß *keinem zusätzlichen Impuls* ausgesetzt ist. Anders verhält es sich dagegen im Fall der aversiven (Bestrafung) bzw. appetitiven Stimulierung (Belohnung). Zu den in Abbildung 4.11 genannten *determinierenden Variablen lassen sich fast ausnahmslos Relationen mit den Konzepten »Belohnung« und »Bestrafung«* herstellen, z. B. Veränderungen in der Bezugsnormorientierung oder dem Anspruchsniveau infolge andauernder aversiver Reize (etwa in Form von negativen Rückmeldungen), womit auch Veränderungen in der Rückmeldung an den ZP bzw. den daraus folgenden Handlungsanweisungen einhergehen. Die Präzisierung dieser Relationen zum Zweck der Vorhersagbarkeit stellt eine Herausforderung an die Denk- und Motivationspsychologie dar.

## 4.5 Weiterführende Literatur

Kahneman, D. & Treisman, A. 1984. Changing views of attention and automaticity. In: Parasuraman, R. & Davies, D. R. (Hrsg.). Varieties of attention. New York: Academic Press. S. 29–62.

Monsell, S. 1984. Components of working memory underlying verbal skills: a »distributed capacities« view – a tutorial review. In: Bouma, H. & Bouwhuis, D. G. (Hrsg.). Attention and performance 10: control of language processes. Hillsdale, N. J.: Erlbaum. S. 327–350.

Schneider, W., Dumais, S. T. & Shiffrin, R. M. 1984. Automatic and control processing and attention. In: Parasuraman, R. & Davies. D. R. (Hrsg.). Varieties of attention. New York: Academic Press. S. 1–28.

Sternberg, R. J. 1984. Toward a triarchic theory of human intelligence. The Behavioral and Brain Sciences 7, 269–315.

Wickens, C. D. 1984. Processing resources in attention. In: Parasuraman, R. & Davies, D. R. (Hrsg.). Varieties of attention. New York: Academic Press. S. 63–102.

# 5 Literatur


Ach, N. 1964. Awareness. In: Mandler, J.M. & Mandler, G. (Hrsg.). Thinking from Association to Gestalt. New York: Wiley. S. 152–167. (Erstpublikation 1905).

Amabile, T.M. 1983. The social psychology of creativity. New York: Springer.

Anderson, B.F. 1980. The complete thinker. Englewood Cliffs, N.J.: Prentice-Hall.

Arnold, W., Eysenck, H.J. & Meili, R. (Hrsg.). 1976. Lexikon der Psychologie, Freiburg: Herder.

Baddeley, A.D. & Hitch, G., 1974. Working memory. In: Bower, G.H. (Hrsg.). The psychology of motivation and learning. Vol. 8. New York: Academic Press. S. 47–90.

Barron, F. 1955. The disposition toward originality. Journal of Abnormal and Social Psychology 51, 478–485.

Begg, I. & Denny, J.P. 1969. Empirical reconciliation of atmosphere and conversion interpretations of syllogistic reasoning errors. Journal of Experimental Psychology 81, 351–354.

Bentler, P.M. 1983. Some contributions to efficient statistics in structural models: specification and estimation of moment structures. Psychometrika 48, 493–517.

Bentler, P.M. 1984. Theory and implementation of EQS: a structural equation program (Program Manual). Los Angeles: University of California.

Bierwisch, M. 1983. Essays in Psychology of language. In: Bahrner, W., Heidolph, K.-E., Neumann, W., Schildt, J., Techtmeier, B. & Viehweger, D. (Hrsg.). Linguistische Studien. Berlin: VEB Kongreß- und Werbedruck.

Bloom, B.S. & Broder, L.J. 1950. Problem solving processes of college students: an exploratory investigation. Chicago: University of Chicago Press.

Bordiga, E. & Nisbett, R.E. 1977. The differential impact of abstract versus concrete information on decisions. Journal of Applied Social Psychology 7, 258–271.

Brainerd, C.J. 1983. Working-memory systems and cognitive development. In: Brainerd, C.J. (Hrsg.). Recent advances in cognitive-developmental theory. New York: Springer. S. 167–236.

Broadbent, D.E. 1954. The role of auditory localization in attention and memory span. Journal of Experimental Psychology 47, 191–196.

Broadbent, D.E. 1958. Perception and communication. Oxford: Pergamon.

Braodbent, D.E. 1971. Decision and stress. London: Academic Press.

Broadhurst, P.L., 1957. Emotionality and the Yerkes-Dodson law. Journal of Experimental Psychology 54, 345–352.

Bruner, J.S., Goodnow, J.J. & Austin, G.A. 1956. A study of thinking. New York: Wiley.

Bruner, J.S., Olver, R.R. & Greenfield, P.M. 1966. Studies in cognitive growth. New York: Wiley.

Carmichael, L., Hogan, H.P. & Walter, A.A. 1932. An experimental study of the effect of language on the reproduction of visually perceived forms. Journal of Experimental Psychology 15, 73–86.

Carroll, J.B. (Hrsg.). 1956. Language, thought, and reality, selected writings of Benjamin Lee Whorf. Cambridge, Mass.: MIT Press.

Ceraso, J. & Provitera, A. (1971). Sources of error in syllogistic reasoning. Cognitive Psychology 2, 400–410.

Chapman, L.J. & Chapman, J.P. 1959. Atmosphere effect reexamined. Journal of Experimental Psychology 58, 220–226.

Chapman, L.J. & Chapman, J.P. 1969. Illusory correlations as an obstacle to the use of valid psychodiagnostic signs. Journal of Abnormal Psychology 74, 271–280.

Cherry, E.C. 1953. Some experiments on the recognition of speech with one and two ears. Journal of the Acoustical Society of America 25, 975–979.

Clark, H.H. & Chase, W.G. 1972. On the process of comparing sentences against pictures. Cognitive Psychology 3, 472–517.

Clark, H.H. & Chase, W.G. 1974. Perceptual coding strategies in the formation and verification of descriptions. Memory and Cognition 2, 101–111.

Cohen, L.J. 1981. Can human irrationality be experimentally demonstrated? The Behavioral and Brain Science 4, 317–370.

Collins, A.M. & Loftus, E.F.A. 1975. Spreding-activation theory of semantic processing. Psychological Review 82, 407–428.

Covington, M.V., Crutchfield, R.S. & Davies, L.B. 1966. The productive thinking program. Berkeley, Cal.: Barzelton.

Covington, M.V., Crutchfield, R.S., Davies, L.B. & Olton, R.M. 1974. The productive thinking program. Columbus, Ohio: Merrill.

Davis, G.A. & Scott, J.A. 1978. Training creative thinking. Huntington: Krieger.

Dawson, M.E. & Schell, A.M. 1982. Electrodermal responses to attended an nonattended significant stimuli during dichotic listening. Journal of Experimental Psychology: Human Perception and Performance 8, 315–324.

Deffner, G. 1984. Lautes Denken: Untersuchungen zur Qualität eines Datenerhebungsverfahrens. Frankfurt, M.: Lang.

Deutsch, J.A. & Deutsch, D. 1963. Attention: some theoretical considerations. Psychological Review 80, 80–90.

Dodd, D.H. & White, R.M. Jr. 1980. Cognition: Mental structures and processes. Boston: Allyn and Bacon.

Dörner, D. 1979. Problemlösen als Informationsverarbeitung. 2. Auflage. Stuttgart: Kohlhammer.

Dörner, D., Kreuzig, H.W., Reither, F. & Stäudel, T. (Hrsg.). 1983. Lohhausen. Vom Umgang mit Unbestimmtheit und Komplexität. Bern: Huber.

Easterbrook, J.A. 1959. The effect of emotion on cue utilization and the organization of behavior. Psychological Review 66, 183–201.

Erdfelder, E. & Hussy, W. 1983. Ein statistisches Modell für die Intelligenzentwicklung über die Lebensspanne. Trierer Psychologische Berichte 10, Heft 7.

Erdfelder, E. & Hussy, W. 1985. Die formale Struktur querschnittlicher Entwicklungskurven der psychometrischen Intelligenz. Zeitschrift für Entwicklungspsychologie und Pädagogische Psychologie 17, 172–188.

Erickson, J.R. 1974. A set analysis theory of behavior in formal syllogistic reasoning tasks. In: Solso, R.L. (Hrsg.). Theories in cognitive psychology: The Loyola symposium. Potomac, Md.: Erlbaum. S. 305–329.

Ericsson, K.A. & Simon, H.A. 1980. Verbal reports as data. Psychological Review 87, 215–219.

Evans, J.St.B.T. 1972. Reasoning with negatives. British Journal of Psychology 63, 213–219.
Feldman, D. 1980. Beyond universals in cognitive development. Norwood, N.J.: Ablex.
Foppa, K. & Groner, R. (Hrsg.). 1981. Kognitive Strukturen und ihre Entwicklung. Bern: Huber.
Franzen, U. & Merz, F. 1976. Der Einfluß des Verbalisierens auf die Leistungen bei Intelligenzprüfungen: neue Untersuchungen. Zeitschrift für Entwicklungspsychologie und Pädagogische Psychologie 8, 117–139.
Fuchs, A. 1983. Sprache und logisches Denken. Theoretische und experimentelle Untersuchungen zum transitiven Schließen. Frankfurt: Lang.
Funke, J. 1982. Schwierigkeiten bei der Beurteilung der Evaluationsgüte im Rahmen von Problemlösungsprozessen. Trierer Psychologische Berichte 9, Heft 11.
Funke, J. 1984. Komplexes Problemlösen: kritische Bestandsaufnahme und weiterführende Perspektiven. Trier: Fachbereich 1 – Psychologie – der Universität Trier (Dissertation, Schreibmaschinenkopie).
Gaensslen, H. & Schubö, W. 1973. Einfache und komplexe statistische Analyse. München: Reinhardt.
Gagné, R.M. & Smith, E.C. 1963. A study of the effects of verbalization on problem solving. Journal of Experimental Psychology 63, 12–18.
Getzels, J. & Csikzsentmihalyi, M. 1976. The creative vision: a longitudinal study of problem-finding in art. New York: Wiley-Interscience.
Ghiselin, B., Rompel, R. & Taylor, C.W. 1964. A creative process check list: its development and validation. In: Taylor, C.W. (Hrsg.). Widening horizons in creativity. New York: Wiley. S. 19–34.
Gilhooly, K.J. 1982. Thinking: directed, undirected and creative. London: Academic Press.
Glucksberg, S. & Weisberg, R.W. 1966. Verbal behavior and problem solving: some effects of labeling in a funcional fixedness problem. Journal of Experimental Psychology 71, 659–664.
Gough, H.G. 1979. A creative personality scale for the adjective check list. Journal of Personality and Social Psychology 37, 1398–1405.
Gray, J.A. & Wedderburn, A.A. 1960. Grouping strategies with simultaneous stimuli. Quarterly Journal of Experimental Psychology 12, 180–184.
Guilford, J.P. 1950. Creativity. American Psychologist 5, 444–454.
Guilford, J.P. 1956. The structure of intellect. Psychological Bulletin 53, 267–293.
Guilford, J.P. 1967. The nature of human intelligence. New York: McGraw Hill.
Hasher, L. & Zacks, R.T. 1979. Automatic and effortful processes in memory. Journal of Experimental Psychology: General 108, 356–388.
Hays, W.L. 1970. Statistics. London: Holt. 2. Auflage.
Henley, N.M. 1969. A psychological study of the semantics of animal terms. Journal of Verbal Learning and Verbal Behavior 8, 176–184.
Hocevar, D. 1981. Measurement of creativity: review and critique. Journal of Personality Assessment 45, 450–464.
Horn, W. 1962. Leistungsprüfsystem (LPS). Handanweisung für die Durchführung, Auswertung und Interpretation. Göttingen: Hogrefe.
Hussy, W. 1977. Ein Beitrag zur Operationalisierung und Quantifizierung kognitiver Komplexität. Archiv für Psychologie 129, 288–301.
Hussy, W. 1978. Die differentielle Abbildung von Lerntesteffekten mit Hilfe der Maße »Lösungsmenge« und »Lösungsgüte«. Zeitschrift für Experimentelle und Angewandte Psychologie 25, 575–593.

Hussy, W. 1982. Transinformations-Komponenten-Analyse: zur Formalisierung von Informationsverarbeitungsqualität bei sequentiellen Vorhersageproblemen. Archiv für Psychologie 134, 137–159.
Hussy, W. 1983. Komplexe menschliche Informationsverarbeitung: das SPIV-Modell. Sprache und Kognition 2, 47–62.
Hussy, W. 1984. Denkpsychologie: Ein Lehrbuch. Band 1: Geschichte, Begriffs- und Problemlöseforschung, Intelligenz. Stuttgart: Kohlhammer.
Hussy, W. 1986. Zur Entwicklung des Problemlösens. In: Oerter, R. & Montada, L. (Hrsg.). Entwicklungspsychologie: ein Lehrbuch. München: Urban & Schwarzenberg.
Hussy, W. & Funke, J. 1982. Informationsverarbeitende Strukturen und Prozesse: Ergebnisüberblick zu einer Querschnittsanalyse an acht- bis sechzigjährigen Personen. Trierer Psychologische Berichte 9, Heft 10.
Hussy, W. & Köhl, W. 1982a. Informationsverarbeitende Strukturen und Prozesse: Erfassung des kognitiven Aspekts von Evaluation. Trierer Psychologische Berichte 9, Heft 3.
Hussy, W. & Köhl, W. 1982b. Empirische, methodische und theoretische Beiträge zur Analyse der Entwicklung evaluativer Strukturen und Prozesse. Trierer Psychologische Berichte 9, Heft 13.
Hussy, W. & von Eye, A. 1986. On cognitive operators in information processing and their effects on memory in different age groups. In: Weinert, F. & Perlmutter, M. (Hrsg.). Memory development: universal changes and individual differences. Hillsdale, N.J.: Erlbaum.
Janis, I.L. & Frick, F. 1943. The relationship between attitudes towards conclusions and errors in judging logical validity of syllogisms. Journal of Experimental Psychology 33, 73–77.
Johnson-Laird, P.N. 1983. Mental models: towards a cognititve science of language, inference, and consciousness. Cambridge: Cambridge University Press.
Johnson-Laird, P.N., Legrenzi, P. & Sonino Legrenzi, M. 1972. Reasoning and a sense of reality. British Journal of Psychology 63, 395–400.
Johnson-Laird, P.N. & Steedman, M. 1978. The psychology of syllogisms. Cognitive Psychology 10, 64–99.
Johnson-Laird, P.N. & Wason, P.C. (Hrsg.). 1977. Thinking: readings in cognitive science. Cambridge: Cambridge University Press.
Jungermann, H. 1980. Speculations about decision-theoretic aids for personal decision making. Acta Psychologica 45, 7–34.
Kahneman, D. 1973. Attention and effort. Englewood Cliffs, N.J.: Prentice-Hall.
Kahneman, D., Tursky, B., Shapiro, D. & Crider, A. 1969. Pupillary, heart rate and skin resistence changes during a mental task. Journal of Experimental Psychology 79, 164–167.
Kahnemann, D. & Tversky, A. 1972. Subjective probability: a judgment of representativeness. Cognitive Psychology 3, 430–454.
Kahnemann, D. & Tversky, A. 1973. On the psychology of prediction. Psychological Review 80, 237–251.
Kahnemann, D., Slovic, P. & Tversky, A. 1983. Judgment under uncertainty: heuristics and biases. Cambridge University Press.
Kahnemann, D. & Treisman, A. 1984. Changing views of attention and automaticity. In: Parasuraman, R. & Davies, D.R. (Hrsg.). Varieties of attention. New York: Academic Press. S. 29–62.
Kaufmann, G. 1980. Imagery, language and cognition. Bergen: Universitetsforlaget.

Kendler, T.S. 1969. Development of mediating responses in children. In: DeCecco, J.P. (Hrsg.). The psychology of language, thought and instruction. London: Holt. S. 360–372.
Kendler, T.S., Kendler, H.H. & Wells, D. 1960. Reversal and non-reversal shifts in nursery school children. Journal of Comparative Physiology and Psychology 53, 83–87.
Kendler, H.H. & Kendler, T.S. 1975. From discrimination learning to cognitive development. A neo-behavioristic odyssey. In: Estes, W.K. (Hrsg.). Handbook of learning and cognitive processes. Band 1. Hillsdale, N.J.: Erlbaum. S. 191–249.
Klahr, D. 1981. Informationsverarbeitungsmodelle der Denkentwicklung. In: Kluwe, R.H. & Spada, A. (Hrsg.). Studien zur Denkentwicklung. Bern: Huber. S. 231–289.
Klahr, D. & Wallace, J.G. 1976. Cognitive development: an information processing view. Hillsdale, N.J.: Erlbaum.
Klix, F. & Rautenstrauch-Goede, K. 1967. Struktur- und Komponentenanalyse von Problemlöseprozessen. Zeitschrift für Psychologie 174, 167–193.
Köhler, W. 1969. The task of Gestalt psychology. Princeton, N.J.: Princeton University Press.
Lichtenstein, S., Earle, T.C. & Slovic, P. 1975. Cue utilization in a numerical prediction task. Journal of Experimental Psychology: Human Perception and Performance 1, 77–85.
Lochhead, J. & Clement, J. 1979. Cognitive process instruction: research on teaching thinking skills. Philadelphia: Franklin.
Loftus, E.F. & Palmer, J.C. 1974. Reconstruction of automobile destruction: an example of the interaction between language and memory. Journal of Verbal Learning and Verbal Behavior 13, 585–589.
Luchins, A.S. & Luchins, E.H. 1950. New experimental attempts at preventing mechanization in problem solving. Journal of General Psychology 42, 279–297.
Mackay, D.G. 1973. Aspects of the theory of comprehension, memory and attention. Quarterly Journal of Experimental Psychology 25, 22–40.
Mandler, G. 1975. Mind and emotion. London: Wiley.
Matlin, M. 1983. Cognition. New York: Holt, Rinehart & Winston.
Mayer, A. & Orth, J. 1964. The qualitative investigation of associations. In: Mandler, J.M. & Mandler, G. (Hrsg.). Thinking: from association to gestalt. New York: Wiley. S. 135–143. (Erstpublikation 1901).
Mayer, R.E. 1983. Thinking, problem solving, cognition. New York: Freeman.
Mednick, S.A. 1962. The associative basis of the creative process. Psychological Review 69, 220–232.
Mednick, S.A. & Mednick, M.T. 1966. Manual: remote associates test. Form 1. Boston: Houghton-Mifflin.
Miller, W.S. 1960. Manual of the Miller Analogies Test. New York: The Psychological Cooperation.
Monsell, S. 1984. Components of working memory underlying verbal skills: a »distributed capacities« view: a tutorial review. In: Bouma, H. & Bouwhuis, D.G. (Hrsg.). Attention and performance 10: control of language processes. Hillsdale, N.J.: Erlbaum. S. 327–350.
Moray, N. 1959. Attention in dichotic listening. Quaterly Journal of Experimental Psychology 11, 56–60.
Murch, G.M. & Woodworth, G.L. 1978. Wahrnehmung. Stuttgart: Kohlhammer.

Murray, H.G. & Denny, J.P. 1969. Interaction of ability level and interpolated activity in human problem solving. Psychological Reports 24, 271–276.
Neisser, U. 1967. Cognitive psychology. New York: Appelton.
Neisser, U. 1983. Components of intelligence or steps in routine procedures? Cognition 15, 189–197.
Neisser, U. & Becklen, R. 1975. Selective looking: attending to visually spezified events. Cognitive Psychology 7, 480–494.
Newell, A., Shaw, J. & Simon, H.A. 1962. The process of creative thinking. In: Gruber, H.E., Terrell, G. & Wertheimer, M. (Hrsg.). Contemporary approaches to creative thinking. New York: Atherton Press. S. 63–119.
Newell, A. & Simon, H.A. 1972. Human problem solving. Englewood Cliffs, N.J.: Prentice-Hall.
Nisbett, R.E. & DeCamp Wilson, T. 1977. Telling more than we can know: verbal reports on mental processes. Psychological Review 84, 231–259.
Nisbett, R.E. & Ross, L. 1980. Human inference: strategies and shortcomings of social judgment. Englewood Cliffs, N.J.: Prentice-Hall.
Nisbett, R.E., Krantz, D.H., Jepson, C. & Kunda, Z. 1983. The use of statistical heuristics in everyday inductive reasoning. Psychological Review 90, 339–363.
Norman, D.A. 1968. Toward a theory of memory and attention. Psychological Review 75, 522–536.
Oerter, R. 1971. Psychologie des Denkens. Donauwörth: Auer.
Oerter, R. 1981. Cognitive socialization during adolescence. International Journal of Behavioral Development 4, 61–76.
Osborn, A.F. 1963. Applied imagination. New York: Scribner's.
Paivio, A. 1971. Imagery and verbal processes. New York: Holt.
Paivio, A. 1978. Dual coding: theoretical issues and empirical evidence. In: Scandura, J.M. & Brainerd, C.J. (Hrsg.). Structural/process models of complex human behavior. Leiden: Nordhoff. S. 527–551.
Patrick, C. 1935. Creative thought in poets. Archives of Psychology 4, 35–73.
Phelan, J.G. 1965. A replication of a study on the effects of attempts to verbalize on the process of concept attainment. Journal of Psychology 59, 282-293.
Piaget, J. 1968. Six psychological studies. London: University of London Press Ltd.
Piaget, J. 1969. Das Erwachen der Intelligenz beim Kinde. Stuttgart: Klett.
Pioncaré, H. 1908. Science et methode. Paris: Flammarion.
Ranken, H.B. 1963. Language and thinking: positive and negative effects of naming. Science 141, 48–50.
Raven, J.C. 1965. Guide to using the Coloured Progressive Matrices, Set A, Ab, B. Dumfries: Grieve & Sons.
Reimann, H. & Kluwe, R. 1983. Effekte des Verbalisierens auf die Problemlöseleistung beim Umgang mit komplexen Systemen. (Manuskript zum Vortrag, gehalten auf der 25. Tagung experimentell arbeitender Psychologen in Hamburg 1983.).
Revlin, R. & Leirer, V.O. 1978. The effect of personal biases on syllogistic reasoning: rational decisions from personalized representations. In: Revlin, R. & Mayer, R.E. (Hrsg.). Human reasoning. Washington, D.C.: Wiley. S. 51–81.
Revlin, R. & Leirer, V.O. 1980. Understanding quantified categorial expressions. Memory and Cognition 8, 447–458.
Revlin, R. & Mayer, R.E. 1978. (Hrsg.). Human reasoning. Washington, D.C.: Wiley.

Revlis, R. 1973. Representation and set size in syllogistic reasoning. Vortrag auf dem jährlichen Treffen der Psychonomic Society.
Revlis, R. 1975. Two models of syllogistic reasoning: feature selection and conversion. Journal of Verbal Learning and Verbal Behavior 14, 180–195.
Rips, L.J. 1983. Cognitive processes in propositional reasoning. Psychological Review 90, 38–71.
Rosch, E.H. 1973. Natural categories. Cognitive Psychology 4, 328–350.
Rumelhart, D.E. & Abrahamson, A.A. 1973. A model for analogical reasoning. Cognitive Psychology 5, 1–28.
Saugstad, P. & Raaheim, K. 1960. Problem solving, past experience and availability of functions. British Journal of Psychology 51, 97–104.
Schneider, W. & Shiffrin, R.M. 1977. Controlled and automatic human information processing: I. Detection, search and attention. Psychological Review 84, 1–66.
Schneider, W., Dumais, S.T. & Shiffrin, R.M. 1984. Automatic and control processing and attention. In: Parasuraman, R. & Davies, D.R. (Hrsg.). Varieties of attention. New York: Academic Press. S. 1–28.
Schönpflug, W. & Schönpflug, U. 1983. Psychologie. Allgemeine Psychologie und ihre Verzweigungen in die Entwicklungs-, Persönlichkeits- und Sozialpsychologie. Ein Lehrbuch für das Grundstudium. München: Urban & Schwarzenberg.
Scott, W.A. 1962. Cognitive complexity and cognitive flexibility. Sociometry 25, 405–414.
Shepard, R.N. 1978. The mental image. American Psychologist Feb., 125–137.
Shepard, R.N. & Metzler, J. 1971. Mental rotation of three-dimensional objects. Science 171, 701–703.
Shiffrin, R.M. & Schneider, W. 1977. Controlled and automatic human information processing: II. Perceptual learning, automatic attending, and a general theory. Psychological Review 84, 127–190.
Siegler, R.S. 1976. Three aspects of cognitive development. Cognitive Psychology 8, 481–520.
Siegler, R.S. & Robinson, M. 1982. The development of numerical understanding. In: Reese, H.W. & Lipsitt, L.P. (Hrsg.). Advances in child development and behavior. Band 16. New York: Academic Press. S. 242–312.
Siegler, R.S. & Richards, D.D. 1983. The development of two concepts. In: Brainerd, C.J. (Hrsg.). Recent advances in cognitive-developmental theory. New York: Springer. S. 51–121.
Simon, H.A. 1980. Problem solving and education. In: Tuma, T.D. & Reif, F. (Hrsg.). Problem solving and education: issues in teaching and learning. Hillsdale, N.J.: Erlbaum. S. 81–94.
Simon, H.A. 1983. Search and reasoning in problem solving. Artificial Intelligence 21, 7–29.
Simonton, D.K. 1980. Thematic frame, melodic originality, and musical Zeitgeist: a biographical and transhistorical content analysis. Journal of Personality and Social Psychology 38, 972–983.
Sinclair de Zwart, H. 1969. Developmental psycholinguistics. In: Elkind, D. & Flavell, J.H. (Hrsg.). Studies in cognitive development. London: Oxford University Press. S. 315–337.
Slovic, P. & Lichtenstein, S. 1971. Comparison of Bayesian and regression approaches to the study of information processing in judgment. Journal of Organizational Behavior and Human Performance 6, 649–744.

Smith, E.E., Shoben, E.J. & Rips, L.J. 1974. Structure and processes in semantic memory: a feature model for semantic decisions. Psychological Review 81, 214–241.
Sokolov, E.N. 1969. The modeling properties of the nervous system. In: Cole, M. & Maltzman, I. (Hrsg.). A handbook of contemporary soviet psychology. New York: Basic Books.
Spada, H. & Kluwe, R.H. Zwei Modelle der Denkentwicklung und ihr Bezug zur Theorie von Piaget. In: Kluwe, R.H. & Spada, H. (Hrsg.). Studien zur Denkentwicklung. Bern: Huber. S. 27–77.
Spelke, E., Hirst, W. & Neisser, U. 1976. Skills of divided attention. Cognition 4, 215–230.
Staats, A.W. & Staats, C.K. 1963. Complex human behavior: a systematic extension of learning principles. New York: Holt.
Staudenmeyer, H. 1975. Understanding conditional reasoning with meaningful propositions. In: Falmagne, R.J. (Hrsg.). Reasoning: representation and process in children and adults. Hillsdale: Erlbaum. S. 55–79.
Stein, M.I. 1962. Creativity and the scientist. In: Barber, B. & Hirsch, W. (Hrsg.). The sociology of science. New York: Free Press. S. 329–343.
Sternberg, R.J. 1975. Memory scanning: new findings and current controversies. Quarterly Journal of Experimental Psychology 27, 1–32.
Sternberg, R.J. 1977. Intelligence, information processing, and analogical reasoning. Hillsdale, N.J.: Erlbaum.
Sternberg, R.J. 1981. The concept of intelligence. Intelligence 3, 217–227.
Sternberg, R.J. 1983. Components of human intelligence. Cognition 15, 1–48.
Sternberg, R.J. 1984. Toward a triarchic theory of human intelligence. The Behavioral and Brain Sciences 7, 269–315.
Stefflre, V., Vales, V.C. & Morley, L. 1955. Language and cognition in Yucatan: a cross-cultural replication. Journal of Personality and Social Psychology 4, 112–115.
Stroop, J.R. 1935. Studies of interference in serial verbal reactions. Journal of Experimental Psychology 18, 643–662.
Taplin, J.E. 1971. Reasoning with conditional sentences. Journal of Verbal Learning and Verbal Behavior 10, 219–225.
Taplin, J.E. & Staudenmeyer, H. 1973. Interpretation of abstract conditional sentences in deductive reasoning. Journal of Verbal Learning and Verbal Behavior 12, 530–542.
Titchener, E.B. 1908. Lectures on the elementary psychology of feeling and attention. New York: Macmillan.
Torrance, E.P. 1966. The Torrance tests of creative thinking: norms-technical manual. Lexington, Mass.: Personnel Press.
Treisman, A. 1960. Contextual cues in selective listening. Quaterly Journal of Experimental Psychology 12, 242–248.
Treisman, A. 1964. Verbal cues, language and meaning in selective attention. American Journal of Psychology 77, 206–219.
Tversky, A. & Kahneman, D. 1971. Belief in a law of small numbers. Psychological Bulletin 76, 105–110.
Tversky, A. & Kahneman, D. 1973. Availability: a heuristic for judging frequency and probability. Cognitive Psychology 5, 207–232.
Tversky, A. & Kahneman, D. 1974. Judgments under uncertainty: heuristics and biases. Science 185, 1124–1131.
Tversky, A. & Kahneman, D. 1983. Extensional versus intuitive reasoning: the conjunction fallacy in probability judgment. Psychological Review 90, 293–315.

Von Eye, A. & Marx, W. (Hrsg.). 1984. Semantische Dimensionen. Verhaltenstheoretische Konzepte einer psychologischen Semantik. Göttingen: Hogrefe.
Wallas, G. 1926. The art of thought. New York: Harcourt.
Wallstein, T.S. 1983. The theoretical status of judgmental heuristics. In: Scholz, R.W. Advances in Psychology. Vol. 16: decision making under uncertainty. Amsterdam: Elsevier. S. 21–37.
Wason, P.C. 1966. Reasoning. In: Foss, B.M. (Hrsg.). New horizons in psychology. Harmondworth, England: Penguin Books. S. 135–152.
Wason, P.C. 1968. On the failure to eliminate hypotheses: a second look. In: Wason, P.C. & Johnson-Laird, P.N. (Hrsg.). Thinking and reasoning. Baltimore: Penguin Books. S. 165–174.
Wason, P.C. & Johnson-Laird, P.N. (Hrsg.). 1968. Thinking and reasoning. Baltimore: Penguin Books.
Wason, P.C. & Johnson-Laird, P.N. (Hrsg.). 1972. Psychology of reasoning: structure and content. Cambridge, Mass.: Harvard University Press.
Watt, H.J. 1964. Experimental contribution to a theory of thinking. In: Mandler, J.M. & Mandler, G. (Hrsg.). Thinking: from association to gestalt. New York: Wiley. S. 189–201. (Erstpublikation 1905).
Weinert, F. & Kluwe, R.H. (Hrsg.). 1984. Metakognition, Motivation und Lernen. Stuttgart: Kohlhammer.
Weiss, R.H. 1972. Grundintelligenztest CFT 2 Skala 2. Handanweisung für die Durchführung, Auswertung und Interpretation. Braunschweig: Westermann.
Wessells, M.G. 1982. Cognitive psychology. New York: Harper & Row.
Wickelgren, W.A. 1979. Cognitive psychology. Englewood Cliffs, N.J.: Prentice-Hall.
Wickens, C.D. 1984. Processing resources in attention. In: Parasuraman, R. & Davies, D.R. (Hrsg.). Varieties of attention. New York: Academic Press. S. 63–102.
Wilkins, M.C. 1929. The effect of changed material on ability to do formal reasoning. Archives of Psychology No. 102.
Wippich, W. 1980. Bildhaftigkeit und Organisation. Darmstadt: Steinkopff.
Wippich, W. 1984. Lehrbuch der angewandten Gedächtnispsychologie. Band 1. Stuttgart: Kohlhammer.
Woodworth, R.S. & Schlosberg, H. 1954. Experimental psychology. London: Methuen. 3. Auflage.
Woodworth, R.S. & Sells, S.B. 1935. An atmosphere effect in formal syllogistic reasoning. Journal of Experimental Psychology 18, 451–460.
Yerkes, R.M. & Dodson, J.D. 1908. The relation of strength of stimulus to rapidity of habit-formation. Journal of Comparative Neurology of Psychology 18, 459–482.

# 6 Autorenverzeichnis

# 7 Sachwortverzeichnis